Christian Dose

360 KANADA-TRÄUME

Tipps für eine unvergessliche Reise im Land des Ahorns

IMPRESSUM
360 KANADA-TRÄUME
Tipps für eine unvergessliche Reise im Land des Ahorns

Bibliografische Information der Deutschen Bibliothek
Die Deutsche Bibliothek verzeichnet diese Publikation in der deutschen Nationalbibliografie.
Detaillierte bibliografische Daten sind im Internet über dnb.ddb.de abrufbar

Redaktion und Lektorat: Christine Walter

Satz und Layout: Serpil Sevim-Haase

Gedruckt und gebunden:
Himmer GmbH Druckerei & Verlag | Steinerne Furt 95 | 86167 Augsburg
www.himmer.de

ISBN: 978-3-947164-28-8
Hergestellt in Deutschland

www.360grad-medien.de

Christian Dose

360 KANADA-TRÄUME

Tipps für eine unvergessliche Reise im Land des Ahorns

Inhaltsverzeichnis

Reisen & Übernachten........300

Kultur & Lebensart........378

Vorwort

Blockhaus am See, Abenteuer, Freiheit, Wildlife und weite Landschaften sind Stichworte, wenn wir an Kanada denken. Und natürlich an *Once-in-a-Lifetime*-Momente. Der unvergessliche Augenblick kommt meist völlig unerwartet, umso größer ist dann die Freude. Es passiert beispielsweise auf einem großen Parkplatz an einer der beliebtesten Attraktionen in den Rocky Mountains. Doch völlig unbeeindruckt von lärmenden Autos und fotografierenden Touristen bahnt sich ein ausgewachsener Bär den Weg über die Grasflächen, dabei immer wieder seinen fortwährenden Hunger stillend. Für den Urlauber auf seiner ersten Kanadatour ist es schwer zu entscheiden, ob es sich um Schwarz- oder Braunbären handelt. Ist auch egal – die Freude zählt!

Sehnsuchtsziel Kanada

Bären, Elche und Karibus zählen zu den Stars der kanadischen Wildnis, gepaart mit eindrucksvollen Landschaften und liebenswerten Städten. Wer es geschickt anstellt, kann an einem Tag morgens noch auf der Skipiste stehen und nachmittags Orcas im Pazifik beobachten. Hinzu kommt die beeindruckende Historie der First Nations, den indigenen Völkern wie den Inuit im hohen Norden. Kanada ist ein Sehnsuchtsziel par excellence. Nahezu jeder Besucher lässt sich vom Ahornland-Virus infizieren. Und so kehren viele Reisende meist nicht nur einmal in das weite Land zwischen Atlantik im Osten und Pazifik im Westen zurück. So traf ich im Algonquin Provincial Park in Ontario eine Norddeutsche, die auf bald 20 Reisen nach Kanada zurückblicken konnte. Dabei verriet sie mir ihren haushohen Favoriten: Der Jasper National Park in den Rocky Mountains sei ihr absoluter Lieblingsort, den sie schon viele Male besucht hatte.

360 Top-Ziele für einen perfekten Urlaub

Wer jedoch das erstmals das zweitgrößte Land unserer Erde ansteuert, steht vor der sprichwörtlichen Qual der Wahl: Ost- oder Westküste? Oder lieber in den hohen Norden? Und wo sind besten Orte, um Tiere zu beobachten oder zu wandern? Dieser neuartige Reiseführer stellt Ihnen die 360 schönsten Orte im Ahornland vor. Wir möchten Sie inspirieren und Ihnen gute Orientierung bei Ihrer Reiseplanung bieten.

Das neue Werk zeigt jeweils die Top 10 in 36 Kategorien aus den Rubriken Natur & Outdoor, Städte & Regionen, Reisen & Übernachten sowie Kultur & Lebensart. Mit dem Buch erhalten Sie einen einzigartig breiten Erfahrungsschatz. Jede Kategorie enthält Tipps, die von Kanada-Experten und der Redaktion des renommierten Reisemagazins 360° Kanada sowie deren Facebook-Fans ausgewählt und empfohlen worden sind. Sehr viel einfacher lässt sich eine Reise nicht planen, die im Durchschnitt 18 Tage dauert. Mit unseren 360 Reiseträumen von Kanada haben Sie einen Anhaltspunkt ganz nach Ihren Interessen – ob Wandern oder Abenteuer.

Und welches ist nun der schönste Ort Kanadas? Die Pazifik-Metropole Vancouver und der Moraine Lake in den Rocky Mountains sind die beiden Highlights schlechthin. Passend zu den Kontrasten zwischen pulsierender City und anmutiger Natur sind eine Stadt und ein Bergsee im Jasper National Park die Favoriten unser Jury aus Reisenden und Touristikprofis: Dies ergab unsere große Befragung am Ende, nachdem die Favoriten in 36 Einzelkategorien ermittelt wurden. Mehr zur Entstehung des Buches finden Sie auf Seite 8.

Mit diesen Tipps können Sie Ihre Reise besser planen – egal, ob es die erste, zweite oder dritte Tour ist. Denn Kanada ist zu groß und zu attraktiv, um es bei einer einzigen Reise zu belassen. Wer die Rocky Mountains und Vancouver gesehen hat, sollte sich die lieblichen Atlantik-Provinzen Nova Scotia und Prince Edward Island nicht entgehen lassen. Tierliebhaber und Fotofreunde finden ihr Glück auf Erden wohl auf Vancouver Island und an der entlegenen Hudson Bay unweit des Polarkreises: Dort lassen sich Eisbären und Belugawale in freier Wildbahn an nur einem Tag beobachten, wie ich es selbst im Sommer 2017 erleben durfte! Doch nicht nur mit Natur und Wildlife punktet das Land. Neben bekannten Metropolen wie Québec oder Ottawa locken viele kleine liebenswerte Örtchen wie beispielsweise Tofino auf Vancouver Island, Jasper in den Rocky Mountains, die Goldgräberstadt Dawson City oder Lunenburg in Nova Scotia.

Wichtig ist uns, dass wir neuen wie erfahrenen Fernreisenden ebenso praktische wie persönliche Impulse zu Kanada bieten. Enthalten sind daher auch elf kurzweilige Lese- und Reisegeschichten von Kanada-Kennern – gedacht als Liebeserklärungen an das zweitgrößte Land der Welt. Überdies vermitteln rund 400 hochwertige Fotos erste Impressionen, während Karten und ungezählte Link-Tipps bei der konkreten Reiseplanung helfen.

Das ganze Team wünscht Ihnen eine sehnsuchtsvolle Lektüre mit 360 inspirierenden Reiseträumen für die perfekte Planung – sowie hoffentlich bald auch eine gute Reise!

Christian Dose, im Mai 2018

Über dieses Buch

Dieser Reiseführer soll Ihnen die Orientierung bei der Reiseplanung erleichtern und Ihnen quasi als Kompass durch Kanada dienen. Wir stellen Ihnen 360 Reiseträume in 36 Kategorien vor: die schönsten Plätze des Landes, romantische Strände, unvergessliche Wanderungen, beste Orte für Tierbeobachtungen und vieles mehr – also 360 Tipps für einen perfekten Urlaub.

Mit diesem Buch navigieren Sie durch das Land und lernen es bestens kennen.

1. Im ersten Kapitel „Natur & Outdoor“ erhalten Sie einen Überblick über die schönsten Nationalparks, Strände und Wanderwege sowie beispielsweise die besten Plätze zur Tierbeobachtung.

2. Im zweiten Kapitel „Städte & Regionen“ folgen Portraits der Metropolen und Regionen. Manche Provinzen wie Alberta sind aufgrund der Fülle von Orten in mehrere Kategorien unterteilt.

3. Kapitel 3 „Reisen & Übernachten“ umfasst Empfehlungen beispielsweise für Panoramastraßen und Campingplätze.

4. Im vierten Kapitel „Kultur & Lebensart“ lernen Sie den kanadischen Lifestyle, kulinarische Köstlichkeiten und die wichtigsten Persönlichkeiten des Landes kennen.

So wurden die 360 Reiseträume für Kanada ermittelt

- In einem Zeitraum von zwölf Monaten haben die mittlerweile mehr als 3600 Mitglieder der Facebook-Gruppe „360° Kanada“ in 36 nichtrepräsentativen Umfragen ihre Favoriten gekürt.

- Im Anschluss nannte eine fachkundige Jury aus professionellen Reiseexperten wiederum ihre Lieblingsorte (Portraits der Jury ab Seite 10).

- Auf dieser Basis wählte der Autor nach bestem Wissen und Gewissen schließlich die 360 wichtigsten Ziele aus den ursprünglich mehr als 1000 Vorschlägen für eine Traumreise nach Kanada aus.

  Jede der 36 Kategorien besteht aus jeweils zehn Empfehlungen. Die zwei beliebtesten Tipps sind jeweils ausführlich auf zwei Seiten dargestellt, weitere zwei Empfehlungen auf je einer Seite und abschließend sechs weitere Tipps in kompakter Form. Link-Tipps und Landkarten helfen bei der Planung.

- Am Ende fand eine zusätzliche Umfrage bei Reise-Fans und Reise-Profis statt, um aus einer Vorauswahl auf Basis der vorherigen Auswertungen den schönsten Ort Kanadas zu ermitteln.
- Elf „Liebeserklärungen“ und „Lieblingsorte“ von ausgewiesenen Kanada-Kennern ergänzen die 360 Reisetipps für eine unvergessliche Reise ins zweitgrößte Land der Erde.

Überblick zu den 360 Reiseträumen Kanada

Platz 1	Vancouver
Platz 1	Moraine Lake
Platz 3	Banff National Park
Platz 4	Jasper National Park
Platz 5	Lake Louise
Platz 6	Emerald Lake
Platz 7	Yoho National Park
Platz 8	Mount Robson
Platz 9	Waterton Lakes National Park
Platz 10	Yukon River
Top2 Tierbeobachtungen	Orcas: Telegraph Cove, Victoria; Grizzlys: Knight Inlet
Top2 Tageswanderungen	Lake Agnes, Sunshine Meadows Loop
Top2 Strände	Long Beach, Cavendish Beach
Top2 Traumstraßen	Dempster Highway, Icefields Parkway
Top2 Spezialitäten	Wildlachs, Ahornsirup

Quelle: Umfragen unter Kanada-Fans und Reiseprofis

Unsere Jury

Barbara Ackermann

... hat Kanada durch ihre langjährige Erfahrung als Pressesprecherin für das Land zu ihrer zweiten Heimat gemacht, zu der es sie fünf Mal im Jahr zieht. Das Ahornland hat sie dermaßen in den Bann gezogen, dass sie direkt einen Kanadier geheiratet hat. Die PR-Arbeit für die Olympischen Winterspiele 2010 gehört für sie zu den schönsten Arbeitserfahrungen. In ihrer Freizeit zieht es sie in die freie Natur – doch zu einer interessanten Unterhaltung am Kamin bei einem guten Wein sagt sie auch nicht nein. · *www.destination-office.com*

Tobias Barth

... lebt seit Januar 2017 im Yukon und gründete vor über zehn Jahren den Kanada-Blog *www.faszination-kanada.com* sowie im Februar 2016 den Kanada-Shop *www.mein-kanada-shop.com*. Er ist zudem als Reiseführer für Ruby Range Adventure (*www.rubyrange.com*) in West-Kanada und Alaska unterwegs. Durch zahlreiche Reisen durch Kanada seit 1997 kennt er (fast) jede Ecke in Kanada. Bisher hat er alle zehn Provinzen und bis auf Nunavut auch die Territorien besucht und bereist.

Christian Dose

… hat Kanada auf zahlreichen Reisen erkundet. Das Buch 360 Kanada Träume folgt auf den 2017 erschienen Band 360 Neuseeland-Träume, ebenfalls aus seiner Feder. Der gebürtige Berliner ist erfahrener Journalist und Kommunikationsberater sowie Reisevortragsreferent und Dozent. Er erkundete die Welt seit seinem 20. Lebensjahr auf rund 40 Fernreisen beispielsweise nach Nordamerika, Australien und Neuseeland. Hauptberuflich ist er als Berater für Public und Investor Relations tätig. Er ist Absolvent der Berliner Journalisten-Schule; seit 2012 arbeitet er nebenberuflich als Reisejournalist, vornehmlich für 360° medien zu den Ländern Australien, Neuseeland und Kanada sowie als Chefredakteur des Reisemagazin 360° USA. · *www.cd-reisen.de, www.traumziele-von-oben.de*

Jörg Ehrlich

… ist nur noch selten ohne Kamera unterwegs, seit er vor 25 Jahren seine erste Expedition zu den 7000ern des Pamir fotografisch dokumentierte. Der begeisterte Natur- und Reisefotograf ist Autor und Initiator zahlreicher Vorträge, Filme und Reisereportagen. Als Mitgründer des Reiseveranstalters DIAMIR Erlebnisreisen erkundet der studierte Elektroingenieur viele Wochen im Jahr neue Reiseziele in aller Welt, wobei einer seiner Schwerpunkte auf polaren Regionen liegt. Er leitet außerdem spezielle Fotoreisen, unter anderem nach Churchill, und führt kleine Gruppen von Reiselustigen in die schönsten Regionen der Erde. Seine besondere Leidenschaft gilt der Tierbeobachtung und der *Wildlife*-Fotografie. · *www.diamir.de, www.joerg-ehrlich.de*

Martin Gutsch

… ist Vorstandsmitglied bei der Deutsch-Kanadischen Gesellschaft sowie seit 2009 Mitmoderator und Webmaster der KANADATREFF Community. 1998 flog er zum ersten Mal nach Kanada. Es war ein Kurztrip mit Canada 3000 nach Toronto. Vom Kanada-Virus gefesselt, war es um ihn geschehen. Es folgten seitdem auch Reisen in die Provinzen Québec (Montréal ist seine Lieblingsstadt) und Nova Scotia. Martin ist Kenner der kanadischen Weingeschichte und der Weinszene. Vorträge auf deutsch und englisch hielt er bereits mehrfach. Die persönlichen Begegnungen von Canada Lovers und Canadians stehen bei ihm im Vordergrund. · *www.dkg-online.de*

Frank Hartung

… ist vor rund sechs Jahren über verschiedenen Positionen im Verkauf bei Fluggesellschaften aus ganz unterschiedlichen Regionen der Welt (u.a. Air Mauritius und Icelandair) bei Air Canada gelandet. Dort ist er als Sales Manager verantwortlich für den touristischen Verkauf in Deutschland. Das umfasst die Zusammenarbeit mit Reisebüros und Reiseveranstaltern, aber auch mit den Tourismusvertretungen Kanadas in Deutschland und verschiedenen Partnern in Kanada. Viele Dienstreisen und private Touren haben ihn in den letzten Jahren sehr häufig in sehr viele Ecken und Gegenden Kanadas geführt und seine Leidenschaft für dieses besondere Land entfacht. · *www.aircanada.com*

Holger Howind

… reiste vor 30 Jahren das erste Mal über den großen Teich, und die Faszination für Nordamerika ließ ihn fortan nicht mehr los. Regelmäßig erkundet er seitdem Kanada, die USA und Mexiko. Dabei hat er fast alle Ecken des Kontinents persönlich kennengelernt. Seine Leidenschaft ist auch sein Beruf. Nach einer Ausbildung in der Touristik machte er Station bei verschiedenen Reiseveranstaltern und ist heute als Produktmanager für Kanada und die USA beim Reiseveranstalters DIAMIR Erlebnisreisen tätig. Seine auf mittlerweile drei Länder verteilte Familie stellt sicher, dass er auch weiterhin viel unterwegs sein wird.
· *www.diamir.de*

Timo Kohlenberg

…ist bekannt als der Innovative unter den deutschen Reiseveranstaltern. Sein Unternehmen America Unlimited GmbH hat sich zu einem der führenden Veranstalter für USA- & Kanada-Reisen auf dem Markt etabliert. Seine Partner lieben ihn für seine innovativen Werbeideen – beispielsweise Glasboxen, die das Klima Floridas simulieren. Von Kanada wurde er bereits mehrfach mit dem beliebten „Signature Experiences Award" ausgezeichnet, und auch sonst heimst er einen Award nach dem anderen ein. Unter der Luxusmarke Feinreisen baut er unter großem medialem Interesse derzeit das wachsende Luxussegment aus. Egal ob RTL, Die Zeit, das Handelsblatt oder dem Social Media Magazin – alle haben Timo Kohlenberg bereits portraitiert. · *www.america-unlimited.de*

Karl-Heinz Limberg

… hat die Reisedestination Kanada über 25 Jahre in Deutschland vertreten – viele Jahre davon als Leiter des Deutschland-Büros der Canadian Tourism Commission und in den letzten Jahren als Account Director bei Travelmarketing Romberg, der deutschen Agentur von Destination Canada. Limberg hat das Land mehr als 100 Mal bereist und war in fast allen Provinzen und Territorien. Seit 2015 bloggt er auf khllifestyle.de und berichtet natürlich viel über „seine" Destination. Dabei kommen auch die grandiosen Städte Kanadas nicht zu kurz, die zumeist die herrliche Natur vor der Haustür haben. · *www.khllifestyle.de*

Dr. Kerstin Lötzerich-Bernhard

… ist promovierte Chemikerin und war jahrelang unter anderem als Executive Director R&D in der freien Wirtschaft tätig, bis sie ihrer Passion – der Begeisterung für Sprache und Worte – folgte und sich 2008 als freie Fachjournalistin, Autorin, Texterin, Redaktionsverantwortliche und Lektorin selbstständig machte. Seitdem ist sie als Freiberuflerin erfolgreich. Als leidenschaftliche Reisejournalistin, Wanderin und Beobachterin ist sie seit 2001 regelmäßig in Kanada unterwegs und dabei immer auf der Suche nach neuen Geschichten und Plätzen dieses großartigen Landes. Neben Kanada ist sie zudem auf Neuseeland spezialisiert. · *www.kopfwortewelt.de*

Nina Meuter

… arbeitet seit 2011 als Travel Trade Manager für Destination Canada in Deutschland und ist Ansprechpartner für Reiseveranstalter und Reisebüros bei allen touristischen Fragen rund um Kanada. Die Begeisterung für das Land packte sie jedoch schon vier Jahre zuvor, als sie während ihres Studiums ein Praktikum in Toronto absolvierte. Seitdem hat sie auf etwa 30 Reisen Teile fast aller Provinzen und Territorien Kanadas kennenlernen können. Als großer Kanada-Fan gibt es auf ihrer Liste dennoch zahlreiche Plätze und Aktivitäten, die sie in diesem vielfältigen Land noch entdecken und erleben möchte. · *csp.canada.travel*

Kanada – Land der Superlative

Nur Russland ist größer, kein Land hat mehr Küstenlinie, über sechs Zeitzonen erstreckt sich die Nation von Ost nach West, Temperaturen im Winter unterhalb von minus 30 Grad sind nicht selten, während im Hochsommer auch mehr als 30 Grad erreicht werden, dazu das größte Eisfeld der Erde außerhalb der Pole: Kanada ist das Land der Extreme. Von Nord nach Süd sind es 4634 Kilometer, von Ost nach West sogar 5514 Kilometer – und so groß das Land ist, so vielfältig ist es auch. Innerhalb von zwei Stunden Buckelwale und Schwarzbären sehen? Auf Vancouver Island kein Problem. Ebenso wenig, wie morgens in 365 Meter Höhe im Freien auf der Aussichtsplattform *EdgeWalk* des *CN Tower* in Toronto zu stehen und nachmittags durch die ruhige, liebliche Insellandschaft im Sankt-Lorenz-Strom zu paddeln. Und wer Geduld und Glück mitbringt, kann beim Goldwaschen am Yukon die Urlaubskasse aufbessern (oder gar zum Millionär werden). Diese Vielfalt macht Reisen nach Kanada so reizvoll und lässt viele Besucher immer wieder zurückkehren ins Land des Ahornblatts.

Kanada, mit 9.984.670 Quadratkilometern fast so wie groß wie ganz Europa, bedeckt rund 40 Prozent der gesamten Fläche des Kontinents Nordamerika. 36,64 Millionen Einwohner verteilen sich auf 13 Provinzen und Territorien. Die Hauptstadt Ottawa liegt an der Grenze zwischen den Provinzen Ontario und Québec, größte Stadt ist Toronto. Knapp fünf Prozent der Einwohner sind der indigenen Bevölkerung wie beispielsweise den Inuit zuzurechnen, wobei der Anteil je nach Region stark schwankt. Mehr als drei Millionen Kanadier haben nach eigenen Angaben deutsche Wurzeln.

Kanada gilt als liberales und zukunftsorientiertes Land. International genießt es hohes Ansehen und zählte zu den Mitbegründern der Vereinten Nationen (UNO) sowie der NATO. Das Land zählt zu den zehn wirtschaftlich stärksten Nationen. Die Rohstoffindustrie spielt eine finanziell bedeutende Rolle, auch wenn die Auswirkungen auf die Umwelt heftig umstritten sind. Bekannt wurde das Land auch als Austragungsort populärer Veranstaltungen, beispielsweise mit den Weltausstellungen 1967 in Montréal oder 1986 in Vancouver. Auch Olympia war gleich mehrfach zu Gast: 1976 in Montréal, 1988 in Calgary und zuletzt im Jahr 2010 in Vancouver.

Seinen 150. Geburtstag feierte der Staat Kanada im Jahr 2017. Landesweit lockten zahlreiche Festlichkeiten, der Eintritt in die Nationalparks war kostenlos. Entsprechend reisten mit rund 389.000 Deutschen so viele Bundesbürger wie nie zuvor in Ahornland. Auch für die Zukunft wird mit einem weiteren Anstieg gerechnet. Insgesamt zählt das Land im Jubiläumsjahr rund 20,8 Millionen Besucher aus aller Welt.

Kanada und Deutschland im Vergleich

	Kanada	Deutschland
Einwohner	36,5 Mio.	82,5 Mio.
Lebenserwartung	81,57 Jahre	80,89 Jahre
Bruttoinlandsprodukt pro Kopf	44.550 USD	45.077 USD
Fläche	9.984.670 Quadratkilometer	357.376 Quadratkilometer
Bevölkerungsdichte	3,6 Einwohner pro Quadratkilometer	231 Einwohner pro Quadratkilometer
Küstenlinie	202.080 Kilometer	2389 Kilometer
Höchster Berg	Mount Logan (Yukon Territory) – 5959 Meter	Zugspitze – 2962 Meter
Nationalfeiertag	1. Juli	3. Oktober
UNESCO-Welterbestätten	18	42

Quelle: Statista, www.laenderdaten.de u.a.

Stolze First Nations

Die ersten Bewohner des weiten Landes erreichten Kanada wohl schon vor rund 30.000 Jahren. Erste Spuren menschlicher Besiedlung datieren auf die Zeit vor etwa 16.000 Jahren und wurden auf dem Gebiet des heutigen Yukon Territory entdeckt. Daher bezeichnen sich die indigenen Völker wie beispielsweise Indianer und Inuit stolz selbst als „First Nations“. Schließlich besiedelten sie das Land schon lange vor den Europäern, die erst viel später nach Kanada kamen. Mutmaßlich gebührt den Wikingern der Titel der „ersten Europäer“, die rund um das Jahr 1000 nach Christi im heutigen Newfoundland siedelten.

Fest dokumentiert ist hingegen die Ankunft von Engländern und Franzosen im 16. Jahrhundert. Als „Entdecker Nordamerikas“ gilt der italienische Seefahrer *Giovanni Caboto* (*John Cabot*), der 1497 das heutige Kanada betrat. Die Ansiedlung St. John's auf Newfoundland wurde 1583 zur britischen Kolonie und ist damit sogar die älteste Stadt Nordamerikas. Französische Kolonialisten wiederum gründeten 1608 einen Handelsposten im heutigen Québec, so dass die frühe Geschichte des Landes geprägt ist von Kriegen zwischen den beiden Kolonialmächten. Am Ende behielten die Briten die Oberhand, 1763 zog sich Frankreich offiziell zurück. Aber der französische Einfluss ist bis heute spürbar. Fest verankert sind frankophone Kultur und Lebensart natürlich in den Provinzen Québec und New Brunswick, wo Besucher zuweilen mit Englisch nicht

weit kommen, aber auch in anderen Städten. So gilt Winnipeg, Hauptstadt der Provinz Manitoba, als größte französische Gemeinde außerhalb von Québec. Ohnehin ist Französisch neben Englisch offizielle Amtssprache, so dass Formulare und Schilder im Regelfall zweisprachig sind.

Als offizielle Gründungsdatum de Nation gilt der 1. Juli 1867, als sich New Brunswick, Nova Scotia, Ontario und Québec zum *Dominion of Canada* zusammenschlossen – bis heute wird dieser Tag als „Canada Day“ landesweit gefeiert. Das Land ist eine Parlamentarische Demokratie (unter konstitutioneller Monarchie). Zwar unabhängig von Großbritannien, gehört Kanada dennoch weiter zum Commonwealth, so dass Queen Elizabeth II als Königin von Kanada offizielles Staatsoberhaupt der Kanadier ist.

Beliebtes Einwanderungsland

So wie schon in Anfangsjahren die Europäer das Land besiedelten, ist Kanada bis heute eines der beliebten Ziele zum Auswandern. Schon früh machten sich Menschen beispielsweise aus Deutschland, Irland und der heutigen Ukraine auf, um jenseits des Atlantiks ein neues Leben zu starten – in der Hoffnung, dort ihr persönliches Glück zu finden.

Die Sehnsucht nach Abenteuer und Natur sowie vielleicht auch nach „ein wenig heiler Welt“ treibt bis heute Menschen aus den westlichen Industriestaaten. Die größten Einwanderergruppen indes stammen heute aber aus wirtschaftlich schwächeren beziehungsweise politisch instabilen Ländern. Gerade aus dem Nahen und Fernen Osten zieht es viele Menschen nach Kanada, das als weltoffen und tolerant gilt. So sind viele Reisende immer wieder überrascht vom hohen Anteil asiatischer Passagiere auf Flügen nach Kanada. Doch so gut das Image des Landes ist, so streng sind die Regelungen, tatsächlich einwandern zu dürfen.

Pulsierende Metropolen und ...

Kanadas Städte sind so vielfältig wie das Land groß ist: An der Spitze, gemessen an der Einwohnerzahl, steht die Ostküsten-Großstadt Toronto. Malerisch am Lake Ontario gelegen, fühlen sich in Downtown Toronto viele Besucher an New York erinnert. Kein Wunder, dass der legendäre Schauspieler *Peter Ustinov* einst schwärmte: „Toronto ist New York – aber von Schweizern geführt.“ Montréal und von allem Québec (Stadt) punkten mit französischem Flair, während die Hauptstadt Ottawa nicht nur politisches, sondern zunehmend auch kulturelles Zentrum der Nation ist. Halifax in Nova Scotia und St. John's auf Newfoundland sind nicht nur Ausgangspunkte für Rundreisen durch die maritimen Provinzen, sondern auch lebendige, liebenswerte Städtchen mit ausgeprägtem Nachtleben.

Als „Perle der Prärie" präsentiert sich Winnipeg, Hauptstadt von Manitoba – mit einem Museum der Extraklasse, dem *Museum for Human Rights*, und einer vielfältigen Kunst- und Foodszene. Die Olympiastadt von 1988, Calgary, verwandelt sich alljährlich zur Westernstadt, wenn mit der *Calgary Stampede* das wohl größte Rodeo lockt. Und schließlich Vancouver am Pazifik, das regelmäßig zu den schönsten Städten der Welt gewählt wird: Pulsierendes Stadtleben trifft auf nahe Natur – Skifahren auf dem Hausberg Grouse Mountain inklusive.

... anmutige Natur

So aufregend die Städte auch sind, vor allem sind es Flora und Fauna, die Besucher anziehen. Eine Reise nach Kanada, vor allem in die weniger bevölkerten Regionen wie im Yukon, den Northwest Territories oder Newfoundland, hat bis heute etwas Abenteuerliches an sich. Weite Landschaften lassen einen außerhalb der touristischen Hotspots etwa an den Niagara Falls, der Panoramastraße Icefields Parkway oder auf Vancouver Island schnell zur Ruhe kommen und eins mit der fabelhaften Natur werden. Für Aufregung sorgt dann nur – und das meist heiß ersehnt – die kanadische Tierwelt: Wer möchte nicht einmal Wale, Bären oder Elche aus nächster Nähe sehen? Gerade Vancouver Island und das entlegene Churchill an der Hudson Bay sind für Wildlife-Beobachtungen prädestiniert. Doch überall im Land stehen die Chancen gut, Tiere in freier Wildbahn zu sehen - auch in den stark besuchten Rocky Mountains.

Ohnehin ist es meist nicht weit, um den nächsten Nationalpark oder andere Schutzgebiete zu besuchen. *Parks Canada* als so etwas wie die oberste Naturschutzbehörde betreibt 47 Nationalparks, mit dem Banff National Park als Favoriten der Reisenden, sowie 171 *National Historic Sites* und 4 *Marine Conservation Areas*. Hinzu kommen zahlreiche Provinzparks wie etwa der bekannte Algonquin Provinical Park in Ontario. Zwar bietet sich ein erster Eindruck schon vom Auto aus. Doch erst Wanderungen wie beispielsweise zu *Agnes Teahouse* am Lake Louise oder Kanu- bzw. Kajaktouren unterschiedlicher Länge – sehr zu empfehlen auf dem Yukon River oder einem der zahlreichen Seen – lassen Besucher die Faszination Natur so richtig erleben.

Und ob in den Metropolen, in kleinen Dörfern oder im Nationalpark: Die weltoffenen und sympathischen Kanadier, stets hilfsbereit und interessiert, machen einen Urlaub in Kanada unvergesslich. Spätestens beim Gespräch – gern bei Bier oder Wein zu Livemusik – dürfte jeden Reisenden der viel zitierte Kanada-Virus ereilen.

Wichtige Links

Destination Canada (dt.)	de-keepexploring.canada.travel
Destination Canada (engl.)	in-keepexploring.canada.travel
Visit Canada	www.visit-canada.com
ETA	www.canada.ca/en/immigration-refugees-citizenship/services/visit-canada/eta/apply-de.html
Government of Canada	www.canada.ca/en.html
Auswärtiges Amt	www.auswaertiges-amt.de/de/kanadasicherheit/204874
Parks Canada	www.pc.gc.ca/en
Canadian Automobile Association	www.caa.ca
360° Kanada	www.360grad-kanada.de

Unberührte Landschaften und viel Wildlife: Kanadas Natur weckt Sehnsucht.

Natur & Outdoor

Nationalparks

Tierbeobachtungen

Seen

Wasserfälle

Strände

Wanderungen

Jasper
ALBERTA
BRITISH COLUMBIA
Golden
Revelstoke
Banff
KANADA
Yellowknife
NORTHWEST TERRITORIES
YUKON
Whitehorse
BRITISH COLUMBIA
ALBERTA
SASKATCHEWAN
Edmonton
Regina
Victoria
Richmond
USA
Pazifischer Ozean
Waterton Lakes National Park
Waterton Lake
USA

Baffin Bay
NUNAVUT
Sankt-Lorenz-Golf
NEW BRUNSWICK/ PEI
NEWFOUNDLAND & LABRADOR
NOVA SCOTIA
55
60
44
42
47
48
10
Iqaluit
Hudson Bay
QUÉBEC
13
MANITOBA
ONTARIO
Georgien Bay
Lake Huron
Ottawa
45
28
50
43
23
USA
Lake Erie
Winnipeg
29
Lake Superior
19
36
8
Québec
Fredericton
Ottawa
Toronto
St. John's
20
6
Charlottetown
Halifax
Atlantischer Ozean

Nationalparks

Smaragdgrüne Bergseen, scheinbar unendliche Gletscher oder gefühlt Bären hinter jedem Baum: Kanada steht vor allem für unvergessliche Momente in der Natur, gepaart mit einem Schuss Abenteuer und teils atemberaubenden Beobachtungen der famosen Tierwelt. Die überbordende Vielfalt der Flora und Fauna weckt große Sehnsucht und zeigt uns zugleich, wie verletzlich unser Ökosystem ist. Doch 47 Nationalparks sowie zahlreiche weitere Schutzgebiete sollen die Schönheit der Natur im zweitgrößten Land unseres Planeten bewahren und künftigen Generationen näherbringen. Reisende kommen in den Nationalparks der schöpferischen Kraft von Mutter Erde besonders nah. Allein die kanadischen Nationalparks schützen eine Fläche, die größer ist als die gesamte Bundesrepublik Deutschland. Sie warten nur darauf, dass Reisende die Natur entdecken und sich an der Schönheit des Landes berauschen.

Zur Orientierung: In diesem Kapitel porträtieren wir die zehn schönsten Nationalparks, wie sie von Lesern des Reisemagazins 360° Kanada und einer Fachjury gekürt wurden. Ausführliche Informationen sind teilweise auch in weiteren Abschnitten verfügbar, in denen die verschiedenen Regionen Kanadas einzeln vorgestellt werden.

· *www.pc.gc.ca/en/index*
· *de-keepexploring.canada.travel/what-to-do/natural-wonders*
· *www.thecanadianencyclopedia.ca/en/article/national-parks-of-canada*

Blick über Banff National Park und Lake Louise

1 Banff National Park – Wo Träume wahr werden

Ob Grizzlys oder Elche, Wanderungen zu eindrucksvollen Wasserfällen oder pittoresken Gletscherseen: Im Banff National Park dürfte kein Wunsch in der Natur unerfüllt bleiben. Der älteste und beliebteste Nationalpark des Landes vereint wohl das Beste, was Kanada zu bieten hat (siehe „Icefields Parkway", Seite 154).

Als Top-Attraktion des Parks gilt der beliebte Lake Louise: Der türkisfarbene See mit dem dahinterliegenden Victoria Glacier und dem legendären *Fairmont Hotel Chateau* ist eines der Symbole sowohl für die Rocky Mountains als auch die gesamte Nation. Trotz aller Besuchermassen lässt sich hier die Magie der Berge

spüren. Doch neben diesem Hotspot der Natur und des Tourismus lohnen viele weitere Plätze im Park. Deutlich weniger überlaufen sind beispielsweise die Vermillion Lakes und der Lake Minnewanka, beide unweit der Kleinstadt Banff, dem größten Ort des Parks. Der Park ist Ausgangspunkt für die legendäre Panoramastraße *Icefields Parkway* (siehe „Icefields Parkway", Seite 154).

Mehr als 20 mächtige Gipfel, alle über 3000 Meter hoch und bis zu 120 Millionen Jahre alt, bilden den perfekten Rahmen für den Nationalpark. Höchster Gipfel ist mit 3612 Metern Mount Forbes. Das Schutzgebiet ist Heimat vieler einheimischer Tiere. Elche, Wapitis, Schwarz- und Braunbären und Wölfe sowie rund 250 Vogelarten lassen sich regelmäßig beobachten, vor allem entlang des *Bow Valley Drive*. Auch Bisons wurden mittlerweile wieder ausgewildert, nachdem sie im 19. Jahrhundert in dieser Region ausgerottet wurden.

Die ersten Expeditionen in die damals unbekannten Rocky Mountains starteten mit dem Bau der Eisenbahn. Als Meilenstein gilt das Jahr 1883, als Arbeiter eine natürliche heiße Quelle entdeckten. Seitdem wurde das touristische Potenzial der Region systematisch ausgeschöpft, nachdem Indianer hier schon seit rund 11.000 Jahren lebten. Um die facettenreiche Fauna und Flora mit ihren blühenden Bergblumen und teils noch immer dichten Nadelwäldern zu schützen, wurde das Gebiet 1885 als erster Nationalpark des Landes ausgewiesen – nach dem Yellowstone National Park der zweitälteste in Nordamerika.

Heute profitieren Urlauber im ganzjährig lohenden Reiseziel von einer perfekten Infrastruktur. Dazu zählen dutzende von Hotels, 13 Campingplätze und drei Skigebiete.

· *www.pc.gc.ca/en/pn-np/ab/banff*

2 Jasper National Park – Ikone der Natur

Der größte Nationalpark der Rocky Mountains ist nicht minder schön als der angrenzende Banff National Park, aber dafür weit weniger überlaufen. Zusammen mit dem Kootenay und Yoho National Park bilden die beiden Schutzgebiete den Canadian Rocky Mountains Park, der 1984 von der UNESCO zum Weltnaturerbe erklärt wurde. Wichtigste Attraktionen im Jasper National Park sind das Columbia Icefield und der Maligne Lake samt Maligne Canyon (siehe „Icefields Parkway", Seite 154, und „Winter", Seite 352) sowie die zahlreichen Wasserfälle und Seen rund um den Ort Jasper. Der selbst im Hochsommer verschlafen wirkende Bergort ist Start- oder Ausgangspunkt für die 232 Kilometer lange Fahrt über die Traumstraße *Icefields Parkway.*

Den schönsten Blick auf den Jasper National Park genießen Reisende vom 2285 Meter hohen Whistlers Mountain. Die 1964 mit deutschem Know-how gebaute *Jasper Sky Tram* überbrückt die 1000 Meter Höhenunterschied zwischen Tal- und Bergstation in knapp acht Minuten. Bei guter Sicht ist von oben aus sogar der gut 50 Kilometer entfernte Mount Robson, mit knapp 4000 Metern der höchste Gipfel der kanadischen Rocky Mountains, zu sehen. Unvergesslich bleibt in jedem Fall der Blick auf die zahlreichen Seen, etwa den Beauvert Lake sowie Patricia und Pyramid Lake, inmitten der gigantischen Berglandschaft.

Zu den beliebtesten Ausflügen im Park – neben der Bootstour auf dem Maligne Lake und der Busfahrt auf das Columbia Icefield – zählt überdies der Abstecher zum Mount Edith Cavell. Vom *Astoria Valley Viewpoint* (nur im Sommer erreichbar) bietet sich ebenfalls ein schöner Ausblick, zugleich Startpunkt für Wanderwege wie den Path of the Glacier Loop. Populär sind Raftingtouren auf dem Athabasca River oder Kanufahrten auf den Seen.

Wie auch der Banff National Park ist der Jasper National Park ein Ganzjahresziel. Das hiesige *Marmot Ski Resort* ist jedoch kleiner und somit weniger überlaufen. Dafür sind im Maligne Canyon und auf der Maligne Lake Road einzigartige Erlebnisse möglich, wie sie im benachbarten Schutzgebiet nicht zu finden sind – beispielsweise Klettern im vereisten Canyon.

Schönste Unterkunft ist die *Fairmont Jasper Lodge*, ebenso legendär wie die Schwesterhotels in Banff und am Lake Louise. Der große Campingplatz in Jasper ist wiederum für seine Wapitis bekannt.

Gut zu wissen: Der Nationalpark ist dank seiner abgelegenen Lage und wenigen künstlichen Lichtquellen als *Dark Sky Reserve* ausgewiesen. Damit bestehen besondere gute Chancen, den Sternenhimmel, die Milchstraße und zuweilen Polarlichter (*Northern Lights*) zu beobachten.

· *www.pc.gc.ca/en/pn-np/ab/jasper*
· *www.jasperskytram.com*
· *www.fairmont.de/jasper*

3 Kluane National Park – Größtes Eisfeld der Welt

Landschaft der Giganten in der Natur: Im Kluane National Park treffen das größte Eisfeld außerhalb der Polarkappen und der Mount Logan als höchster Berg des Landes aufeinander. Das viertgrößte Schutzgebiet Kanadas ist das Topziel im Yukon (siehe „Yukon“, Seite 174).

Keine hunderttausend Besucher zählt der Park, kein Vergleich zu den Besuchermassen im Banff National Park. Somit bietet der Kluane National Park beste Chancen auf eindrückliche Momente in der Natur. Dazu zählen in erster Linie Wildlife-Beobachtungen – Grizzlys, Schneehasen, Wölfe und Elche genießen hier beste Lebensbedingungen. Gerade auf längeren Wanderungen in Hinterland (*Backcountry*-Touren) bestehen gut Chance, die einheimische Tierwelt zu erleben. Beliebt sind auch Kanutouren auf den zahlreichen Seen.

Wer einen Blick auf den 5959 Meter hohen Mount Logan erhaschen und einen noch besseren Überblick auf das riesige Eisfeld erleben möchte, muss in die Luft gehen. Denn während viele Gletscher auch vom Boden zu sehen sind, versteckt sich der namensgebende Gipfel in den weißen Weiten. Touren starten regelmäßig beispielsweise von Haines Junction.

Der Nationalpark ist am besten von Whitehorse, der Hauptstadt des Yukon, aus erreichbar. Alternativ lässt sich ein Besuch gut in eine große Alaska-Yukon-Reise ab Anchorage integrieren. Wichtigster Ort im Schutzgebiet ist Haines Junction mit Besucherzentrum, Hotels und Restaurants sowie Tankstellen und Supermarkt.

· *www.pc.gc.ca/eng/pn-np/yt/kluane/index.aspx*

4 Pacific Rim National Park – Wilde Küste

Wildromantisch mit starkem Wellengang an naturbelassenen Stränden und mit dichtem Regenwald präsentiert sich der Pacific National Park an der Westseite von Vancouver Island (siehe „Vancouver Island", Seite 124 und „Strände", Seite 66). Ein Besuch hier gehört für viele Reisende ebenso zum gefühlten Pflichtprogramm wie eine Tour in den Banff National Park.

Long Beach ist die beliebteste Zone im Park. Bis zu 20 Kilommeter lange Strände laden zu gemütlichen Spaziergängen ein, während versierte Surfer dank der steten Brandung beste Bedingungen zum Wellenreiten vorfinden. Alternativ lohnen Wanderungen in den borealen, teils verwunschen wirkenden Regenwald, in denen die bis zu 800 Jahre alten Riesenlebensbäume umgeben von großen Farnen die Hauptattraktion sind. Von den beiden kleinen Fischerorten wie aus dem Bilderbuch – Tofino im Norden und Ucluelet im Süden – starten regelmäßig Bootstouren, wie sie unterschiedlicher nicht sein können: entweder zum *Whale Watching* auf dem wilden Pazifik oder gemütliche Fahrten im Clayoquot Sound, um Schwarzbären bei Ebbe zu beobachten.

Der Pacific Rim National Park ist zudem ein Topziel für Trekking-Fans: Der 75 Kilometer lange *West Coast Trail* ist eine der schönsten Trekkingtouren. Rund eine Woche dauert das Abenteuer in der Natur.

· *www.pc.gc.ca/eng/pn-np/bc/pacificrim/visit.aspx*

5 Yoho National Park

Im Vergleich zu den viel besuchten Schutzgebieten in seiner unmittelbaren Nähe – Banff und Jasper National Park – ist der Yoho National Park schon fast ein beschauliches Plätzchen in den Rocky Mountains (siehe „British Columbia“, Seite 104). Ein Spaziergang um den Emerald Lake lässt einem die Natur näherkommen, ebenso eine Wanderung zum Lake O'Hara. Imposant sind die die Takakkaw Falls.
· *www.pc.gc.ca/en/pn-np/bc/yoho*

6 Cape Breton Highlands National Park

Mit seiner zerfurchten hügligen Küstenlandschaft ist der Cape Breton Highlands National Park so etwas wie das Aushängeschild von Nova Scotia (siehe „Nova Scotia“, Seite 284). Viele Reisende fühlen sich an die schottischen Highlands erinnert. Der *Skyline Trail* an der Westküste zählt zu den schönsten Wanderungen des Landes. Abends finden geführte Touren mit Erzählungen der Ranger statt.
· *www.pc.gc.ca/en/pn-np/ns/cbreton*

7 Kootenay National Park

Ebenfalls in den Rocky Mountains liegt der Kootenay National Park. Sehenswert ist vor allem der 35 Meter tiefe Marble Canyon. Zu den berühmtesten heißen Quellen des Landes zählen die *Radium Hot Springs* am südlichen Parkende. An einem Tag lässt sich der 1920 gegründete Park gut erkunden. Wichtig: Entlang des Kootenay Park Highway gibt es keine Tankstelle.
· *www.pc.gc.ca/en/pn-np/bc/kootenay*

8 Gros Morne National Park

Die beliebtestes Attraktion von Newfoundland ist der Gros Morne National Park, seit 1987 UNESCO-Weltnaturerbe (siehe „Newfoundland & Labrador“, Seite 264). Populär ist die Bootsfahrt auf dem Western Brook Pond, einem fjordähnlichen See mit hohen Granitbergen. Geologisch kommt dem Park hohe Bedeutung zu, da in den Tablelands die Erdkruste bis an die Oberfläche gekommen ist.

· *www.pc.gc.ca/en/pn-np/nl/grosmorne*

9 Glacier National Park

Einer der schönsten subalpinen Bergpässe des Landes liegt im Glacier National Park in British Columbia. Bis auf 1130 Meter schraubt sich der *Trans-Canada Highway* am Rogers Pass in die Höhe. Berühmt ist der Park vor allem für seine blühenden Wiesen im Frühjahr und Sommer. Im Winter ist der Glacier National Park ein beliebtes Skigebiet und eine gute Alternative zu den Pisten rund um Banff.

· *www.pc.gc.ca/en/pn-np/bc/glacier*

10 Kejimkujik National Park

Der zweigeteilte Kejimkujik National Park ist mit seiner Inlandssektion ein Paradies für Kanu-Freunde. Vom Boot aus können Fauna und Flora besser erkundet werden als zu Fuß. Der Park ist auch für seine mehr als 500 Petroglyphen, teils 4000 Jahre alt, bekannt – mehr Felszeichnungen der indigenen Bevölkerung finden sich nirgends sonst in Nordamerika.

· *www.pc.gc.ca/en/pn-np/ns/kejimkujik*

Tierbeobachtungen

Grizzly, Orca und Co. sind wohl die Höhepunkte schlechthin einer jeden Kanada-Reise. Im zweitgrößten Land der Erde erleben Reisende eine einzigartige und vielfältige Tierwelt. Und nicht selten sind Beobachtungen direkt von der Straße oder vom Strand aus möglich.

Wow-Momente in der Natur sind im ganzen Land quasi vorprogrammiert. So lassen sich beispielsweise Schwarzbären, Elche und Karibus selbst in stark besuchten Regionen wie dem Banff oder Jasper National Park individuell erleben. Noch bessere Chancen zum *Wildlife Spotting* hat derjenige, der spezielle Touren bucht. Die Auswahl an Ausflügen ist scheinbar grenzenlos, das Limit gibt wohl nur die persönliche Reisekasse vor. Zu den preiswerten Angeboten zählen Bootsfahrten rund um Vancouver Island zu Walen, Orcas und Schwarzbären. Deutlich teurer hingegen sind etwa Aufenthalte in speziellen Lodges, um Grizzlys im Great Bear Forest zu erleben. Ultimatives Erlebnis und entsprechend hochpreisig sind Reisen zu Eisbären in ihrem natürlichen Lebensraum, zum Beispiel in Churchill an der Hudson Bay.

Wichtig fürs *Wildlife Spotting*: Immer vom sicheren Auto aus die Tiere beobachten – niemals aussteigen. Und wer sie in der freien Wildbahn trifft, sollte bei Bären und Elchen mindestens 100 Meter Sicherheitsabstand wahren, bei Hirschen, Rehen und Schafen immerhin 30 Meter. Tiere zu füttern ist strengstens verboten und widerspricht dem Naturschutzgedanken!

Hinweis: Hier werden die beliebtesten Plätze für Tierbeobachtungen vorgestellt. Weitere Informationen und zusätzliche Links zu den beschriebenen Orten finden sich auch in Kapiteln zu den jeweiligen Regionen in der Sektion „Städte & Regionen“.

· *caen-keepexploring.canada.travel/things-to-do/exp/wildlife-viewing-canada#/?galleryItemId=200010178*
· *de-keepexploring.canada.travel/what-to-do/natural-wonders*
· *www.travelalberta.com/ca/things-to-do/nature-wildlife/wildlife-viewing*
· *www.hellobc.com/british-columbia/things-to-do/parks-wildlife/bear-watching.aspx*

Eisbären sind die „Könige der Arktis" und eines der Sehnsuchts-Motive überhaupt.

11 Telegraph Cove & Victoria – Orcas im Blick

Sie sind so berühmt wie berüchtigt: Schwertwale gelten als die gefürchtesten, aber auch schnellsten und elegantesten Jäger des Meeres. Orcas, wie sie oft auch genannt werden, sind eine Wal-Art und stammen aus der Familie der Delfine. Die bis zu zehn Meter langen Tiere leben bevorzugt an Küsten in kühleren Regionen. Und so bestehen rund um Vancouver Island besonders gute Chancen, Orcas zu beobachten. Angst braucht dabei kein Reisender zu haben: Der Begriff „Killerwal“ zielt auf seine brutal erscheinenden Jagdmethoden ab, nicht hingegen auf Angriffe auf Menschen. Ganz im Gegenteil: Bislang sind keine derartigen Vorfälle

bekannt geworden. Daher entspricht das Klischee aus dem Kinofilm *Free Willy* eher der Realität als der Mythos des „Killerwals“.

Rund um Vancouver Island finden sich gleich mehrere Populationen, was die Erfolgschancen erhöht: Orcas sind ausgesprochen gesellige Tiere und leben in Familienverbänden von bis zu 150 Artgenossen. Dabei haben

sie eine Lebenserwartung von durchschnittlich 30 Jahren, wobei Orcas bei guten Lebensbedingungen bis zu 60 Jahre alt werden können. Zu ihrem berühmt-berüchtigten Image trägt neben dem Jagdverhalten wohl auch ihr Beuteschema bei: Orcas greifen auch Delfine, Wale und sogar Haie an – meist mit Erfolg, da sie keine natürlichen Feinde haben und somit in der Nahrungskette ganz oben stehen. Zudem attackieren sie ihre Beute meist im Rudel und erhöhen so ihre Erfolgswahrscheinlichkeit.

Die Monate zwischen Mai und Oktober gelten als beste Jahreszeit zum *Orca Spotting*. Bootstouren starten regelmäßig in zahlreichen Orten, beispielsweise in der Provinzhauptstadt Victoria und in Telegraph Cove an der Johnstone Strait (siehe „Vancouver Island“, Seite 124). Urlauber können zwischen großen Schiffen und kleinen wendigen Schlauchbooten (Zodiacs) wählen. Besonders beliebt ist auch das *Orca Camp* am Warden Beach. Wer es noch abenteuerlicher mag, steigt ins Kanu. Bei Ausflügen werden meist auch andere Meeresbewohner gesichtet wie Buckelwale, Delfine und Seelöwen. Um die Chancen zu erhöhen, tatsächlich Tiere zu beobachten, setzen viele Anbieter auf Unterwasser-Mikrofone, um die Orcas und Co. aufzuspüren.

· *www.ecosummer.com*
· *www.stubbs-island.com*
· *orcaspirit.com*
· *kayakbc.ca*

12 Knight Inlet – Ideal für Grizzlys

So ein Moment bleibt unvergesslich, wenn der Grizzlybär auf der Jagd einen Lachs schnappt und vertilgt. Beobachtungstouren während der Laichzeit, wenn die Lachse in die Binnengewässer zurückkehren, sind die beste und eindrucksvollste Möglichkeit, um die bis zu 700 Kilogramm schweren Könige des Waldes zu beobachten. Prädestiniert dafür ist vor allem der üppige Great Bear Forest in British Columbia. Er erstreckt sich über eine Länge von 400 Kilometern entlang der Küste.

Einst waren Grizzlybären – biologisch gesehen eine Unterart der Braunbären – in weiten Teilen Nordamerikas heimisch. Selbst in Mexiko wurden sie gesichtet. Mittlerweile sind sowohl Population als auch Verbreitung deutlich zurückgegangen. In Kanada sind sie am ehesten noch an der Küste von British Columbia sowie im westlichen Alberta und den nördlichen Landesteilen zu beobachten. Angesichts des Klimawandels mit zunehmend wärmeren Temperaturen wurden einzelne Grizzlybären sogar schon in der Subarktis rund um die Hudson Bay gesichtet, eigentlich Heimat der Eisbären. In ganz Nordamerika sollen noch etwa 50.000 Grizzlys leben.

Im Regelfall sind sie als Einzelgänger unterwegs, dabei tag- und nachtaktiv. Auch wenn die Grizzlys meist einen gemütlichen, behäbigen Eindruck vermitteln, können sie auf der Jagd bis zu 60 Stundenkilometer schnell werden. Wie die meisten Bären sind sie Allesfresser, wobei Beeren im Frühjahr und Sommer zu den wichtigsten Nahrungsquellen zählen. Zuweilen jagen sie aber auch große Säugetiere wie Elche und Bisons. Und bei küstennahen Grizzlys spielen zudem Lachse eine wichtige Rolle auf dem Speiseplan.

Zu den besten Plätzen, um Grizzlys zu beobachten, zählen die *Knight Inlet Lodge* und die *Great Bear Lodge*. Die edlen Unterkünfte liegen im Knight Inlet bzw. im Great Bear Forest und sind ausschließlich per Wasserflugzeug (ab Campbell River bzw. Port Hardy) erreichbar (siehe „Vancouver Island", Seite 124). Hier lassen sich Grizzlys vom Boot wie auch von speziellen Aussichtsplattformen beobachten. Als Alternative zu den teuren Mehrtagestrips in die Lodge sind ab Telegraph Cove, ebenfalls auf Vancouver Island, ganztägige Bootstouren ins Knight Inlet buchbar.

- *www.hellobc.com.au/great-bear-rainforest.aspx*
- *www.hellobc.de/vancouver-island/aktivitaten/naturparks-wildtiere/bear-watching.aspx*
- *www.grizzlytours.com*
- *grizzlycanada.com*
- *www.greatbeartours.com*

13 Churchill – Eisbären und Belugawale

Erst ist er für das ungeübte Auge nicht zu erkennen. Gut getarnt liegt er im Schnee, versichert der Guide nochmals und zeigt auf einen gelblichen Fleck in rund 100 Metern Entfernung. Und in der Tat hat es sich dort ein Eisbär gemütlich gemacht. Schließlich wird der etwa acht Jahre alte Eisbär aktiv und verzückt die weitgereisten Besucher umso mehr. Erst hebt das größte Raubtier an Land vorsichtig den Kopf, dann steht er auf und wandert umher. Schließlich klettert der Eisbär auf die umliegenden Felsen.

Das Städtchen Churchill an der subarktischen Hudson Bay (Manitoba) ist die selbsternannte Hauptstadt der Eisbären (siehe „Manitoba und Saskatchewan", Seite 194). Gerade im Oktober und November bestehen gute Chancen, die Ikonen der Arktis auf organisierten Ausflügen vorzugsweise im sogenannten „Tundra Buggy", einem speziell ausgerüsteten und geländegängigen Bus, zu beobachten.

Aber auch im Sommer ist der 800-Einwohner-Ort eine Reise wert. Neben blühender Tundra und einer (kleinen) Chance auf Eisbären sind es dann vor allem Belugawale, die Besucher beeindrucken. Das Mündungsgebiet des Churchill River in die Hudson Bay ist im August Heimat einer der weltgrößten Populationen. Bei Bootsfahrten, Kajaktouren und selbst beim Schnorcheln sind eindrucksvolle Begegnungen mit den strahlend weißen Meeresbewohnern möglich.

· *everythingchurchill.com*

14 Tofino – Schwarzbären und Wale

Vancouver Island ist in erster Linie Heimat von Schwarzbären, während Grizzlys rar sind und im Regelfall nur im Great Bear Forest zu finden sind. Angesichts der großen Population bestehen gute Chancen, einen der bis zu 1,80 Meter großen *Black Bears* anzutreffen. Wer kein Glück hat oder viel Wert auf beeindruckende Momente legt, sollte in Tofino ins Boot steigen und den Clayoquot Sound entlang schippern (siehe „Vancouver Island", Seite 124). Die vielen Buchten des weitverzweigten Sound mit seinen Wasserwegen gelten als eines der besten Reviere weltweit, die scheinbar so kuschligen Lebewesen zu treffen.

Und bei Ebbe kommen die Schwarzbären aus dem Regenwald heraus und begeben sich auf die Suche nach Nahrung. Jetzt haben sie gute Chance, um mit ein paar Fischen und Muscheln ihren Hunger zu stillen. Wer Glück hat, kann sogar aus nur knapp 60 Metern eine Mutter mit ihrem Nachwuchs sichten. Und wenn eines der Jungen plötzlich posiert, werden dutzende Fotos geschossen. Neben Schwarzbären sind auch Seelöwen und Adler im Clayoquot Sound heimisch. Falls sich doch kein Bär zeigt, bekommen Besucher oftmals eine zweite Tour geschenkt.

Wer dann noch nicht genug von Kanadas Tierwelt hat, kann von Tofino auch zum *Whale Watching* starten. Buckelwale kommen hier regelmäßig vorbei. Manche Veranstalter bieten auch kombinierte Trips an.

· *www.jamies.com*
· *www.browningpass.com*

15 Khutzeymateen Provincial Park

Zur Kategorie Geheimtipp zählt das 1994 gegründete Schutzgebiet nordöstlich von Prince Rupert (British Columbia). Der Park dient in erster Linie dem Schutz der Grizzlybären. Ausflüge und mehrtägige Trips organisiert die *Khutzeymateen Wilderness Lodge*, die einzige feste Unterkunft im Park.

· *www.env.gov.bc.ca/bcparks/explore/parkpgs/khutzeymateen/#Location*
· *www.khutzlodge.com*

16 Maligne Lake Road

Im Sommer wie Winter ist die Stichstraße zwischen Jasper und dem Maligne Lake das perfekte Ziel für Naturfreunde. Hier bestehen gute Chancen, Elche und Wölfe sowie Wapitis zu sehen. Es mutet wie eine Safari an, wenn man zu Sonnenaufgang und -untergang immer wieder die Straße auf und abfährt. Geführte Touren mit erfahrenen Guides sind buchbar.

· *www.pc.gc.ca/en/pn-np/ab/jasper*
· *www.sundogtours.com*

17 Red Rock Canyon

Die Schlucht inmitten des Waterton Lakes National Park im südlichen Alberta ist ohnehin einer der populärsten Plätze des Parks (siehe „Alberta“, Seite 134). Doch gerade im sehenswerten Red Rock Canyon sind die Chancen auf kanadisches Wildlife besonders hoch. Gerade Schwarzbären werden immer wieder angetroffen. Elche und Luchse sind ebenso im Park heimisch.

· *www.pc.gc.ca/en/pn-np/ab/waterton*

18 Ucluelet

Grauwale und Buckelwale sind regelmäßig vor der Küste von Vancouver Island zu Gast. Am Long Beach sind sie manchmal sogar von Land aus zu sehen. Alternativ starten im Fischerort Ucluelet Bootstouren, um die bis zu 15 Meter langen und teils 34 Tonnen schweren Meeressäuger zu sehen. Zusätzlich werden Exkursionen zu Schwarzbären angeboten.

· *ucluelet.ca*

19 Tadoussac

Die Kleinstadt Tadoussac, 210 Kilometer nördlich von Québec Stadt, ist Ausgangspunkt für beeindruckende Bootstouren auf dem Sankt-Lorenz-Strom. Bekannt ist der Ort vor allem fürs *Whale Watching*. Minkwale, Blauwale und Buckelwale sind im Sommer anzutreffen. Außerdem ist eine kleine Population von Belugawalen im Parc Marin du Saguenay–Saint-Laurent heimisch.

· *tadoussac.com/en*

20 Witless Bay

Eines der größten Vogelschutzgebiete Kanadas liegt nur eine gute halbe Autostunde von St. Johns, der Hauptstadt von Newfoundland & Labrador, entfernt. Mehrere hunderttausende Vögel, darunter eine imposante Population Papageitaucher (Puffins), sind im *Witless Bay Ecological Reserve* heimisch. Wale und Eisberge lassen sich bei Bootstouren sichten.

· *www.townofwitlessbay.com*
· *www.obriensboattours.com*

Seen

Kanada ist das Land der Seen. Doch welcher ist der schönste im ganzen Land? Eher ein kleiner Bergsee wie der Lake Agnes in den Rocky Mountains oder eher der an ein Meer erinnernde Lake Ontario? Zu den Top 5 der kanadischen Gewässer zählen der Moraine Lake, Maligne Lake, Lake Louise und Peyto Lake – allesamt entlang des *Icefields Parkway* in den Rocky Mountains gelegen (siehe „Icefields Parkway“, Seite 154) – sowie der Emerald Lake im Yoho National Park (siehe „British Columbia“, Seite 104).

In diesem Kapitel werden daher die weiteren Favoriten der Leser des Magazins 360° Kanada sowie der Experten für dieses Buch vorgestellt. Denn im Land der Seen gibt es so viele sehenswerte Gewässer, so dass Besucher nicht unbedingt den touristischen Hotspots folgen müssen. Insgesamt sind bislang mehr als 31.000 Seen, die größer als drei Quadratkilometer sind, gelistet.

Die tausenden Seen verleihen dem Land einen besonderen Charme.

21 Bow Lake – Wenig bekannt

Nur etwa 30 Autominuten nördlich vom überaus populären Lake Louise findet sich mit dem Bow Lake ein weiterer faszinierender Bergsee. Viele Besucher schätzen die Ruhe im Vergleich zu Lake Louise und Moraine Lake sowie Peyto Lake und machen es sich an einem Tisch mit einem Picknick gemütlich. Besonders fotogen kommt der See im Mai und Juni daher, wenn erst ein Teil wieder aufgetaut ist und sich neben dem Eis der Bow Summit im türkisschimmernden Wasser spiegelt.

Bow Lake liegt auf 1920 Metern auf einer der höchsten Stellen entlang der Traumstraße *Icefields Parkway* (siehe „Icefields Parkway“, Seite 154). Mit einer Länge von gut drei Kilometern und eine Breite von mehr als 1000 Metern zählt er zu den größten in den Rocky Mountains. Gespeist wird der wenig bekannte See vom nahen Bow Glacier des Wapta Icefield. Gut zu wissen: Wer an der *Trading Post* ein *Permit* erwibt, darf im See angeln, zum Beispiel nach Forellen und Felchen.

Der See ist Ausgangspunkt für mehrere Touren. Wer es gemütlich mag, begnügt sich mit einem Spaziergang am Ufer. Drei bis vier Stunden über knapp zehn Kilometer dauert die Wanderung zu den Bow Glacier Falls, die kaskadenartig in die Tiefe stürzen. Auf dem Rundkurs lässt sich erleben, wie sich unterhalb der Wasserfälle ein neuer kleiner Fluss bildet. Möchten Besucher hingegen den *Bow Summit Lookout* erklimmen und einen fabelhaften Blick aus der Vogelperspektive genießen, müssen sie ihre Wanderung am Parkplatz vom nahegelegenen Peyto Lake starten (sechs Kilometer entfernt). Über 250 Höhenmeter auf knapp drei Kilometer steigt der Trail bis zum Aussichtspunkt an. Für die komplette Tour sind etwa zweieinhalb Stunden einzuplanen. Alternativ lässt sich der See auch vom Boot aus erkunden. Allerdings müssen Kajak oder Kanu selbst mitgebracht werden.

Mit Blick auf den Bow Lake lässt es sich auch übernachten: Nur wenige Meter vom Seeufer steht die hochpreisige *Num-Ti-Jah Lodge* samt Restaurant. Zimmer mit See- oder Bergblick sind buchbar. Die Lodge ist von Mitte Juni bis Oktober geöffnet und wurde schon in den 1930er-Jahre eröffnet.

· *www.pc.gc.ca/en/pn-np/ab/banff/visit/les10-top10*
· *www.num-ti-jah.com*

22 Lake O'Hara – Weitgehend ursprünglich

Eher noch in die Kategorie Geheimtipp fällt der Lake O'Hara inmitten des Yoho National Park (siehe „British Columbia“, Seite 104). „So müssen die gesamten Rocky Mountains vor vielen Jahre ausgesehen haben“, mag so mancher Besucher denken. Denn der See ist bekannt für weitgehend unberührte Natur, exzellente Wanderwege und viel Ruhe.

Sein Pluspunkt resultiert aus einem kleinen Manko: Der See ist nicht mit dem Auto erreichbar – aber dafür weit weniger überlaufen als die Seen entlang des *Icefields Parkway*. Wer den See bestaunen und einen der schönen Wanderwege erkunden möchte, muss die elf Kilometer lange Zufahrtstraße laufen oder einen Busshuttle (nur Mitte Juni bis Anfang Oktober angeboten) buchen, dies gleicht angesichts der hohen Nachfrage jedoch eher einem Glücksspiel. Wichtig: Der See liegt auf 2012 Meter. Somit ist auch im Hochsommer mit frischen Temperaturen und möglicherweise schnell wechselndem Wetter zu rechnen. Zudem ist die Zahl der Tagesbesucher und Übernachtungsgäste streng reguliert.

Der Lake O'Hara wurde 1887 von einem Mitarbeiter der *Canadian Pacific Railway* entdeckt, ehe 1890 der Ire Robert O'Hara die Region näher erkundete und so dem See seinen Namen gab. Aktuelle Informationen erhalten Besucher am *Le Relais Day Shelter*. Die kleine Hütte wird vom *Lake O'Hara Trails Club* gemeinsam mit *Parks Canada* und der *Lake O'Hara Lodge* betrieben. Sie ist außerdem für ihre guten Snacks wie beispielsweise den *Carrot Cake* bekannt.

Zu den beliebtesten Wanderwegen zählt der weitgehend flache *Shoreline Trail*, ein 2,8 Kilometer langer Rundweg, der auch die Seven Veils Falls passiert. Hoch hinaus in alpines Terrain rund um die Kontinentale Was-

serscheide führt der *Lake Oesa Trail* (6,4 Kilometer, 240 Meter Höhenunterschied). Sehenswerte Ausblicke finden sich auch entlang des *Duchesnay Basin Trail* (6,4 Kilometer, 230 Meter Höhenunterschied). Daneben existieren verschiedene alpine Routen.

Am See selbst können Besucher auf einem kleinen Campingplatz (30 Stellplätze) ihr Zelt aufschlagen. Reservierungen sind zwingend erforderlich. Daneben hat im Sommer sowie im Winter die exklusive *Lake O'hara Lodge* geöffnet, eine der schönsten Unterkünfte in den gesamten Rocky Mountains. Außerdem können Reisende ganzjährig in der einfachen *Elizabeth Parker Hut* übernachten.

· *www.pc.gc.ca/en/pn-np/bc/yoho/activ/randonnee-hike/ohara*
· *www.lotc.ca*
· *www.lakeohara.com*
· *www.alpineclubofcanada.ca/web/ACCMember/Huts/Elizabeth_Parker_Hut.aspx*

23 Lake Ontario – So groß wie Rheinland-Pfalz

Zu den sogenannten „Großen Seen" zwischen den USA und Kanada zählt der Lake Ontario. Flächenmäßig zwar der kleinste unter den fünf Great Lakes, ist er dennoch in etwa so groß wie das Bundesland Rheinland-Pfalz. Zudem dürfte er den meisten Besuchern Kanadas vertraut sein: An seinem Ufer liegt mit Toronto die größte Stadt des Landes – beim Anflug auf den Flughafen genießen Reisende lange Zeit einen schönen Blick auf den Lake Ontario. Mit vielen Stränden und rund 1500 Inseln ist der „Große See" (aus der Sprache der Wyandot) auch ein beliebtes Erholungsziel.

Der bis zu 244 Meter tiefe Lake Ontario wird überwiegend aus dem Niagara River – und den Niagara Falls – gespeist. Darüber hinaus ist er auch mit den anderen „Großen Seen" verbunden. Über den Sankt-Lorenz-Strom fließt das Wasser schließlich in den Atlantik. Der See, der teils eher an ein Meer erinnert, wird von den Gezeiten geprägt und ist im Winter zumindest an den Ufern zugefroren. Zusammen mit den anderen vier Seen, durch die jeweils auch die US-amerikanische-kanadische Grenze verläuft, bildet er das größte Süßwasser-Ökosystem der Welt.

24 Lake Minnewanka – Beliebte Bootstour

Ein reizvolles Ausflugsziel vom Ferienort Banff aus ist der Lake Minnewanka. Auch dieser Bergsee mit seinen schönen Stränden steht im Schatten des berühmten Lake Louise, dabei lässt sich der längste See der Rocky Mountains viel besser auf eigene Faust und vor allem in Ruhe erkunden. Die First Nations lebten hier vermutlich schon vor mehr als 10.000 Jahren. Sie fanden hier ein gutes Jagdrevier vor.

Bereits seit 1889 zieht Lake Minnewanka Urlauber an, schon früh wurden Bootstouren angeboten. Auch heute nutzen viele Besucher die Möglichkeit, auf einstündigen Bootsfahrten den Gletschersee und die umliegenden Gipfel zu bestaunen. Am See entlang führen beliebte Wanderwege wie beispielsweise die 90-minütige Tour zum Stewart Canyon (drei Kilometer hin und zurück) sowie ein Mountainbike-Trail. Zudem stehen auf der anderen Seite des Sees (vom Parkplatz aus gesehen) mehrere *Backcountry-Campgrounds* zur Verfügung, so dass sich die Natur auch individuell über Nacht erleben lässt. Überdies kommen Taucher und Schnorchler dank mehrerer lohnender Spots auf ihre Kosten.

- *www.banffjaspercollection.com/attractions/banff-lake-cruise/hours-rates*
- *www.pc.gc.ca/en/pn-np/ab/banff/activ/randonee-hiking/banff*
- *www.pc.gc.ca/en/pn-np/ab/banff/activ/plonge-diving/sites-minnewanka*

25 Medicine Lake

Der berühmte Maligne Lake und der beliebte Maligne Canyon sind durch den sehenswerten Medicine Lake verbunden (siehe „Icefields Parkway“, Seite 154). Die Maligne Road führt zu den drei Attraktionen und ist ideal fürs *Wildlife Spotting*. Der sieben Kilometer lange Medicine Lake hat keinen oberirdischen Abfluss, sondern ist durch eines der weltgrößten Höhlensysteme mit der Schlucht verbunden.

26 Emerald Lake

Als „Perle des Yukon“ wird der Emerald Lake am *Klondike Highway* gewürdigt – nicht zu verwechseln mit dem ebenfalls sehenswerten gleichnamigen See im Yoho National Park. Der Emerald Lake im Norden ist bekannt für seine leuchtende grüne Farbe bei Sonnenschein. Seit der letzten Eiszeit enthält der See eine hohe Konzentration von Kalziumkarbonat, die für die Färbung sorgt. Ein Campingplatz liegt direkt am See.

27 Waterton Lake

Der zweigeteilte Waterton Lake ist das Herz des beliebten, aber nicht überlaufenen Waterton Lakes National Park im Süden von Alberta (siehe „Alberta“, Seite 134). Bootsfahrten zählen zu den populärsten Aktivitäten; die Emerald Bay gilt als gutes Schnorchel- und Tauchrevier. Der See liegt auf kanadischem und auf US-amerikanischem Gebiet.

· *www.pc.gc.ca/en/pn-np/ab/waterton/activ/experiences/nautique-lake*

28 Lake Huron

Die als UNESCO-Biosphärenreservat geschützte Georgian Bay ist Teil des Lake Huron, einem der fünf Great Lakes. Zahlreiche National- und Provinzparks verteilen sich rund um den 322 Kilometer langen und 245 Kilometern breiten See. Zu den beliebtesten Ferienregionen zählen vor allem Owen und Parry Sound, Wasaga Beach sowie Manitoulin Island, die größte Binneninsel der Welt (siehe „Ontario", Seite 204).

29 Lake Superior

Der größte Süßwassersee der Erde, Lake Superior (ebenfalls einer der Great Lakes), verfügt dank geringer Industrieansiedlung über eine hohe Wasserqualität. Schon für die First Nations, später dann die weißen Pelzhändler, war der See ein wichtiger Verkehrsweg. Heute ist der See ein geschätztes Urlaubsziel: im Sommer zum Wandern, Fischen und für Bootstouren, im Winter für Langlauf und Snowmobil-Touren.

30 Great Slave Lake

Der tiefste See Nordamerikas liegt in den Northwest Territories nahe Yellowknife: Der Great Slave Lake ist bis zu 614 Meter tief. Als Freizeitparadies ist der zweitgrößte See Kanadas Ziel für Reisende wie für Einheimische. Neben den üblichen Aktivitäten wie Paddel- oder Segeltouren lassen sich auch Hausboote mieten. Am Westufer können Bisons beobachtet werden.

· *spectacularnwt.com/story/19-reasons-to-see-great-slave-lake-now*

Den besten Blick auf die Niagara Falls genießen Besucher aus dem Hubschrauber.

Wasserfälle

Die Niagara Falls sind wohl das bekannteste Symbol Kanadas schlechthin. Doch das Puzzle aus Wind, Erosion, Eiszeiten und tektonischen Verschiebungen hat eine Vielzahl von imposanten Wasserfällen geschaffen. Und so haben die berühmten Niagara Falls unweit von Toronto kräftig Konkurrenz bei der Wahl zum schönsten Wasserfall des Landes. Nahezu überall lohnen Wanderungen und Fotostopps an sehenswerten Wasserspielen, und in den Northwest Territories verbindet die Panoramastraße *Waterfalls Route* gleich mehrere miteinander.

Hinweis: In diesem Kapitel werden die beliebtesten Wasserfälle der Leser- und Expertenjury mit Ausnahme der beliebten Niagara Falls vorgestellt, während diese Ikone Kanadas im Kapitel „Ontario“ (Seite 204) ausführlich beschrieben ist.

· *www.pc.gc.ca*

31 Helmcken Falls – Schönster Wasserfall

Zum Glück der Besucher liegt der vierthöchste Wasserfall Kanadas etwas abgelegen im Wells Gray Provincial Park in British Columbia (siehe „British Columbia“, Seite 104). Ansonsten wären die Helmcken Falls wohl ähnlich vom Massentourismus überlaufen wie die berühmten Niagara Falls. Nur 90 Autominuten von Toronto entfernt, fühlen sich dort manche Reisende mittlerweile an die Glücksspielstadt Las Vegas mit angeschlossenem Wasserfall erinnert. Hier hingegen – gut sechs Autostun-

den nordöstlich von Vancouver – lässt sich das Rauschen der Wassermassen noch einigermaßen ungestört genießen. Als hätte ein Landschaftsarchitekt sie konzipiert, stürzen die Helmcken Falls fotogen über 141 Meter in die Tiefe. Die 1911 entdeckte Felsformation aus Basaltgestein erinnert an einen Trichter und liegt kurz vor der Mündung des Murtle River in den Clearwater River.

Einen schönen Blick finden Besucher direkt an der zentralen Aussichtsplattform. Es lohnt sich, auch den etwa zwei Kilometer langen *North Rim Trail* zu laufen. Von hier lässt sich ebenfalls immer wieder ein sehenswerter Ausblick erhaschen. Aber Achtung: Die Gischt ist teils so stark, dass ein Hauch von Sprühregen immer wieder für eine Erfrischung sorgt. Der Name der Fälle erinnert an den deutschsprachigen Arzt John Sebastian Helmcken. Er bekam die pittoresken Wasserfälle zwar nie zu sehen, hat aber für die *Hudson's Bay Company* die Region intensiv erkundet.

Doch die Helmcken Falls sind nur einer von insgesamt 39 benannten Wasserfällen im Wells Gray Provincial Park. Ganz anders präsentieren sich die schmalen, etwa 80 Meter hohen Spahats Falls. Ebenso von der letzten Eiszeit inmitten vulkanischen Gesteins geformt, wurden die 90 Meter breiten und 15 Meter tiefen Dawson Falls geschaffen – sie sind auch als „Little Niagara Falls" bekannt. Der Park ist im Winter ebenfalls zugänglich: Die Wasserfälle in Eis und Schnee sind sicherlich ein besonderes Naturschauspiel. Neben mehreren Campingplätzen gibt es mit der privat geführten *Helmcken Falls Lodge* auch eine feste Unterkunft.

- *www.env.gov.bc.ca/bcparks/explore/parkpgs/wells_gry/*
- *www.helmckenfalls.com*

32 Athabasca Falls – Direkt vom Gletscher

Die Wasserfälle am *Icefields Parkway* beeindrucken vor allem durch ihre Kraft. So gelten die Athabasca Falls als die wildesten der Rocky Mountains (siehe „Icefields Parkway“, Seite 154). Der Athabasca River quetscht sich durch zwei schmale, zusammen keine 30 Meter breiten Schluchten. Das Wasser vom 50 Kilometer entfernten Columbia Icefield hat sich hier durch Schichten aus hartem Quarzit und vergleichsweise weichem Kalkstein gegraben. Mit einer Höhe von nur 23 Meter zählen die Athabasca Falls zu den flacheren im Land.

Der Athabasca River verändert kontinuierlich seine Farbe. Je nach Menge und Art der Gesteinspartikel vom Gletscher schimmert er mal milchig-grünlich, grau oder tiefblau. Und davon abhängig wird die Sonne in unterschiedlichen Tönen reflektiert.

Die schmale, aber langgezogene Schlucht, zusammen mit einigen *Potholes* (Auswaschungen im Fels), wird von einem Gewirr aus Treppen und Wegen erschlossen. So ergeben sich in dem zerklüfteten Areal immer wieder schöne Fotomotive vom tosenden Wasser. Der ständige Sprühnebel zaubert zuweilen schöne Regenbögen über die Schlucht, macht die Wege aber stets rutschig. Auf Schautafeln lässt sich die geologisch spannende Geschichte der Athabasca Falls, die 1811 entdeckt wurden und Teil des Jasper National Park sind, nachlesen.

Die Athasbaca Falls finden sich am nördlichen Ende des *Icefields Parkway*, etwa 30 Kilometer von Jasper entfernt. Für einen Besuch sollten Rei-

sende 60 bis 90 Minuten einplanen. Nur wenige Minuten entfernt findet sich das Hostel *HI Athabasca Falls Wilderness Hostel*. Ganz in der Nähe lohnen die Sunwapta Falls einen Fotostopp (Lodge vorhanden).

- *www.pc.gc.ca/en/pn-np/ab/jasper/activ/itineraires-itineraries/athabasca*
- *hihostels.ca/en/destinations/alberta/hi-athabasca-falls*
- *www.sunwapta.com*

33 Waterfalls Route – Vier auf einen Streich

Auf 413 Kilometern sind über die *Waterfalls Route* gleich vier sehenswerte Wasserfälle erreichbar. Damit zählt die Strecke (offiziell benannt als NWT Highway 1, weiter südlich Alberta Highway 35) in den Northwest Territories zu den absoluten Traumstraßen des Landes.

Besonders bekannt ist der Twin Gorge Falls Territorial Park mit den Louise Falls (35 Meter) und den Alexandra Falls (32 Meter). Ein rund drei Kilometer langer und gut ausgebauter Weg verbindet die beiden Attraktionen. An den Louise Falls führt eine einzigartige Wendeltreppe über 138 Stufen zu einer Aussichtsplattform. Der gleichnamige Campground ist sehr beliebt.

An der Abbruchkante eines urzeitlichen Riffs, das einst im Meer lag, stürzen die breiten Lady Evelyn Falls 15 Meter in die Tiefe. Nur wenige Meter trennen Campingplatz und Parkmöglichkeiten von den Wasserfällen im Lady Evelyn Falls Territorial Park.

Auch an den Sambaa Deh Falls im gleichnamigen Provinzpark liegt ein malerischer und populärer Campingplatz. Die flachen Fälle im Trout River werden von Reisenden aber durchaus aus „mickrig“ im Vergleich zu den anderen Spots an der *Waterfalls Route* bezeichnet.

- *nwtparks.ca/explore/waterfalls-route*
- *spectacularnwt.com/attraction/twin-falls-gorge-territorial-park-0*
- *nwtparks.ca/explore/waterfalls-route/lady-evelyn-falls*
- *nwtparks.ca/explore/waterfalls-route/sambaa-deh-falls*

34 Virginia Falls – Geheimtipp im Norden

Als ein echtes Abenteuer gestaltet sich ein Besuch der Virginia Falls im Nahanni National Park in den Northwest Territories: Sie sind nur per Flugzeug oder auf mehrwöchigen, expeditionsartigen Touren zu Fuß oder im Kanu erreichbar. Wer hierher kommt, erlebt ein echtes Juwel in ursprünglicher Natur. Die tosenden und von weit schon zu hören Wassermassen dürften ein unvergessliches Erlebnis bleiben.

Kostspielige Tages-Trips mit dem Flugzeug zu den 96 Meter hohen Wasserfällen starten meist in Fort Simpson, alternativ auch in Watson Lake (Yukon) oder Muncho Lake (British Columbia). Nach einem ersten Blick aus der Vogelperspektive erkunden Besucher auf zwei kurzen Wanderwegen (30 bzw. 60 Minuten) die Virginia Falls, doppelt so hoch wie die weltbekannten Niagara Falls. Der erste Aussichtspunkt bietet einen guten Überblick von oben, während der zweite Weg ins kühle und feuchte Tal führt. Wer die Fälle und das UNESCO-Weltnaturerbe zu Fuß oder vom Wasser erkunden möchte, sollte eine organisierte Tour bei einem der örtlichen Veranstalter buchen, der die örtlichen Bedingungen besser kennt und das passende Equipment stellt.

- *www.pc.gc.ca/en/pn-np/nt/nahanni/visit*
- *www.northernrockieslodge.com/nahanni*

35 Takakkaw Falls – „Großartig"

Die First Nations haben bei ihrer Namensgebung die richtige Wahl getroffen: In der Sprache der Cree-Indianer steht Takakkaw für „großartig". Mit einer Gesamthöhe von 384 Metern, davon 254 Meter im freien Fall, zählen die Fälle im Yoho National Park zu den höchsten Kanadas (siehe „Nationalparks", Seite 26 und „British Columbia", Seite 104).

· *www.pc.gc.ca/en/pn-np/bc/yoho/activ/places#takakkaw*

36 Chute Montmorency

Ein Halbtagesausflug führt von Québec Stadt zum Wasserfall Chute Montmorency (siehe „Québec Stadt", Seite 244). Mit 83 Metern überragt er die Niagara Falls und ist der höchste Wasserfall der Provinz. Mehrere Aussichtspunkte und ein Besucherzentrum sowie eine Seilbahn laden zum Verweilen ein. Im Winter wirken die gefrorenen Wasserfälle imposant.

· *www.sepaq.com/ct/pcm/information.dot?language_id=1*

37 Kinuseo Falls

Die rund 60 Meter hohen Kinuseo Falls sind eine der Topattraktionen im Monkman Provincial Park in British Columbia. Die nächstgrößere Stadt ist Prince George, auch wenn es keine direkte Straßenverbindung gibt. Vom gleichnamigen Campground sind die Kinuseo Falls über einen drei Kilometer langen Wanderweg oder per Auto zugänglich.

· *www.env.gov.bc.ca/bcparks/explore/parkpgs/monkman*

38 Die Hunlen Falls

Nur zu Fuß erreichbar sind die Hunlen Falls im Tweedsmuir Provincial Park, östlich von Bella Coola in British Columbia. Wer die sechs- bis neunstündige Wanderung mit einem Höhenunterschied von 800 Metern meistert, kann sich auf den Blick zu einem der höchsten Wasserfälle des Landes freuen: 260 Meter tief fällt das Wasser am Ende des Turner Lake.

· *www.env.gov.bc.ca/bcparks/explore/parkpgs/tweeds_s/hiking.html#hiking*

39 Wilberforce Falls

Selbst eine Briefmarke der kanadischen Post haben die 60 Meter hohen Wilberforce Falls am Hood River in Nunavut, dem neuesten Territorium Kanadas (1999 von den Northwest Territories abgetrennt), verziert. Sie sind nur zu Fuß erreichbar. Alternativ sind die Wilberforce Falls ein beliebtes Ziel zum Flightseeing. Sie zählen zu den wenigen Wasserfällen nördlich des Polarkreises und sind nur 25 Kilometer vom Nordpolarmeer entfernt.

40 Shannon Falls

Pittoresk über mehrere Stufen stürzen die Shannon Falls 335 Meter in die Tiefe. Der gleichnamige Provinzpark liegt direkt am populären *Sea-to-Sky Highway* (siehe „Traumstraßen“, Seite 304). Vom Parkplatz sind es gerade einmal 350 Meter bis zur Aussichtsplattform. Dank der guten Erreichbarkeit zählen die Wasserfälle zu den beliebtesten Zielen rund um Vancouver.

· *www.env.gov.bc.ca/bcparks/explore/parkpgs/shannon*

Strände

Kein Land der Erde hat mehr Küste als Kanada. Mehr als 200.000 Kilometer Küste bieten mehr als genug Platz für zahllose Strände, einer schöner als der Nächste. Dabei können Urlauber wählen, ob sie einen der wilden Strände am Pazifik oder eine liebliche Bucht in den maritimen Provinzen am Atlantik bevorzugen, von weiteren Beaches an Seen und Flüssen im Binnenland ganz zu schweigen.

Ingonish Beach auf Cape Breton Island (Nova Scotia)

41 Long Beach – Perfekt im Herbst

Wenn im Herbst und Winter die wilden Wellen des Pazifiks auf die Küste zurollen, dann ist es die spektakulärste Zeit für einen Ausflug zum Long Beach an der Westküste von Vancouver Island (siehe „Vancouver Island“, Seite 124). *Storm Watching* nennt sich die Saison, wenn die Stürme über die Insel hinwegfegen und beeindruckende Fotos entstehen. Doch der wohl schönste Strand ist ganzjährig ein beliebtes Ziel: Wind, Wellen und Erosion haben hier an Kanadas Westküste eine abwechslungsreiche und wildromantische Küstenlandschaft geschaffen, die alljährlich mehr als 300.000 Besucher anlockt.

Eindrucksvolle Strandspaziergänge zählen zu den beliebtesten Aktivitäten. Und dank seiner zehn Kilometer Länge hat man stets das Gefühl, den goldbraunen Sand mit den kleinen, vorgelagerten Inseln und den angeschwemmten Baumstämmen allein für sich zu haben. Auch die Einheimischen zieht es regelmäßig an den Strand – zum Joggen oder Gassi gehen mit dem Hund. Doch vor allem kommen hier Surfer auf ihre Kosten: Der einzige Surfstrand von Vancouver Island gilt als bestes Revier im ganzen Land und macht das nahe Tofino zur „Hauptstadt des Surfens". Im Ort finden sich entsprechend dazu Schulen und Shops. Allerdings sollten Surfer beachten: Die Wassertemperatur beträgt stets nur zwischen 7 und 15 Grad Celsius, ein wärmender Neoprenanzug (*Wetsuit*) ist daher unerlässlich. Wer sich von den frischen Temperaturen nicht vom Baden abhalten lässt, sollte angesichts der Brandung und der kleinen Felseninseln, die bei Flut nur schlecht bis gar nicht zu erkennen sind, sich vorsichtig im kalten Wasser bewegen. Je nach Jahreszeit und Strömung können Wale und Seehunde bzw. Seelöwen vom Strand aus beobachtet werden.

Long Beach ist 17 Kilometer von Tofino und 24 Kilometer von Ucluelet entfernt. Nah zum Strand liegen der beliebte Campground *Green Point* (siehe „Campingplätze", Seite 342) und das *Long Beach Lodge Resort* sowie das hervorragende *Wickaninnish Inn* am ebenfalls sehenswerten Chesterman Beach. Zusammen bilden die Strände das längste Sand- und Dünengebiet von Vancouver Island.

· *www.pc.gc.ca/en/pn-np/bc/pacificrim*
· *www.pc.gc.ca/en/pn-np/bc/pacificrim/activ/visit4c*
· *www.longbeachlodgeresort.com*
· *www.wickinn.com*

42 Cavendish Beach – Strandidylle pur

Als perfekter Strand zum Schwimmen und Relaxen gilt unter Reisenden der Cavendish Beach auf Prince Edward Island (siehe „New Brunswick und Prince Edward Island", Seite 274). Der beliebte Strand am Sankt-Lorenz-Golf ist Teil des schmalen, langgestreckten Prince Edward Island National Park und wohl der populärste Beach der Provinz. Wichtig: Um den Strand zu besuchen, wird der Nationalparkpass benötigt.

Cavendish Beach mit seinem feinen Sand ist gerade für Familien gut geeignet, da die Strömung vergleichsweise schwach ist. Überdies sind zur Hauptsaison Lebensretter am Strand präsent, die so für sichere Sonnen- und Badeerlebnisse sorgen. Für Behinderte stehen spezielle, sandtaugliche Rollstühle zur Verfügung. Auch Surfen ist möglich. Der westliche Abschnitt ist besonders gut zum Schwimmen geeignet, während der östliche Teil mit seinen roten Sandsteinen zum Fotografieren und Anschauen motiviert. Rund um den acht Kilometer langen Strand sind mehrere Wege markiert, Schautafeln geben Auskunft über Fauna und Flora. Am Main Beach stehen Parkplätze, Duschen und Umkleiden zur Verfügung. Hier starten auch die Boardwalks zu den Dünen (Betreten verboten!). Nahe der Dünen und dem Meer liegt zudem ein großer Campingplatz unter Verwaltung von Parks Canada.

Im Urlaubsidyll selbst finden sich Unterkünfte aller Art und Preislage sowie Restaurants und Geschäfte – alles, was Urlauber benötigen. Den Ort hatten 1790 drei aus Schottland ausgewanderte Familien gegründet.

Cavendish ist aber nicht nur für seinen Strand und sein relaxtes Ur-

laubsfeeling bekannt geworden. Viele Besucher strömen auch wegen der Autorin Lucy Maud Montgomery (1874-1942) hierher: Sie ist Erfindern der gerade in Nordamerika beliebten Jugendbuchfigur *Anne auf Green Gables*. Mehrere Stätten, an denen sie gelebt oder sich hat inspirieren lassen, können besichtigt werden. Überdies findet alljährlich im Juli das *Cavendish Beach Music Festival* statt, das wichtigste Musikspektakel in den maritimen Provinzen.

- *www.cavendishbeachpei.com*
- *welcomepei.com/beaches/cavendish-beach*
- *pc.gc.ca/en/pn-np/pe/pei-ipe*
- *pc.gc.ca/en/pn-np/pe/pei-ipe/activ/activ-menu/nuit-overnight/camping/cavendish*
- *www.cavendishbeachmusic.com*

43 Toronto Beaches – Metropole mit Urlaubsflair

Kanadas größte Stadt punktet nicht nur mit Kunst- und Kulturgenuss sowie Großstadtflair, sondern auch mit erholsamer Strandatmosphäre. Zahlreiche Strände finden sich entlang des Lake Ontario und laden zu erholsamen Stunden ein. Viele von ihnen öffnen erst im Juni, teils sind *Lifeguards* vor Ort und haben ein wachsames Auge auf die Badegäste (täglich zwischen 11:30 und 18:30 Uhr, wenn der Strand geöffnet ist).

Nur wenige Minuten von Downtown entfernt, liegt der Centre Island Beach auf den Toronto Islands (siehe auch „Toronto", Seite 214). Schneller kommen an einem Sommertag wohl keine karibischen Urlaubsgefühle auf. Duschen und eine Snackbar sind vorhanden. Ebenfalls auf der kleinen Inselgruppe: Hanlan's Point Beach mit Volleyballfeld und Ward's Island Beach sowie Gibraltar Beach Point nah am Leuchtturm (ohne sanitäre Einrichtungen).

Mit „Blauer Flagge" für besonders gute Wasserqualität punktet Kew-Balmy Beach. Seit 1903 gehört das Areal östlich der Innenstadt zum Balmy Beach Club. Nur wenige Minuten entfernt schließt sich der Woodbine Beach Parks an, der auch ein großes Schwimmbecken bietet. Noch weiter außerhalb des Stadtzentrums in östlicher Richtung lohnt ein Abstecher zum Bluffer's Park and Beach. Nah den weiß strahlenden Felsen unterhalb der Scarborough Bluffs ist die lärmende Großstadt ganz schnell vergessen. Am Wochenende als Urlauber besser meiden, da der Strand zu den beliebtesten Naherholungszielen der Einheimischen zählt. Westlich der Innenstadt locken der Sunnyside Park mit einem kleinen Pool für Kinder und der weit gezogene Marie Curtis Park, fast schon an der südwestlichen Stadtgrenze.

· *toronto.ca/explore-enjoy/parks-gardens-beaches/beaches/*

44 Ingonish Beach – Südsee-Flair am Nordatlantik

Inmitten einer der schönsten Buchten von Nova Scotia können Urlauber an einem Strand entspannen, wie man ihn sich wohl eher in der Südsee vorstellt. Leicht säuseln die Wellen, Badegäste genießen ein Sonnenbad oder einen kühlenden Sprung ins Nass. Eine kleine Halbinsel mit der mondänen *Keltic Lodge* sorgt für meist ruhiges Wasser und ist zudem gleich noch ein schönes Fotomotiv. An einem warmen Sommertag ist Ingonish Beach an der Nordwestspitze von Cape Breton Island ein echtes Urlaubsparadies. Das Erlebnis perfekt machen die Lebensretter, die im Juli und August Stellung beziehen und für sicheres Schwimmen sorgen, sowie ein Strandrestaurant.

Aber am Ingonish Beach locken nicht nur die Wellen des Atlantiks – auf der anderen Seite, abgetrennt nur durch einen schmalen Landstreifen, lässt es sich im (tendenziell) wärmeren Wasser des Freshwater Lake baden. Doppeltes Badevergnügen ist somit garantiert. Und auch wer nicht den Weg ins Wasser sucht, sollte sich entspannende Minuten an diesem Strand sowie einen schönen Spaziergang rund um den Süßwassersee nicht entgehen lassen.

Ohnehin gilt Ingonish am Cape Breton Highlands National Park als einer der schönsten Urlaubsorte in Nova Scotia (siehe „Nova Scotia", Seite 284). Reisende können unter zahlreichen Unterkünften (inkl. einem Campingplatz) und Restaurants wählen.

· *ingonish.com*
· *kelticlodge.ca*

45 Singing Sands Beach

Dass es nicht unbedingt ein Strand am Meer sein muss, beweist der Singing Sands Beach am Ufer des Lake Huron – ein perfekter Badeplatz mit warmem, ruhigem Wasser. Mitten im Bruce Peninsula National Park lohnen hier Spaziergänge vor allem im Frühjahr, wenn Orchideen und Wildblumen farbenfroh blühen.

· *www.pc.gc.ca/en/pn-np/on/bruce*
· *explorethebruce.com/profile/singing-sands-beach-trails/1618*

46 Cascade Ponds Beach

Zu den wenigen Bade-Spots in den Rocky Mountains gehört die *Cascade Ponds Beach and Swimming Area* am Lake Minnewanka bei Banff. Allerdings sind die Wassertemperaturen auch an heißen Tagen, einem Gebirgssee typisch, eher frisch. Der Strand mit Picknick-Tischen und Feuerstelle sowie einer geschützten Shelter darf nur tagsüber genutzt werden, nicht aber zum Campen. Viele Locals zieht es im Sommer an den Strand.

47 Brackley Beach

Schon seit dem 19. Jahrhundert zählt Brackley Beach zu den beliebtesten Urlaubsorten auf Prince Edward Island. Rund um den Strand lohnen viele Aktivitäten – von Kajaktouren bis hin zu Reitausflügen. Der Strand liegt am Nordrand des Prince Edward Island National Park. Zu den weiteren Attraktionen gehört das einzige Autokino der Provinz. Hotels und Restaurants befinden sich gleichnamigen Ort.

· *www.brackleypei.com*

48 Parlee Beach

Im Norden von New Brunswick erleben Urlauber einen der Strände mit dem wärmsten Meerwasser in Kanada. Geschützt durch die vorgelagerte Prince Edward Island, heizt sich am Parlee Beach der Atlantik vergleichsweise stark auf. Der Strand liegt nur zehn Gehminuten von einem großen Campingplatz entfernt.
· *tourismnewbrunswick.ca/Products/Parks/ParleeBeachProvincialPark.aspx*

49 Kitsilano Beach

Als einer der schönsten Plätze in Vancouver gilt der Kitsilano Beach gegenüber vom Stanley Park. Wen es nicht in den Pazifik zieht, springt in das beheizbare Meerwasserschwimmbecken oder genießt den Sonnenuntergang über dem Burrard Inlet und den Küstenbergen im Hintergrund. Zwischen Ende Mai und Anfang September sind Lifeguards vor Ort.
· *vancouver.ca/parks-recreation-culture/kitsilano-beach.aspx*

50 Wasaga Beach

Gut zwei Autostunden nördlich von Toronto ist die Georgian Bay ein beliebter Ferienort. Topattraktion sind die feinsandigen Strände am Lake Huron. Im Wasaga Beach Provincial Park sind mehr als 50 Kilometer an Wanderwegen angelegt. Berühmt wurde Wasaga Beach durch eine Schlacht im Britisch-Amerikanischen Krieg 1814, als der britische Schoner *The Nancy* hier versenkt wurde.
· *wasagabeach.com*

Wanderungen

Besser als bei einer Tour zu Fuß durch die Natur lassen sich Fauna und Flora Kanadas wohl nicht erleben, spüren und fühlen. Ob die gigantischen Gletscher in den Rocky Mountains oder der Regenwald von Vancouver Island, von der Tierwelt ganz zu schweigen: Die Natur im zweitgrößten Land der Erde präsentiert sich so ganz anders als in mitteleuropäischen Gefilden. Sie ist vielfältiger, ursprünglicher und unberührter als hierzulande.

Dabei kann sich der Besucher auf eine große Bandbreite freuen – von kurzen Spaziergängen bis hin zu physisch und psychisch fordernden, mehrtägigen Trails. Selbst ein kurzer Spaziergang am Lake Louise, weg von dem bekannten Luxushotel und den Touristenmassen, ermöglicht ein eindrückliches Naturerlebnis.

Urlauber können, gerade in den Rocky Mountains, unter einer Vielzahl von Wanderwegen wählen.

51 Lake Agnes – Tour zum Teehaus

Die Szenerie könnte wohl kaum traumhafter sein. Ein milchig-türkis strahlender Bergsee mit sich darin spiegelnden Berggipfeln, eng geschwungen an den Rocky Mountains, je nach Jahreszeit noch mit einigen Schneefeldern wie Puderzucker. Der Lake Agnes ist eines der beliebtesten Wanderziele in den Rocky Mountains. Wer den Aufstieg über 400 Höhenmeter geschafft hat, darf sich auf eine entspannende Rast im nicht minder berühmten *Tea House* direkt am See freuen. Einen halben Tag sollten Ausflügler für die Wanderung einplanen.

Ausgangspunkt der Wanderung ist Lake Louise mit seinem berühmten Hotel. Vom Parkplatz am See sind es

rund zehn Minuten, am Hotel vorbei, bis zum Beginn des Trails, der rechts vom Weg am See abknickt. Von nun an geht es kontinuierlich bergauf: In Serpentinen schlängelt der gut befestigte Weg rund 3,6 Kilometer hinauf. Zwischenzeitlich sollten Wanderer aufpassen, nicht versehentlich den Abzweig zum *Tea House* am Plain of Six Glaciers zu nehmen. Nachdem der Weg meist inmitten von Bäumen verläuft und nur wenige Aussichtspunkte hinunter zum berühmten See bietet, ist Mirror Lake ein schöner Fotostopp, ebenso ein kleiner Wasserfall. Von hier aus sind es nur noch gut 20 Minuten bis zum Lake Agnes auf 2135 Meter Höhe. Je nach Fitnesslevel brauchen Besucher zwischen ein und zwei Stunden für den Aufstieg. Die Landschaft entschädigt für alle Mühen. Selbst bei grauem oder regnerischem Wetter lohnt die Wanderung, auch wenn dann die Farben der beiden kleinen Bergseen weniger strahlen.

Lake Agnes Tea House ist von Anfang Juni bis in den Oktober hinein täglich geöffnet (zwischen 8 und 17 Uhr). Für die Tour werden weder spezielle Fitness noch besondere Ausrüstung (keine Stiefel) benötigt. Doch gerade zu Beginn und am Ende der Saison kann das Wetter schnell umschlagen, so dass Wanderer besser Wechselkleidung in den Rucksack packen sollten. Im Juni kann zuweilen noch Schnee liegen.

Das Lake Agnes Tea House wurde 1901 als Schutzhütte für Wanderer von der *Canadian Pacific Railway* errichtet, Tee wird seit 1905 ausgeschenkt. Heute umfasst das Angebot mehr als 100 verschiedene Teesorten sowie weitere Heiß- und Kaltgetränke. Zusätzlich werden Suppen, Sandwiches und Kuchen angeboten.

- *www.lakeagnesteahouse.com*
- *www.banfflakelouise.com/hiking/tea-houses*

52 Sunshine Meadows Loop – Weg der drei Seen

Vorbei an blühenden Bergblumen, einprägsamen Aussichtspunkten und gleich drei Seen führt diese gemütliche Wanderung. Ausgangspunkt für die Sunshine Meadows Loop ist das sehenswerte Sunshine Village, das Herz des beliebten gleichnamigen Skigebiets unweit von Banff.

Die dreistündige Rundwanderung überwindet auf der gesamten Distanz von etwa elf Kilometern einen Höhenunterschied von rund 400 Metern bis zum höchsten Punkt auf 2377 Meter. Direkt am Start geht es zunächst steil hinauf bis die Kontinentale Wasserscheide erreicht wird – sie bildet zugleich die Grenze zwischen den Provinzen Alberta und British Columbia. Nach einem Stück bergab lohnt ein Fotostopp am Rock Isle Lake. Die kleine, mit einigen Bäumen bewachsene Insel ist ebenso ein Symbol für die fantastische Berglandschaft der Rocky Mountains wie Spirit Island im Maligne Lake weiter nördlich.

Vom Rock Isle Lake aus nehmen Wanderer den *Grizzly-Larix Lakes Loop* in Angriff. Ziel sind nun die beiden Seen Grizzly Lake mit seinem klaren Bergwasser und Larix Lake. Vom *Simpson Lookout* eröffnet sich ein Panoramablick, ehe ein anstrengender Aufstieg zum Mount Standish folgt. Doch die Aussicht auf die drei Seen entschädigt für die herausfordernden Minuten. Auch der Kootenay National Park ist zu sehen. Von nun an geht es zurück zum Ausgangspunkt.

Wer nicht so sportlich ist oder weniger Zeit hat, kann diese Wanderung auch abkürzen. Nur rund eine Stunde dauert die Runde zum viel fotografierten Rock Isle Lake. So lässt sich zumindest diese Ikone Albertas bewundern. Diese Tour zieht sich lediglich über 1,8 Kilometer mit einem Höhenunterschied von nur rund 100 Metern.

Wichtig: Die beschriebene Wanderung startet nicht am Parkplatz des Skigebiets. Zum Sunshine Village selbst sind weitere 6,5 Kilometer zu laufen – bergauf wohlgemerkt. Alternativ fahren kostenpflichtige Shuttlebusse (auch ab Banff). Geführte Wanderungen sowie Fahrten mit der Seilbahn (*Standish Chairlift*) sind ebenso buchbar. Die *Sunshine Mountain Lodge* mit Zimmern und Restaurants liegt auf 2400 Meter Höhe und ist auch im Sommer geöffnet. Im Winter ist sie die einzige Unterkunft in der Region, die direktem Zugang zu den Skipisten bietet.

· *www.sunshinemeadowsbanff.com*
· *www.sunshinemountainlodge.com*
· *www.pc.gc.ca/en/pn-np/ab/banff/activ/randonee-hiking/banff#moderate*

53 Chilkoot Trail – Auf den Spuren der Goldsucher

Einst eine Höllenqual auf dem Weg zu vermeintlichem Reichtum, heute eine der beliebtesten Mehrtageswanderungen in Nordamerika: Wanderer auf dem *Chilkoot Trail* im hohen Norden folgen heute den Goldsuchern von einst. Während des *Klondike Gold Rush* nutzten mehr als 30.000 Menschen den Pass, um zu Fuß von der Küste Alaskas nach Whitehorse im Yukon und dann per Boot nach Dawson City zu kommen. Dabei mussten sie ihr gesamtes Proviant sowie ihre Ausrüstung mitnehmen. Manche überquerten binnen Wochen etliche Mal den 1074 Meter hohen Pass, um die eine Tonne schweren Vorräte und Ausrüstung zu transportieren. Viele, oftmals tödlich endende Dramen müssen sich hier ereignet haben – nachzulesen auch in Jack Londons Romanen „Alaska-Kid" und „Lockruf des Goldes".

Heute ist die 53 Kilometer lange Tour über den *Chilkoot Trail* eine vier- bis fünftägige Wanderung – angesichts extrem steiler Anstiege und Flussquerungen eher für erfahrene Tourengänger geeignet. Für die Nutzung der insgesamt neun Campgrounds wird ein *Permit* benötigt, pro Tag sind 50 Wanderer erlaubt. Ausgangspunkt ist Skagway in Alaska, für den Rückweg ab Bennet Station nutzen die Mehrheit die historische Eisenbahn der *White Pass and Yukon Route Railway.* Reisepass nicht vergessen!

- *www.nps.gov/klgo/planyourvisit/chilkoottrail.htm*
- *wpyr.com*

54 Berg Lake Trail – Höchster Gipfel der Rockys

Die Strapazen der mehrtägige Wanderung zum fotogenen Berg Lake werden hoffentlich belohnt: Auf dem Weg zum Ziel auf 1640 Meter Höhe fällt der Blick immer wieder auf den Mount Robson, mit 3594 Metern der höchste Gipfel der kanadischen Rocky Mountains und einer der schönsten Berge Nordamerikas. Doch der Berg ist auch dafür bekannt, oftmals Wolken verhangen zu sein. Am Westrand der Bergkette bleiben hier die Regenwolken vom Pazifik hängen. Angeblich ist nur an zwei von drei Tagen Mount Robson zu sehen – für ihr Glück sollten Wanderer idealerweise vier Tage für die 42 Kilometer lange Tour einplanen. Der Berg Lake Trail ist aber auch in nur zwei Tagen zu schaffen.

Die Wanderung startet am Besucherzentrum des Mount Robson Provincial Park. 800 Höhenmeter sind beim Aufstieg bis zum Ziel zu überwinden. Zu den schönsten Abschnitten auf dem Trail (Hin- und Rückweg sind identisch) zählt das Valley of a Thousand Falls mit zahlreichen Wasserfällen, gespeist unter anderem vom Robson Glacier.

Sieben einfache Campingplätze (inkl. einfacher Toiletten und *Food Storage Locker*) stehen zur Verfügung. Zelt, Verpflegung und idealerweise Trekkingstöcke müssen mitgenommen werden. Reservierungen empfohlen.

· *www.env.gov.bc.ca/bcparks/explore/parkpgs/mt_robson/berg.html*

55 Western Brook Pond

Eine schöne Kombination aus Spaziergang und Bootsfahrt stellt der Ausflug zum Western Brook Pond im Gros Morne National Park dar (siehe „Newfoundland & Labrador", Seit 264). Nach einer gut 45-minütigen Tour zu Fuß (drei Kilometer) geht es mit dem Boot weiter über den See, der einst als Fjord mit dem Atlantik verbunden war.

· *www.bontours.ca/tour/western-brook-pond-boat-tour/*

56 Lake O'Hara

Rund um diesen legendären See im Yoho National Park ziehen sich zahlreiche Wanderwege (siehe „Seen", Seite 46, und „British Columbia", Seite 104). Wichtig: Lake O'Hara ist nur zu Fuß oder mit einem reservierungspflichtigen Shuttlebus über eine elf Kilometer lange Zufahrtstraße erreichbar. Daher sind die Rocky Mountains hier noch weitgehend unberührt.

· *www.pc.gc.ca/en/pn-np/bc/yoho/activ/randonnee-hike/ohara*

57 Plain of Six Glaciers

Der *Plain of Six Glacier* ist eine fordernde Panoramawanderung mit traumhaften Ausblicken auf Lake Louise und Mount Victoria sowie auf sechs Gletscher. Die Tour ab Lake Louise mit über 18 Kilometern und einem Aufstieg von mehr als 900 Höhenmetern dauert rund fünf Stunden. Einen Stopp lohnt das gleichnamige Teehaus.

· *www.banfflakelouise.com/hiking/lake-louise-area-trails*

58 Bear's Hump Trail

Kurz, aber extrem steil und sehr sehenswert – so lässt sich wohl der beliebte *Bear's Hump Trail* im Waterton Lakes National Park beschreiben. Der etwa 1,4 Kilometer lange Weg (einfache Stecke) führt zu einem rund 200 Meter höher gelegenen Aussichtspunkt, der zu den schönsten Lookouts im Schutzgebiet zählt. Der Blick fällt vom Vimy Peak über den Upper Waterton Lake bis zum Mount Cleveland im Glacier National Park (USA).

59 West Coast Trail

Quer durch Regenwald, vorbei an rauschenden Wasserfällen und immer entlang am Pazifik führt der *West Coast Trail* durch den Pacific Rim National Park auf Vancouver Island. Die Tour über 75 Kilometer sollten nur geübte Wanderer angehen (6 bis 10 Tage). Reservierungen sind zwingend erforderlich. Feststehende Zelte sind buchbar.

· *www.pc.gc.ca/en/pn-np/bc/pacificrim/activ/activ6a*
· *www.westcoasttrail.com*

60 Skyline Walk

Von den Aussichtspunkten am *Skyline Trail* im Cape Breton Highlands National Park (siehe „Nova Scotia, Seite 284) eröffnet sich ein famoser Blick auf den *Cabot Trail* und vor allem den Sankt-Lorenz-Strom. Oft sind Wale direkt vom Land aus zu sehen. Auf dem 6,5 bzw. 8,2 Kilometer langen *Skyline Walk* begegnen Wanderer oftmals Adlern, Bären und Elchen.

· *www.pc.gc.ca/en/pn-np/ns/cbreton/activ/randonnee-hiking/skyline*

KANADAFIEBER

Das Team von SK Touristik schmiedet seit mehr als 25 Jahren echte Kanada-Reiseträume. Natürlich im kanadischen Zedernholzhaus.

Das kanadische Büro-Blockhaus von SK Touristik in Senden bei Münster

Es gibt nicht viele Reiseveranstalter, die sich wirklich gut in Kanada auskennen. SK Touristik aus Senden bei Münster ist so einer. „Canada 24/7" – das Kanadafieber ist hier schon lange chronisch. Erstmals brach es bei Firmengründer Rainer Schoof in den 80er-Jahren aus, als der damals knapp 18-Jährige mit seinen Eltern eine Wohnmobiltour durch British Columbia und Alberta unternahm. Schoof war sofort infiziert: Seitdem musste es immer wieder Kanada sein – jedes Jahr! Dafür wurde in den Semesterferien gearbeitet: als Container-Packer und Gabelstaplerfahrer.

Immer mehr Freunde wollten mit nach Kanada. Aus Freunden wurden Bekannte und später dann Unbekannte. Und zu Beginn der 90er-Jahre war es soweit: Die erste vierwöchige Campingreise – gefüllt vorwiegend mit Studenten der Uni Münster – machte sich auf den Weg nach Westkanada. Damals schon als Driver-Guide dabei: Markus Knüpp, der heutige Mit-Geschäftsführer von SK. Die „Indian Summer Tour" war der Startschuss für die Firmengründung, aber vor allem auch der Beginn von intensiven Jahren als Westkanada-Guides für Schoof und Knüpp. Wälder, Flüsse, Seen, Tiere, Kanufahren, Wandern – immer heftiger erfasste die beiden das Kanadafieber.

Und heute? Seit mehr als 25 Jahren infizieren die beiden nun Reisende mit dem Fieber, das man nicht mehr los wird. Inzwischen bastelt ein 15-köpfiges Team an den vielen innovativen Reiseträumen im Ahornland – stilecht im natürlich aus Kanada importierten Zedern-Blockhaus. Eine treue Fangemeinde freut sich alljährlich auf das Ergebnis dieser Fieberfantasien aus dem Kanadahaus. Längst gilt das SK-Programm als Status-Referenz für wertiges Reisen im Land der Adler und Bären.

Das Gewinnerbild der SK-Kundenfotowettbewerbs 2017 (Foto: Thomas Nerstheimer)

Kanada, wie man es wirklich erlebt: Die Reiseerlebnisse werden mit eigenen Fotos oder überwiegend sogar Kundenaufnahmen bebildert. Zu bewundern auf der Webseite von SK und vor allem im eigenen Reisemagazin „Kanadafieber", das vor einigen Jahren den 300-Seiten-Katalog ablöste und inzwischen die Plattform für spannende und selbstgeschriebene Reiseberichte bietet – gerade auch für SK-Kunden. Intensive, echte Kanada-Erlebnisse auf 84 Großformatseiten – für den Sofatisch, aber inzwischen auch online zum Blättern unter: *kanadafieber.de*

Kanadafieber – Das Reisemagazin von SK Touristik

Mein Kanada

Travelmarketing Romberg
Director PR & Media
· www.travelmarketing.de

Eins vorab – ich liebe es, zu reisen. Mittlerweile habe ich 40 bis 50 Länder bereist und in vier unterschiedlichen Ländern gelebt. Und immer noch bin ich davon überzeugt, dass Kanada das schönste Land der Welt ist! Auch wenn ich schon über 50 Mal in Kanada war, kann ich immer noch nicht sagen, wohin ich am liebsten ziehen würde, wenn sich mein kanadischer Mann entscheiden sollte, nicht mehr in Deutschland, sondern wieder in seinem Heimatland leben zu wollen. Newfoundland? Nova Scotia? Montréal? Canmore oder doch lieber Victoria? Ich habe Kanada ausgiebig erkundet, bin von Norden nach Süden gereist und von Westen nach Osten. Viele Orte, die ich dort entdeckt habe, zählen für mich bis heute zu den schönsten Orten auf diesem Planeten.

Kanada ist ein einziger nahezu unberührter Naturschauplatz, der besonders die abenteuerlustigen Deutschen in den Bann zieht. Kanada ist zudem stolzer Rekordhalter darin, das Land mit der geringsten Bevölkerungsdichte der Welt zu sein. Das allein ist schon eine überwältigende Tatsache! Befindet man sich im Landeanflug auf Calgary und sieht unter sich die weiten Ebenen vorüberziehen, ehe man an den imposanten Rocky Mountains vorbeifliegt und zu deren Füßen ruckelnd landet, wird man den Anblick niemals vergessen. Einzigartige Momente, die man nirgendwo sonst auf der Welt finden kann, bietet Kanada reichlich. Oder wo sonst könnte man mit Belugawalen schnorcheln? Kanadas Metropolen sprudeln vor Lebendigkeit, sind weltoffen, sauber, überraschend und aufregend. Doch der wahre Schatz Kanadas liegt für mich außerhalb der Metropolen. Kanada hat einfach die atemberaubendsten Landschaften unserer Erde. Andere Länder mögen ähnlich schöne Landschaften haben, aber in dieser Vielfalt und Fülle, in Kombination mit der Ruhe, Gelassenheit und Friedlichkeit ist Kanada auf der Welt einzigartig.

Mit drei Millionen Einwohnern ist Vancouver die drittgrößte Stadt Kanadas. Doch fährt man nur eine Stunde mit dem Auto Richtung Norden, ist man schon mittendrin im wilden und ursprünglichen Küstengebirge. Schwingt man sich aufs Rad und setzt so seine Entdeckungstour durch die Natur fort, kann es passieren, dass man tagelang mehr Bären und Wale als Menschen zu Gesicht bekommt. Zu meinen Leidenschaften gehört auch das Skifahren, Abfahrtski ebenso wie Langlaufski. Kanada ist dafür der ideale Ort. Denn Kanadas Wintersport kennt keine überfüllten Pisten und keinen Trubel, sondern nur die verschneite Ruhe und Einsamkeit unberührter Winterlandschaften. Man ist bei sich und sieht nichts, außer seinen Skipartner und den Atem in der klaren Luft. Alles, was man hört, sind das Knirschen des Schnees unter den Skiern und der eigene Herzschlag. Die Stille, der Pulverschnee und die freien Pisten und Loipen sind ein Geschenk des Himmels.

Kurzum, ich liebe Kanada, das Land, für das ich arbeite. Kanada ist meine ganze Leidenschaft. Ich liebe die Menschen. Ich liebe die Landschaften. Ich liebe das Essen. Ich liebe alle Jahreszeiten. Kanada ist einer der schönsten Wohlfühlplätze und Kanada ist für mich zur zweiten Heimat geworden. Ich liebe Kanada und ich bin dankbar und glücklich, für dieses Land zu arbeiten. Meine kleinen Geheimtipps sind ganz groß: Newfoundland und der Yukon!

Mein Kanada

Geschäftsführer SITS Design & IT

Kanada – Ein Traum ging in Erfüllung

Es war im Jahre 1997, als sich meine Eltern dazu entschieden haben, einmal einen großen Urlaub zu planen. Nicht wie sonst in die Alpen oder nach Sylt, Amrum oder Föhr. Es sollte nach Kanada gehen. Warum Kanada? Ehrlich gesagt, weiß ich es nicht. Vielleicht war es die Werbung im ADAC-Magazin für einen Kanada-Wohnmobilurlaub, die meinen Vater angesprochen hatte. Jedenfalls flogen wir nach Calgary mit zwei weiteren Familien, um den Westen Kanadas mit dem Wohnmobil zu erkunden.

Camping, Lagerfeuer, Rafting, Rockies, Okanagan Valley, Whistler, Vancouver, Vancouver Island, Tofino und vieles mehr durften wir erleben. Ein unglaubliches Programm, wundervoll und sehr beeindruckend. Es waren vier Wochen, in denen wir von den schönsten Campgrounds, die weniger besucht waren, bis zu den schon damals völlig überfüllten Campingplätzen in den Rockies reisten, und die Natur und das Outdoor-Erlebnis genossen haben. In der letzten Nacht in Calgary vor unserem Rückflug nach Deutschland wurden wir von lautem Geschrei geweckt. Nordlichter! Was für ein Erlebnis.

Jedenfalls war es um mich geschehen. Ich verliebte mich in dieses unglaubliche Land, in die atemberaubende Weite, die Natur und die freundlichen Menschen.

Ab 2002 besuchte ich dann Kanada regelmäßig. 2002 wurde auch das Projekt „Faszination-Kanada.com" ins Leben gerufen. Heute ist dieser Blog die größte deutschsprachige Internetplattform rund um das Thema Kanada. 2006 bewarb ich mich für ein Working Holiday-Visum. Leider musste ich dieses begehrte Visum kurz vor Reiseantritt wieder zurückgeben, da ich mich einer Schulter-Operation unterziehen musste. Weitere Besuche in nahezu allen Provinzen und Territorien folgten, bis ich 2015 einen weiteren Anlauf, einen letzten Anlauf unternahm, das Working Holiday-

Visum für einen Kanadaaufenthalt zu nutzen. Nach einem halben Jahr voller Erlebnisse, Reiseleitertätigkeiten und vielen tollen Bekanntschaften war ich viel zu schnell wieder zurück in Deutschland. Kurz danach war es dann soweit: die Auswanderung nach Kanada, in den Yukon, in das Land meiner Träume.

Das Gefühl ist unbeschreiblich, die Freude ist nicht in Grenzen zu halten. Dieses Land, die Natur und die Menschen machen mich zu einem der glücklichsten Menschen der Welt.

Lieblingsplatz

In den letzten 20 Jahren habe ich auf meinen zahlreichen Reisen in und durch Kanada viele großartige Plätze kennen- und lieben gelernt. Zahlreiche Orte von Ost nach West könnte ich hier nennen. Aber seit ich hier im Yukon lebe, gibt es einen Platz, den keine zehn Menschen kennen geschweige denn besuchen.

Im Ibex Valley, auf dem Weg von Whitehorse nach Haines Junction, habe ich einen Platz gefunden, der mich immer und immer wieder erinnert, wie gut es mir geht, wie glücklich ich mich schätzen darf, diese großartige Möglichkeit zu haben, in Kanada, im Yukon leben zu dürfen.

Mein Lieblingsplatz ist ein Felsvorsprung nahe dem „Stoney Peak", einem Berggipfel nördlich des Alaska Highway. Die Aussicht in das Tal, Richtung Haines Junction und dem Kluane National Park oder Whitehorse ist atemberaubend. Die Farben im Frühling, Sommer und Herbst ändern sich ständig und lassen einem nicht den Hauch einer Chance, sich nicht noch mehr in das Land und seine Natur sowie seine Menschen zu verlieben. Unendliche Natur, unendliche Freiheit. Für mich ist es das Paradies.

Québec (Stadt) zählt zu den schönsten Orten Kanadas und bietet frankophone Lebensart.

Städte & Regionen

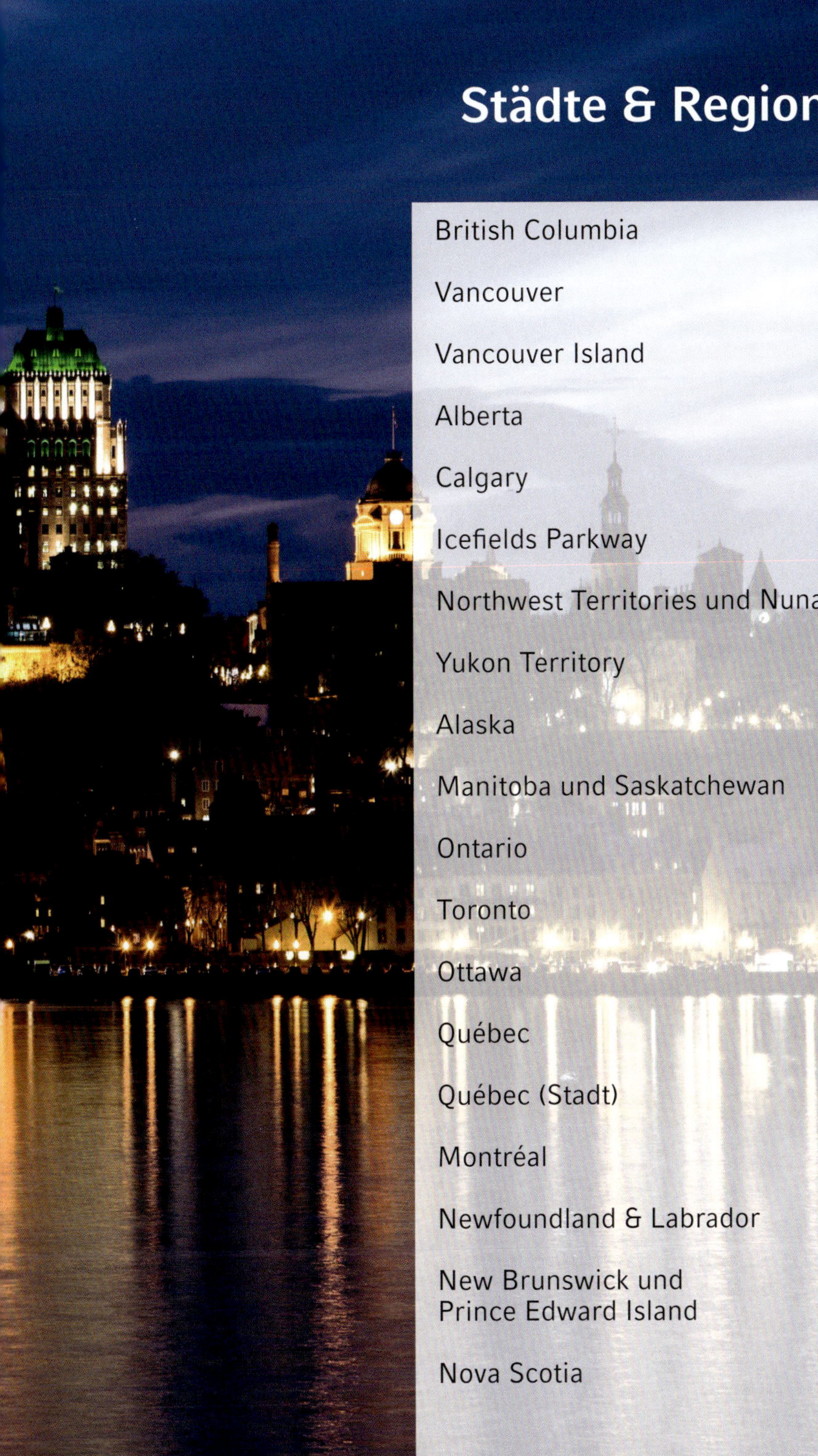

British Columbia

Vancouver

Vancouver Island

Alberta

Calgary

Icefields Parkway

Northwest Territories und Nunavut

Yukon Territory

Alaska

Manitoba und Saskatchewan

Ontario

Toronto

Ottawa

Québec

Québec (Stadt)

Montréal

Newfoundland & Labrador

New Brunswick und
Prince Edward Island

Nova Scotia

Übersichtskarte

Arktischer Ozean
Beaufortsee
Nunavut
GRÖNLAND
KANADA
Alaska
Northwest Territories
Yukon
Yellowknife
Whitehorse
Iqaluit
Hudson Bay
Saskatchewan
Alberta
Manitoba
British Columbia
Edmonton
Winnipeg
Ontario
Québec
Pazifischer Ozean
Vancouver
USA
Toronto
Halifax
Atlantischer Ozean
1 Newfoundland & Labrador
2 New Brunswick
3 Prince Edward Island
4 Nova Scotia

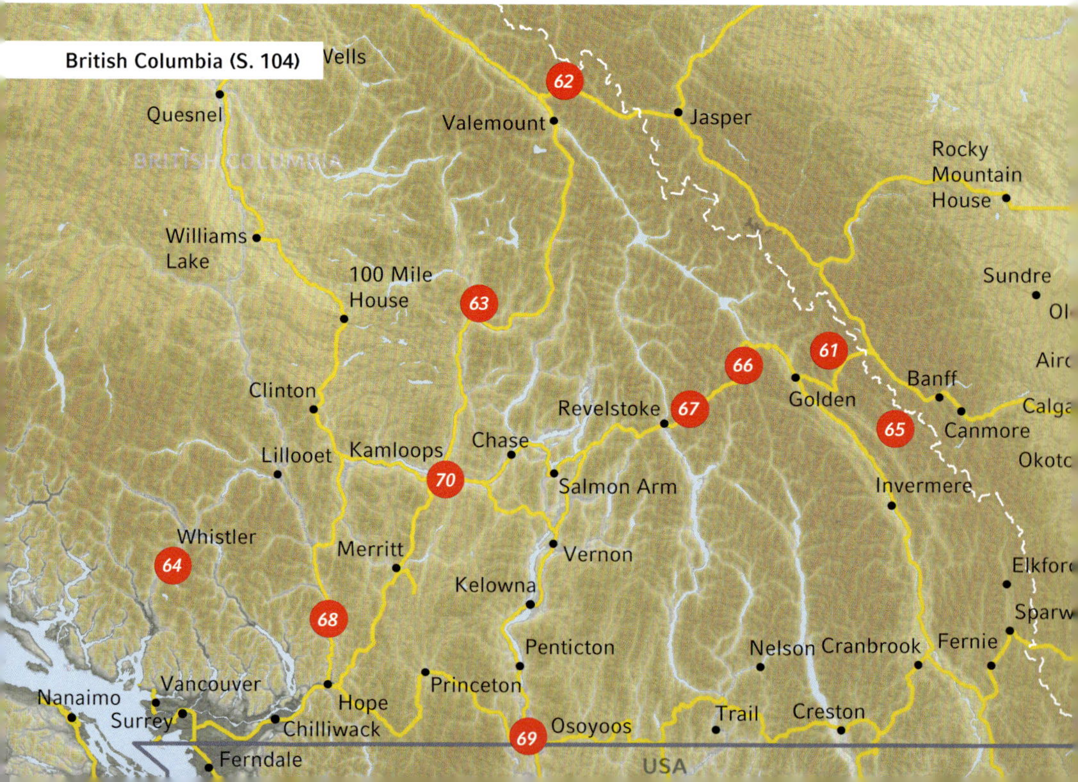

British Columbia (S. 104)

Wells
Quesnel
BRITISH COLUMBIA
62
Valemount
Jasper
Rocky Mountain House
Williams Lake
100 Mile House
63
Sundre
66
61
Golden
Banff
Revelstoke
67
Canmore
65
Clinton
Lillooet
Kamloops
Chase
70
Salmon Arm
Invermere
Whistler
64
Merritt
Vernon
Kelowna
68
Elkford
Penticton
Nelson
Cranbrook
Fernie
Vancouver
Nanaimo
Surrey
Hope
Princeton
Chilliwack
69
Osoyoos
Trail
Creston
Ferndale
USA

Vancouver (S. 114)

75
Capilano Lake
Cypress Provincial Park
Maria Lake
Chippendale Rd
Southborough Dr
Stevens Dr
Montroyal Blvd
Highland Blvd
Dempsey Rd
Upper Levels Hwy
74
Lynn Valley Rd
Marine Dr
21st St
Capilano Indian Reserve 5
Mt. Hwy
3rd St E
Deadman's Island
Seymour Creek Indian Reserve 2
72
77
Vancouver Harbour
Lost Lagoon
80
79
English Bay
76
78
73
E Hastings St
Hastings St
Marine Dr
Burrard St
71
Main St
E 1st Ave
Bdy. Rd
W 4th Ave
W 10th Ave
W Broadway
W Broadway
E Broadway

Vancouver Island (S. 124)

Port Hardy
88
86
Port Alice
90
85
Whistler
89
Powell River
Garibaldi Highlands
Gold River
Courtenay
Comox
Squamish
Cumberland
Qualicum Beach
Sechelt
Gibsons
Port Alberni
Parksville
Richmond
Tofino
81
Nanaimo
87
Vancouver
82
Pazifischer Ozean
84
Ucluelet
North Cowichan
Sidney
83
Victoria
USA

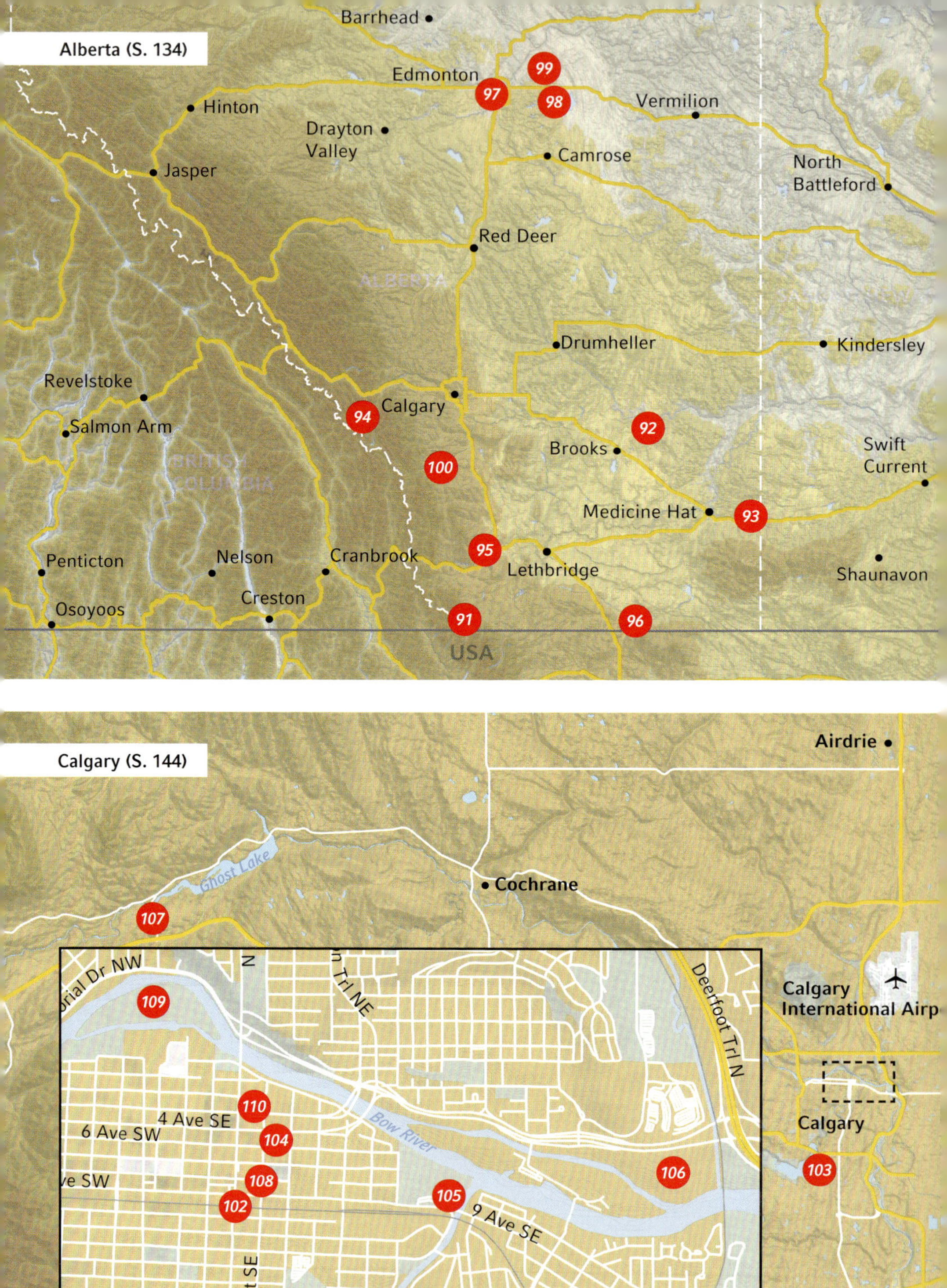

Alberta (S. 134)
Barrhead
Edmonton
Hinton
Drayton Valley
Vermilion
Jasper
Camrose
North Battleford
Red Deer
ALBERTA
Drumheller
Kindersley
Revelstoke
Calgary
Salmon Arm
Brooks
Swift Current
BRITISH COLUMBIA
Medicine Hat
Penticton
Nelson
Cranbrook
Lethbridge
Shaunavon
Creston
Osoyoos
USA
91
92
93
94
95
96
97
98
99
100
Calgary (S. 144)
Airdrie
Ghost Lake
Cochrane
Deerfoot Trl N
Calgary International Airp
Calgary
4 Ave SE
6 Ave SW
Bow River
9 Ave SE
1 St SE
Academy
101
102
103
104
105
106
107
108
109
110

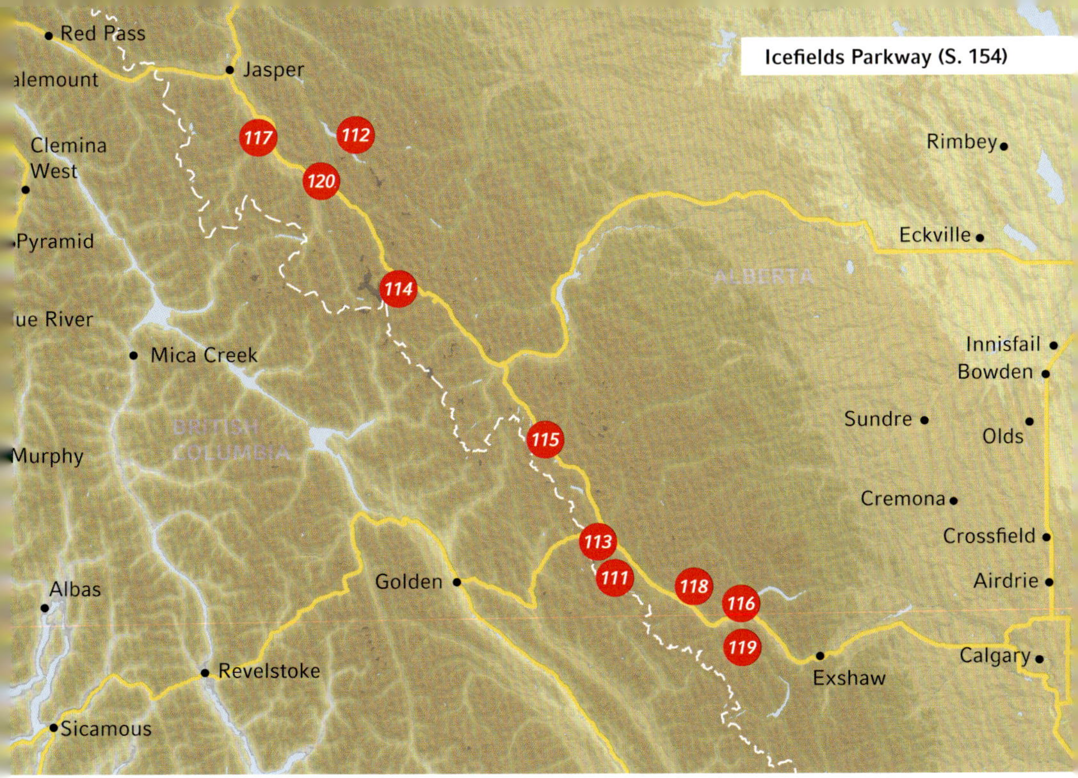

Icefields Parkway (S. 154)

Red Pass
alemount
Jasper
117
112
Clemina West
120
Rimbey
Pyramid
Eckville
ALBERTA
114
ue River
Mica Creek
Innisfail
Bowden
BRITISH COLUMBIA
115
Sundre
Olds
Murphy
Cremona
113
Crossfield
Albas
Golden
111
118
Airdrie
116
119
Calgary
Revelstoke
Exshaw
Sicamous

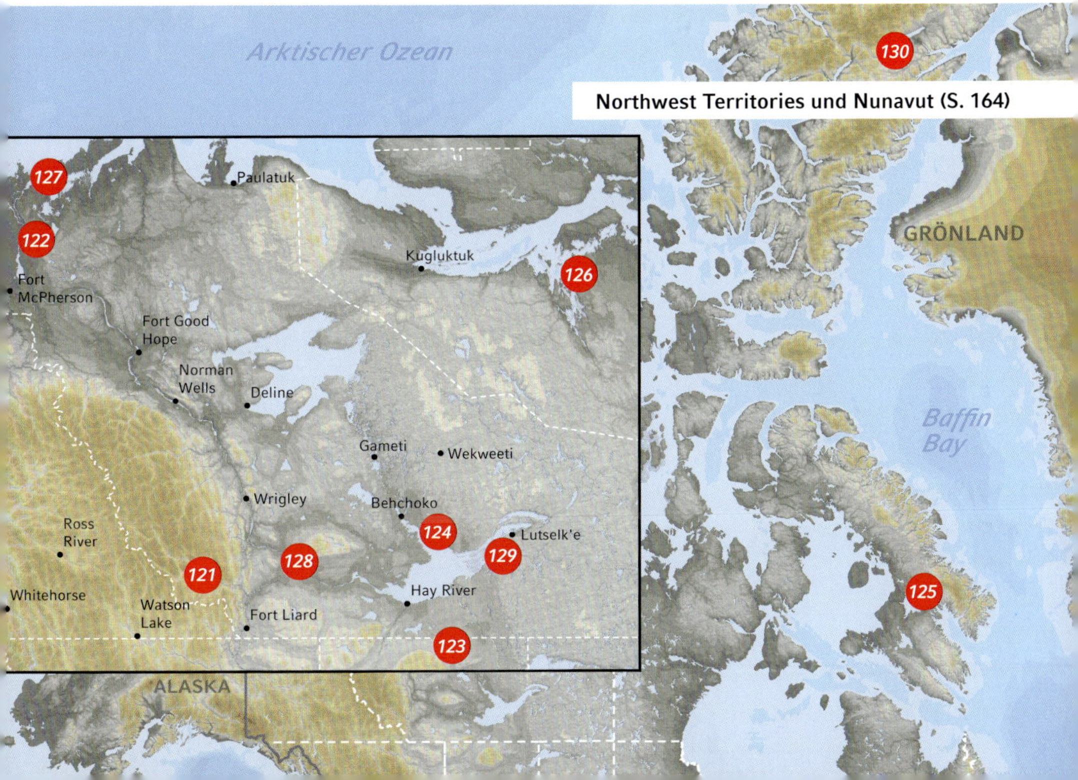

Arktischer Ozean
130

Northwest Territories und Nunavut (S. 164)

127
Paulatuk
122
Kugluktuk
126
GRÖNLAND
Fort McPherson
Fort Good Hope
Norman Wells
Deline
Baffin Bay
Gameti
Wekweeti
Wrigley
Behchoko
124
Ross River
Lutselk'e
129
121
128
125
Whitehorse
Hay River
Watson Lake
Fort Liard
123
ALASKA

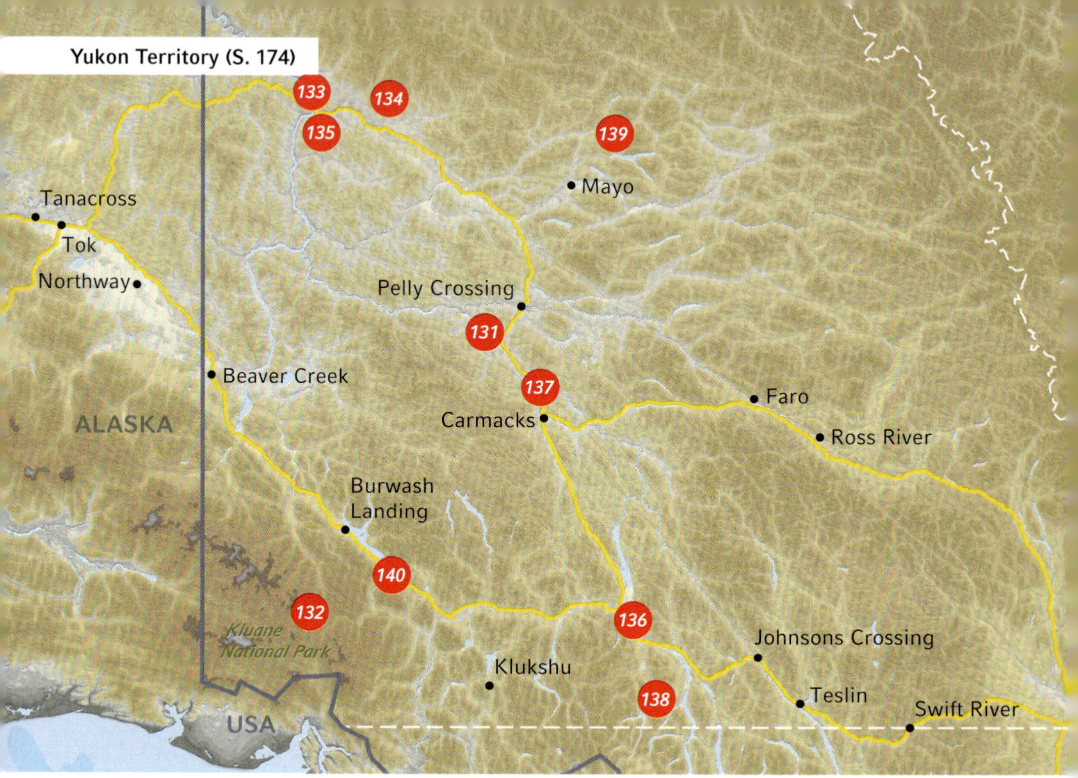

Yukon Territory (S. 174)

Tanacross
Tok
Northway
Beaver Creek
ALASKA
Mayo
Pelly Crossing
Carmacks
Faro
Ross River
Burwash
Landing
Kluane
National Park
USA
Klukshu
Johnsons Crossing
Teslin
Swift River
133
134
135
139
131
137
140
132
136
138

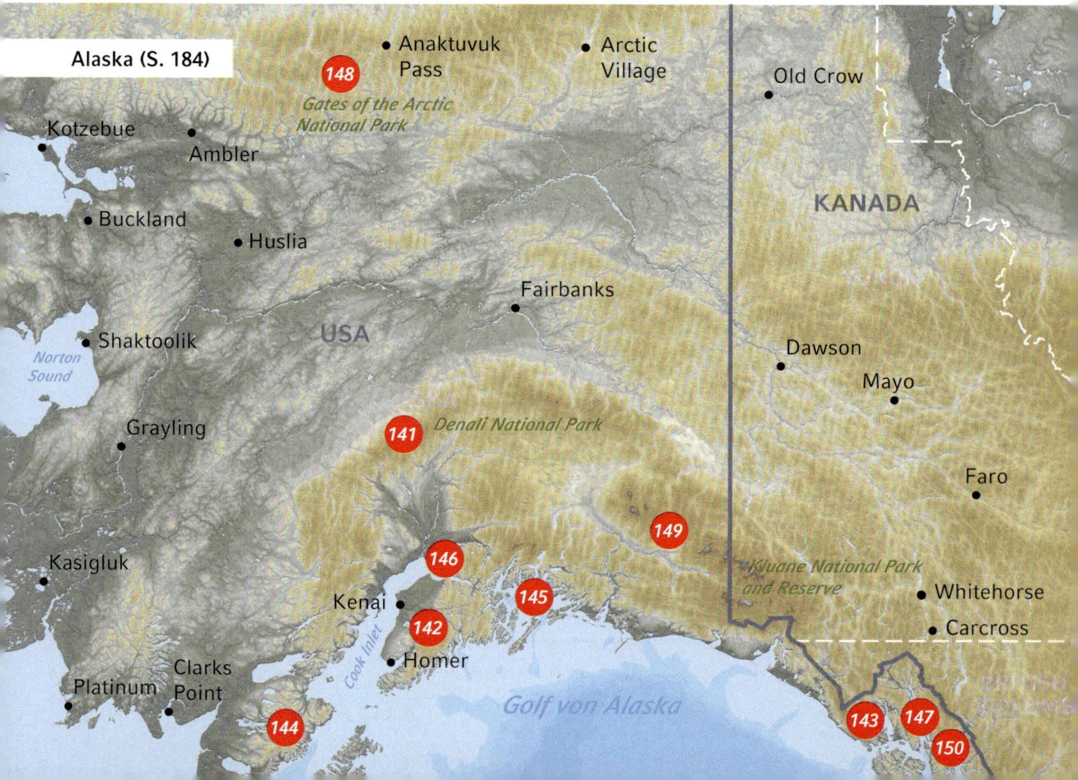

Alaska (S. 184)

Anaktuvuk
Pass
Arctic
Village
Gates of the Arctic
National Park
Old Crow
Kotzebue
Ambler
Buckland
Huslia
KANADA
Fairbanks
USA
Shaktoolik
Norton
Sound
Dawson
Mayo
Grayling
Denali National Park
Faro
Kasigluk
Kluane National Park
and Reserve
Kenai
Whitehorse
Carcross
Cook Inlet
Homer
Clarks
Point
Platinum
Golf von Alaska
148
141
149
146
145
142
144
143
147
150

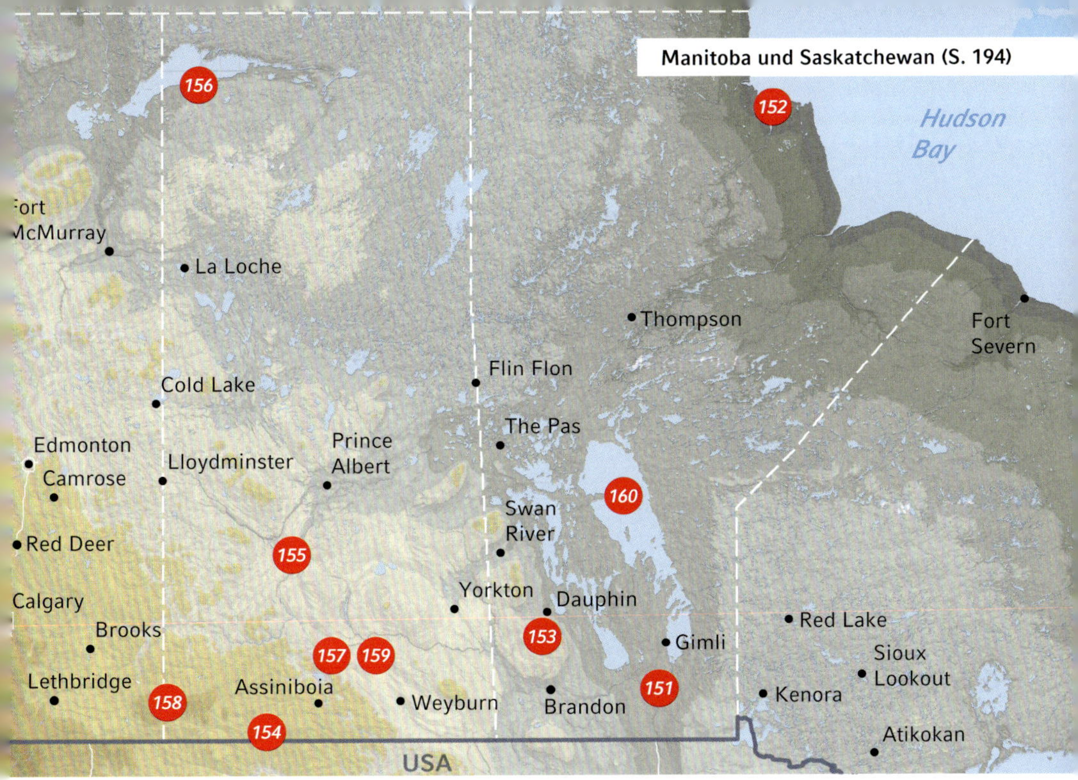

Manitoba und Saskatchewan (S. 194)

Hudson Bay

156
152
Fort McMurray
La Loche
Thompson
Fort Severn
Flin Flon
Cold Lake
The Pas
Edmonton
Prince Albert
Lloydminster
Camrose
160
Swan River
Red Deer
155
Yorkton
Dauphin
Calgary
Red Lake
Brooks
153
Gimli
157
159
Sioux Lookout
Lethbridge
Assiniboia
151
Kenora
158
Weyburn
Brandon
154
Atikokan
USA

Ontario (S. 204)

167
Chapleau
Temiskaming Shores
KANADA
Lake Superior
Témiscaming
Munising
Elliot Lake
Mattawa
Maniwaki
Espanola
Escanaba
162
Pembroke
Cheboygan
166
Petoskey
Huntsville
Renfrew
165
Alpena
168
Bancroft
Gravenhurst
Lake Huron
169
Brockville
Mills Twp
USA
Collingwood
161
Ludington
Kincardine
Lake Ontario
Big Rapids
Rome
164
Owosso
163
Buffalo
Oneonta
Hornell
Lake Erie
170
Conneaut

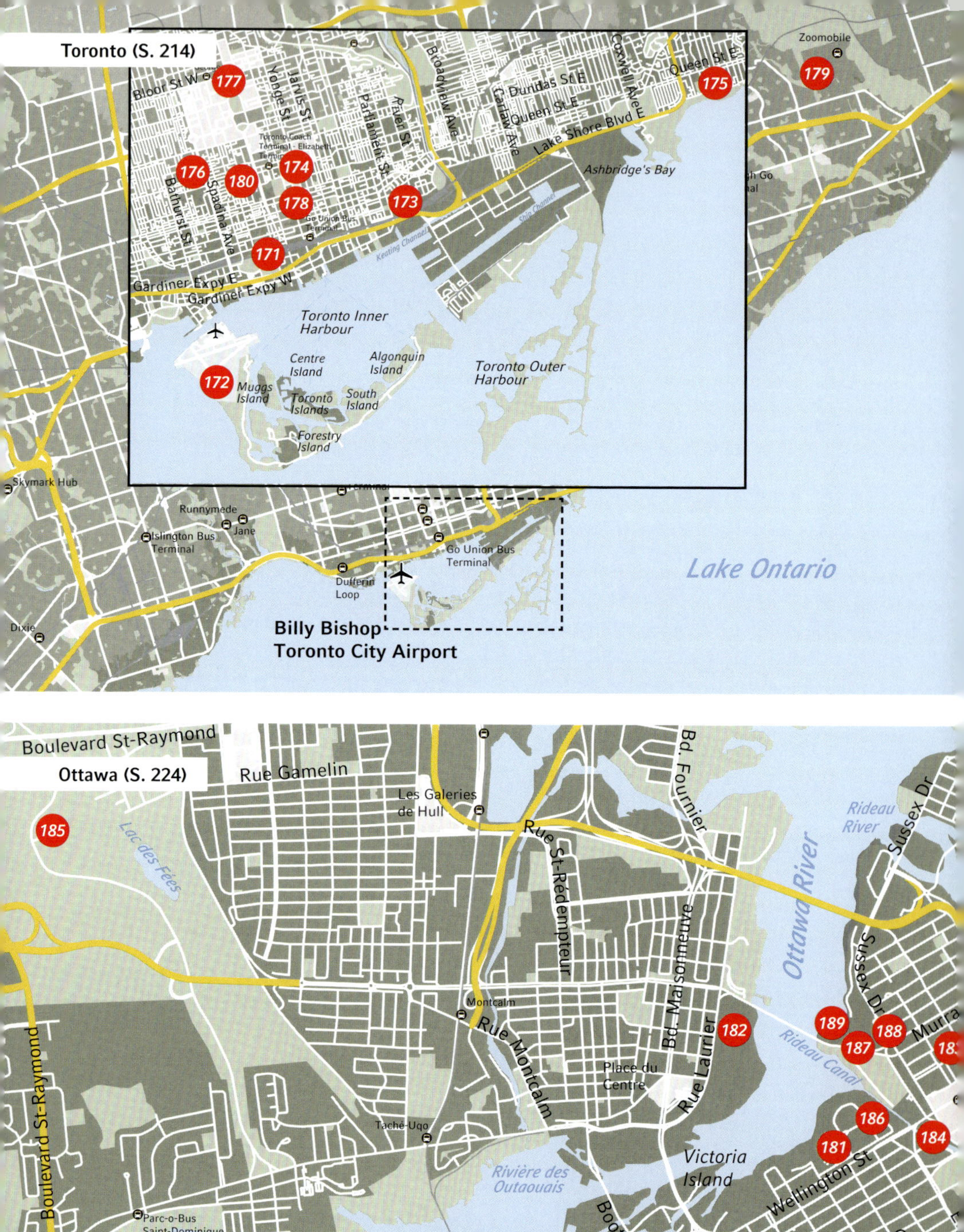

Ottawa River
Lebreton 1a
Lebreton 2a
Sir John a Macdonald Pkwy
Albert St
Somerset St W
Ottawa Bus Central Station
Bate Island

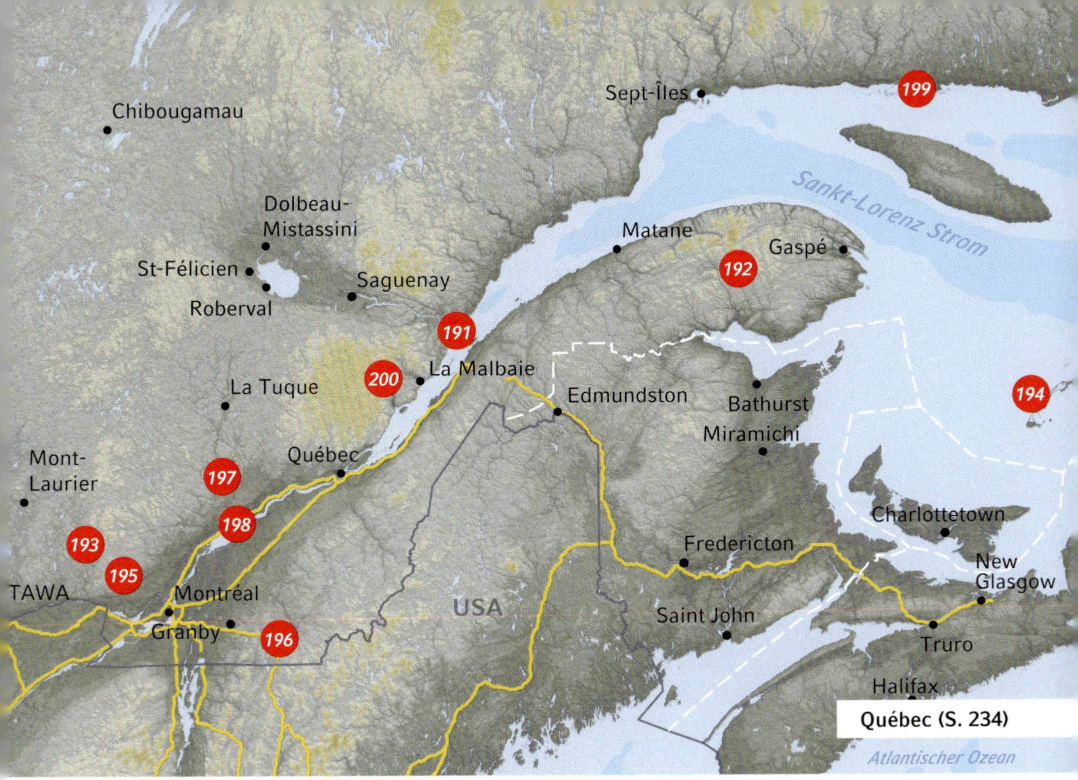

Québec (S. 234)

Sept-Îles
199
Chibougamau
Sankt-Lorenz Strom
Dolbeau-
Mistassini
Matane
Gaspé
192
St-Félicien
Saguenay
Roberval
191
La Malbaie
200
194
Edmundston
Bathurst
La Tuque
Miramichi
Mont-
Laurier
Québec
197
198
Charlottetown
193
Fredericton
New
Glasgow
195
TAWA
Montréal
USA
Saint John
Granby
196
Truro
Halifax
Atlantischer Ozean

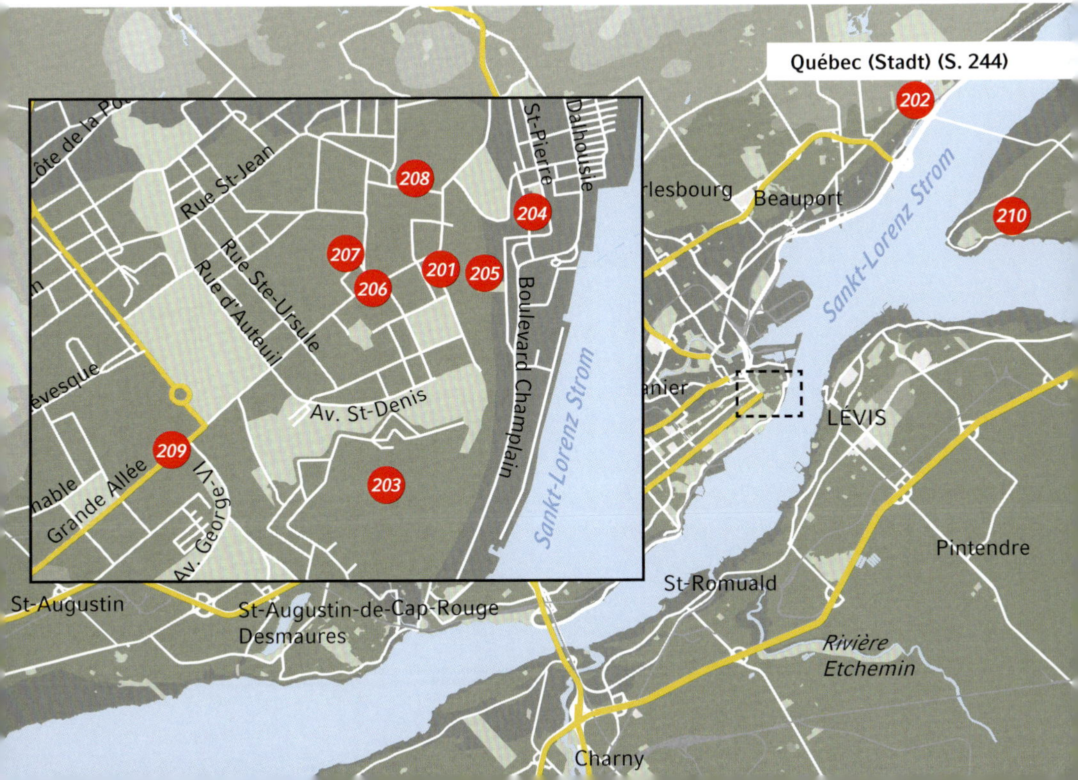

Québec (Stadt) (S. 244)

202
Côte de la Po
St-Pierre
Dalhousie
Rue St-Jean
208
204
rlesbourg
Beauport
Sankt-Lorenz Strom
210
Rue Ste-Ursule
207
201
205
Rue d'Auteuil
206
Boulevard Champlain
évesque
Av. St-Denis
anier
LÉVIS
209
Sankt-Lorenz Strom
203
Grande Allée
nable
Av. George-VI
Pintendre
St-Romuald
St-Augustin
St-Augustin-de-Cap-Rouge
Desmaures
Rivière
Etchemin
Charny

Montréal (S. 254)

Rue Viau
Bd. Pie-IX
220
Boulevard St-Michel
Rue d'Iberville
Autoroute Métropolitaine
Rue Jean-Talone
217
Rue St-Denis
Bd. St-Joseph
Rue Sherbrookee
Sankt-Lorenz Strom
Rue Adoi
Chemin de Chan
Terminus Longueuil
Rue Joliette
Rue Ste-Hélène
Bd. Taschereau
Bd. J.
Rockland Rd
165/435
Avenue du Parc
Station Centrale
214
Île Ste-Hélène
Île Notre-Dame
Av. Van Horne
Île de Montréal
211
Av. des Pins O
212
213
216
219
215
Terminus Centre-Ville (Tcv)
Terminus d'Autobus Mansfield
Pont Victoria
Station Awater (Tupper/Awater)
Bd. Décarie
51/166
The Bvd.
218
103
Rue Riverside
Île Verte

Newfoundland & Labrador (S. 264)

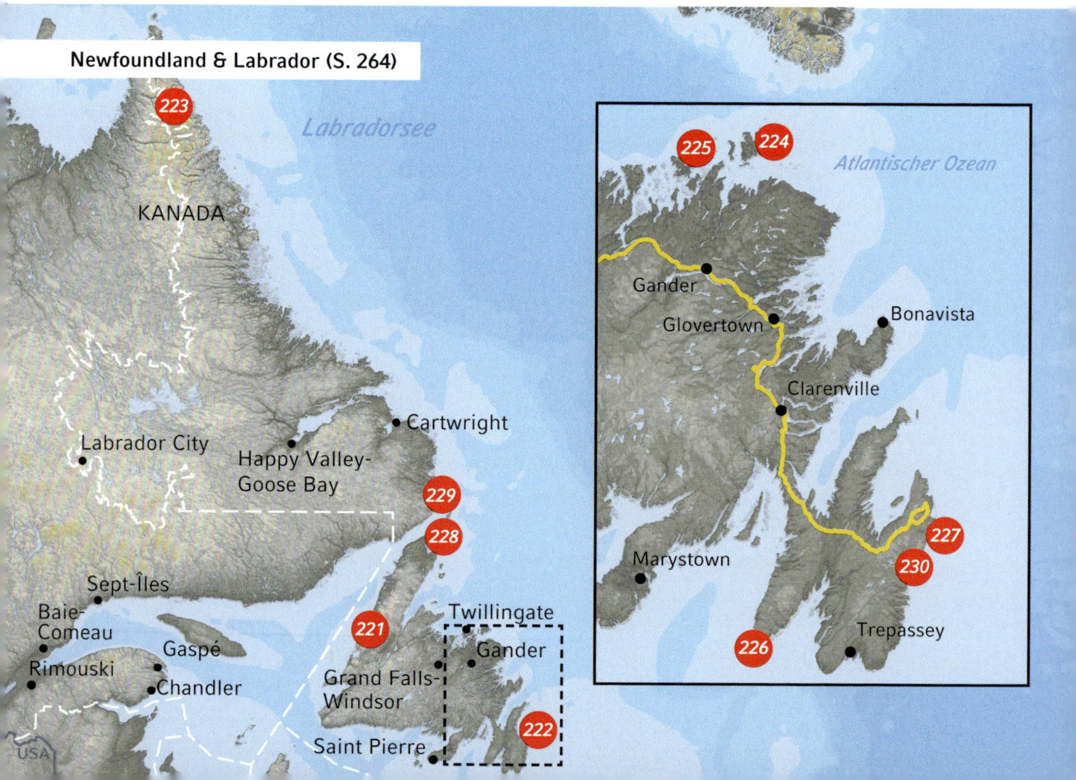

223
Labradorsee
KANADA
Cartwright
Labrador City
Happy Valley-Goose Bay
229
228
Sept-Îles
Baie-Comeau
Gaspé
Rimouski
Chandler
221
Twillingate
Gander
Grand Falls-Windsor
Saint Pierre
222
USA

225
224
Atlantischer Ozean
Gander
Glovertown
Bonavista
Clarenville
227
230
Marystown
Trepassey
226

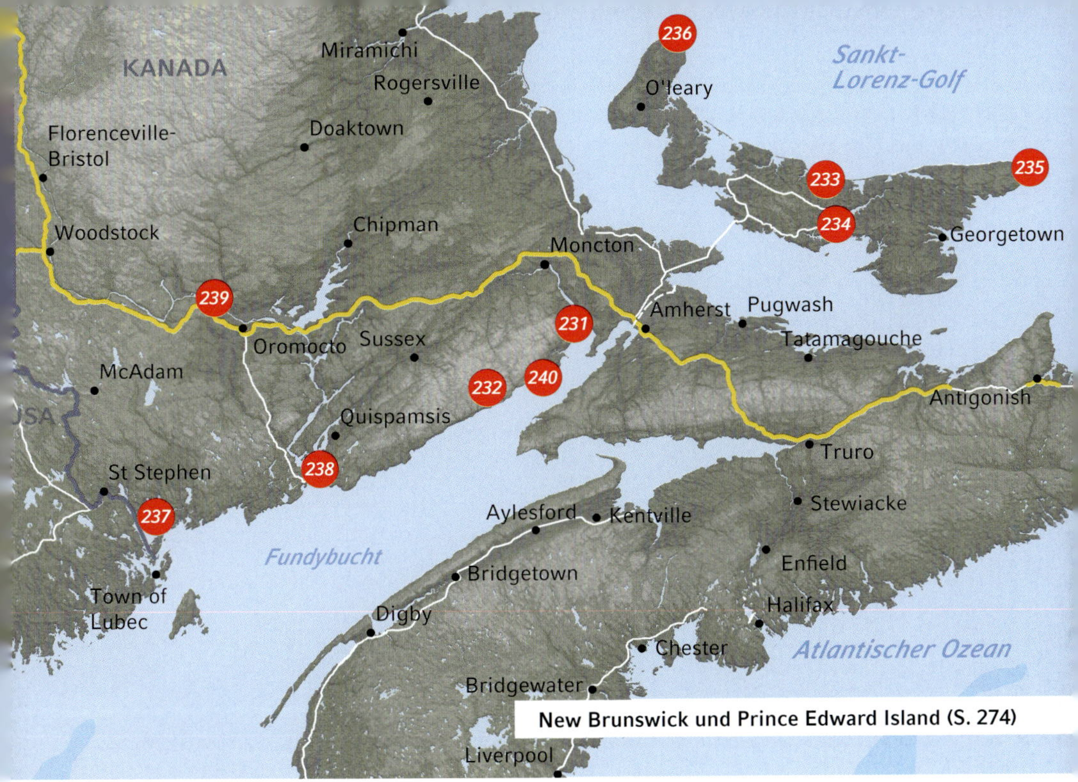

KANADA
Miramichi
Rogersville
Doaktown
Florenceville-Bristol
Woodstock
Chipman
Moncton
Sankt-Lorenz-Golf
O'leary
236
233
235
234
Georgetown
239
231
Amherst
Pugwash
Tatamagouche
Oromocto
Sussex
McAdam
USA
232
240
Antigonish
Quispamsis
Truro
238
St Stephen
237
Aylesford
Kentville
Stewiacke
Fundybucht
Enfield
Bridgetown
Town of Lubec
Digby
Halifax
Chester
Atlantischer Ozean
Bridgewater
Liverpool

New Brunswick und Prince Edward Island (S. 274)

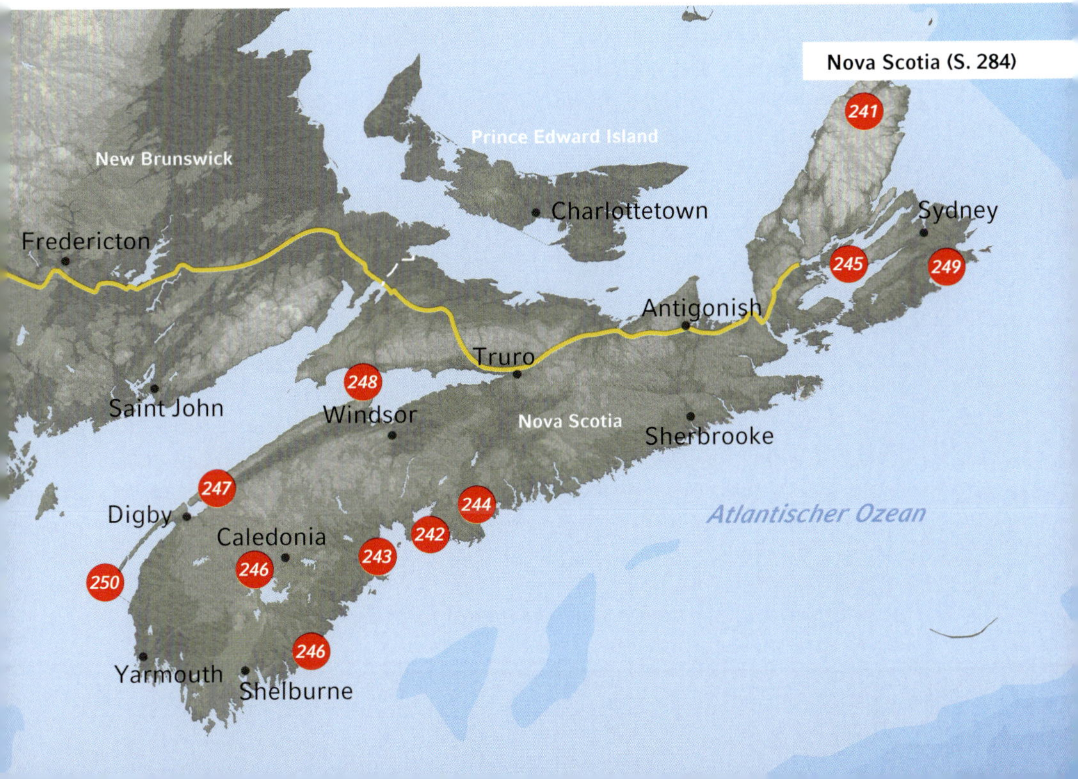

Nova Scotia (S. 284)

241
Prince Edward Island
New Brunswick
Charlottetown
Sydney
Fredericton
245
249
Antigonish
Truro
248
Saint John
Windsor
Nova Scotia
Sherbrooke
247
244
Atlantischer Ozean
Digby
242
Caledonia
243
246
250
246
Yarmouth
Shelburne

British Columbia

Provinz der großen Gegensätze: Schroffe und großartige Landschaften wie auf Vancouver Island oder rund um den Mount Robson treffen auf die pulsierende Metropole Vancouver und pittoreske Städte wie Victoria. British Columbia, von vielen Reisenden liebevoll „BC" abgekürzt, vereint Abenteuer in der Natur und Sightseeing auf Weltstadtniveau.

Die Provinz zählt rund 4,7 Million Einwohner, etwa die Hälfte lebt im Großraum Vancouver, und ist flächenmäßig die Nummer 3 in Kanada. British Columbia erstreckt sich vom Pazifik im Westen bis zu den Ausläufern der Rocky Mountains im Osten, von der Grenze zu den USA im Süden bis hoch im Norden an die Grenze zum Yukon. Das perfekte Setting für eindrucksvolle Erlebnisse und – jenseits der Metropole Vancouver, die viele für die schönste kanadische Stadt halten – weitgehend wenig besiedelte Landschaften wie aus dem Bilderbuch. Erster Weißer in der Provinz war der legendäre britische Entdecker James Cook 1778 mit einem Besuch auf Vancouver Island, spanische Seefahrer segelten aber schon vor ihm die Küste entlang. Und Indianer besiedelten das Land ohnehin schon seit mehr als 10.000 Jahren.

- *www.hellobc.de*
- *de-keepexploring.canada.travel/places-to-go/british-columbia*
- *www.env.gov.bc.ca/bcparks*

Der Moraine Lake ist in den Rocky Mountains eines der beliebtesten Ziele.

61 Yoho National Park – Wie im Bilderbuch

Pittoreske Seen, mächtige Gipfel sowie die Takakkaw Falls machen den Naturpark an der Grenze zwischen British Columbia und Alberta zu einem perfekten Reiseziel. Zum Glück steht der Yoho National Park ein wenig im Schatten des benachbarten Banff National Park, und so bevölkern merklich weniger Besucher das Schutzgebiet. Zumindest „fast noch ein Geheimtipp“ ist wohl die treffende Beschreibung, denn so einsam wie etwa im Kluane oder Riding National Park ist es dann doch nicht.

Umrahmt von bis zu 3000 Meter hohen Gipfeln und dem Emerald Glacier liegt das beliebtestes Ziel im Nationalpark: der smaragdgrüne Emerald Lake. Die rund fünf Kilometer lange Runde um den See dauert zwischen 60 und 120 Minuten –

diesen Spaziergang sollte sich niemand entgehen lassen. Zumal sich so die beschauliche Wirkung der Landschaft viel besser genießen lässt als nah am Parkplatz, wo viele einen Fotostopp einlegen. Wer es sportlicher mag, steigt ins Kanu. Besonders am Vormittag erstrahlt der Emerald Lake im schönsten Licht. Auf einer Halbinsel liegt die *Emerald Lodge*, eine der schönsten Unterkünfte in Kanada. Bereits auf dem Weg zum See wird die Natural Bridge passiert.

Anders als der See sind die rund 380 Meter hohen Takakkaw Falls nur im Hochsommer erreichbar, wenn die Schneemassen geschmolzen sind. Im Regelfall wird die Yoho Valley Road erst Mitte/Ende Juni freigegeben und meist schon Anfang Oktober wieder gesperrt. Gespeist vom Daly Glacier stürzen die Wassermassen in mehreren Stufen nach unten. Vom Parkplatz führt eine drei Stunden lange Wanderung zu den Laughing Falls – gar sechs Stunden ist unterwegs, wer auch die Twin Falls besucht.

Zu den schönsten Wanderungen zählen auch die Wege am Lake O'Hara (siehe „Seen“, Seite 46). Der See ist aber nicht mit dem Auto erreichbar, so dass eine (frühzeitige) Buchung des kostenpflichtigen Shuttlebusses empfehlenswert ist. Wunderschön gelegen, aber hochpreisig: die *Lake O'Hara Lodge*.

Entlang des *Trans-Canada Highway*, der einzigen Straße durch den Park, liegen mehrere lohnende Aussichtspunkte: Neben dem 1627 Meter hohen Kicking Horse Pass dürfte der *Spiral Tunnels Viewpoint* zum Pflichtprogramm zählen. Hier windet sich die Eisenbahntrasse der *Canadian Railway* in zwei Kurven durch den Berg. Ein eindrucksvolles Bild nicht nur für Eisenbahnfans.

· *www.pc.gc.ca/en/pn-np/bc/yoho*
· *crmr.com/emerald*
· *www.lakeohara.com*

62 Mount Robson – Höchster Gipfel der Rockys

Glücklich darf sich schätzen, wer einen Blick auf den 3954 Meter hohen Gipfel des Mount Robson erhascht. So sehenswert der markante Gipfel auch ist, so selten ist er zu sehen. An dem höchsten Gipfel der kanadischen Rocky Mountains prallen regelmäßig die Wolken des Pazifiks ab und sorgen selbst im Sommer immer wieder für Schnee. Und für lange Gesichter bei Besuchern! Schließlich gilt die Faustregel, dass an zwei von drei Tagen Wolken den Blick auf die fantastische Bergkulisse versperren. Immerhin, die massive Südseite ist schon gut vom Highway aus zu sehen. Wenn denn die Sicht gut ist …

Der Mount Robson ist größte Attraktion und Namensgeber für den umliegenden, 2200 Quadratkilometer großen Mount Robson Provincial Park. Der zweitälteste Provinzpark von British Columbia zählt als Teil der Rocky Mountains zum UNESCO-Weltnaturerbe. Im Gegensatz zu manch anderem Park ist das Schutzgebiet an der Grenze zu Alberta bereits früh im Jahr geöffnet.

Am besten lässt sich der Park vom großen Besucherzentrum direkt am Highway 16 erkunden. Zuweilen geht bereits hier ein großer kanadischer Reisetraum in Erfüllung: Von der rückseitigen Terrasse können Besucher mit Glück Schwarzbären beobachten. Aus sicherer Entfernung und komfortabel ohne lange Wanderungen! Zudem bietet sich schon vom Visitor Centre aus ein erhabener Blick auf den Berg, der nach einem Mitarbeiter der *Hudson's Bay Company* benannt sein soll.

Überdies starten hier bzw. am nahen Campingplatz zahlreiche Wanderwege zu verschiedenen Highlights im Park. Wer erfahren ist, kann den *Berg Lake Trail* (siehe „Wanderungen“, Seite 76) wagen. Die zweitägige Wan-

derung zählt zu den schönsten Touren der gesamten Rocky Mountains! Der Trail schlängelt sich über 800 Höhenmeter durch die Bergwelt zum Berg Lake, der vom Robson Glacier gespeist wird – eine Tour von etwa acht Stunden (eine Strecke). Als guter Abstecher gilt die Wanderung zum Kinney Lake (neun Kilometer, hin und zurück). Eine Tour lohnt auch der Moose Lake, wo öfters Elche gesichtet wurden. Im Winter ist der Park ein beliebtes Skigebiet.

Ganz in der Nähe wartet mit den Rearguard Falls im gleichnamigen Provinical Park eine weitere Attraktion: Der Fraser River stürzt hier einige Meter in die Tiefe – für Lachse auf der Rückkehr zu ihren Laichgründen nach 1000 Kilometern das Ende ihrer Reise. Vor allem im August können die Tiere daher gut beobachtet werden.

· *www.env.gov.bc.ca/bcparks/explore/parkpgs/mt_robson*

63 Wells Gray Provincial Park – Tosende Wasserfälle

Viele Besucher halten sie für bedeutend beeindruckender als die berühmten Niagara Falls im Osten des Landes: die imposanten Helmcken Falls. Über eine Höhe von rund 140 Metern fällt der Murtle River hier in einer trichterförmigen Felsformation in die Tiefe. Die Gischtwolke ist von Weitem zu sehen und zu hören – und teils als leichter Wasserfilm zu spüren. Der vierthöchste Wasserfall Kanadas ist die beliebteste Attraktion im 1939 gegründeten Wells Grey Provincial Park, der 1996 nochmals erweitert wurde. Ziel war es, neben alpiner Bergwelt und borealem Wald auch Vulkankegel und erkaltete Lavafelder zu schützen.

Auf dem Weg zu den Helmcken Falls passieren Besucher die Dawson Falls. Mit einer Breite von 90 Metern und einer Höhe von 18 Metern werden sie gern auch als „Little Niagara Falls“ angepriesen – zumindest sind sie weitaus weniger überlaufen als das Original. Sehenswert sind auch die Stromschnellen Bailey's Chute, vor allem im August und September zur Laichwanderung der Lachse.

Wer den Wells Grey National Park nicht nur mit Fotostopps erkunden will, steigt am besten ins Kanu. Gerade der Clearwater Lake und der Azure Lake – mit kleinen Wasserfällen am östlichen und westlichen Ende – gelten als attraktives Wassersportrevier. Zudem können Wanderfreunde unter einer Vielzahl unterschiedlich langer Wege wählen und auf gute Wildlife-Beobachtungen hoffen. Im Winter ist der Park ein Eldorado fürs Heli-Skiing sowie für Schneeschuh- und Langlauftouren – eine Alternative zu den Rocky Mountains.

· *www.env.gov.bc.ca/bcparks/explore/parkpgs/wells_gry*
· *www.wellsgray.ca*

64 Whistler – Paradies in den Bergen

Spätestens seit 2010 zählt der Bergort zu den weltweit bekanntesten Wintersportzielen: Bei den Olympischen Winterspielen, die offiziell in Vancouver ausgetragen wurden, fanden in Whistler zahlreiche Wettbewerbe statt. An diese Zeit, als beispielsweise Slalom-Spezialisten, Bob-Piloten und die Biathlon-Multitalente die Besten unter ihnen kürten, erinnert in der Fußgängerzone eine Skulptur mit den fünf olympischen Ringen.

Doch so bekannt Whistler auch ist – so beliebt ist das kleine Städtchen auch. Kaum ein Wintersportort in ganz Nordamerika lockt so viele Besucher an und ist manch einem mittlerweile zu laut, hektisch und überlaufen. Die Infrastruktur ist zumindest bestens präpariert.

Neben zahlreichen Skiliften befördern die Bergbahnen *Whistler Gondola* und *Blackcomb Gondola* die Skifahrer auf die Pisten. Und ganzjährig lohnt eine Fahrt mit der *Peak 2 Peak Gondola*: Über eine Länge von 4,4 Kilometer verbindet sie die jeweils auf rund 2000 Meter gelegenen Skigebiete Whistler Mountain und Blackcomb Peak miteinander – und lässt Besucher beim 360-Grad-Panorama-Blick auf die Berge und ins tiefe Tal staunen. Wintersportlern steht überdies der Snowboard Park offen. Abenteuer versprechen zudem Heli-Skiing-Touren und Fahrten mit dem Schneemobil.

Im Sommer wird Whistler zum Mekka der Mountainbiker, die sich die steilen Hügel hinunterstürzen. Wildwasserbäche, Golfplätze und Wanderwege locken weitere Besucher in den lebhaften Bergort, der nur etwa 90 Minuten von Vancouver entfernt liegt.

· *www.whistler.com/de*
· *www.whistlerblackcomb.com*

65 Kootenay National Park

Direkt an den Banff National Park grenzt der Kootenay National Park. Am nördlichen Ende des Parks befindet sich der Marble Canyon. Hier hat sich der Tokumm Creek durch eine enge Schlucht gegraben. Ebenfalls einen Stopp lohnen die *Paint Pots* und der *Kootenay Valley Viewpoint*. Entspannung finden Reisende in den Becken der *Radium Hot Springs*.

· *www.pc.gc.ca/en/pn-np/bc/kootenay*
· *www.radiumhotsprings.com*

66 Glacier National Park

Unberührte und kaum durchdringbare alpine Landschaften mit etwa 400 Gipfeln schützt der Glacier National Park. Dank des alpinen Klimas sind selbst im Sommer Schneeschauer möglich. In den warmen Monaten des Jahres lohnen Wanderungen durch die dichten Hemlock- und Zedernwälder, im Winter das gute Skigebiet. Der *Trans-Canada Highway* gleicht am Rogers Pass einer Traumstraße.

· *www.pc.gc.ca/en/pn-np/bc/glacier*

67 Revelstoke National Park

Definitiv zur Kategorie „Geheimtipp" zählt der Mount Revelstoke National Park nah der gleichnamigen Kleinstadt. Im Sommer führt der Park Way durch blühende Landschaft. Wildblumen in allen Farben erstrecken sich bis an die Schotterstraße. Wintersportler hingegen freuen sich über das 2008 eröffnete *Revelstoke Mountain Resort*.

· *www.seerevelstoke.com*
· *www.pc.gc.ca/en/pn-np/bc/revelstoke*
· *www.revelstokemountainresort.com*

68 Fraser Canyon

Wild und ohrenbetäubend rauschen die Wassermassen durch den schmalen Fraser Canyon. Besuchern ist der rund 270 Kilometer lange Wasserlauf vor allem durch die Aussichtsplattform am *Hell's Gate*, dem wohl spektakulärsten Abschnitt des Fraser River, bekannt. Die Plattform mit Shop und Café ist über eine kleine Seilbahn erreichbar. Raftingtouren sind ebenfalls möglich.

· *www.hellsgateairtram.com*
· *www.fraserraft.com*

69 Osoyoos

Ungewohntes Klima erleben Reisende in dem kleinen Städtchen Osoyoos im Okanagan Valley. Das Tal, bekannt für seine Obstplantagen und Weinberge, zählt zu den wärmsten Regionen des Landes. Dank des Klimas erwärmt sich der Lake Osoyoos bis auf 24 Grad. Nördlich schließt sich Kanadas einzige Trockenwüste an. Das *Osoyoos Desert Centre* bietet einen guten Überblick.

· *www.destinationosoyoos.com*
· *www.desert.org*

70 Kamloops

Gefühlt in der Mitte der Provinz liegt die 90.000-Einwohner-Stadt Kamloops, mit dem *Trans-Canada Highway* ein wichtiger Verkehrsknotenpunkt. Kamloops versprüht den Glanz alter Zeiten und gibt mit dem *Kamloops Museum* Einblicke in die Pionierzeit. Das *Secwepemc Museum* informiert über die First Nations. Für Eisenbahnfreunde lohnt das *Kamloops Heritage Railway*.

· *www.tourismkamloops.com*

Vancouver

Majestätisch liegt die Metropole zwischen den Wellen und Stränden des Pazifiks auf der einen sowie schneebedeckten Bergen auf der anderen Seite. Kein Wunder, dass Vancouver regelmäßig zu den schönsten Städten der Welt gekürt wird. Viele Besucher halten sie für die Top-Stadt Kanadas. Zur hohen Lebensqualität für Einheimische und Besucher trägt die wohl einmalige Kombination aus pulsierendem Stadtleben und idyllischer Ruhe in der Natur bei. Von wohl kaum einem Platz in der Stadt dauert es gefühlt mehr als 45 Minuten, um ins Grüne zu gelangen – und wenn es nur vom quirligen Treiben des Szene-Viertels *Granville Island* in den stark besuchten Regenwald an der *Capilano Suspension Bridge* geht. Der berühmte *Stanley Park* liegt ohnehin nur wenige Minuten von Downtown entfernt. Weltweit berühmt wurde die Stadt spätestens mit den Olympischen Spielen 2010, auch wenn viele Wettbewerbe im nah gelegenen Wintersportort Whistler ausgetragen wurden.

Zugleich ist Vancouver mit seinen rund 700.000 Einwohnern – im Großraum sogar rund 2,5 Millionen – Ausgangspunkt für viele beliebte Rundreisen. Vancouver Island (siehe Seite 124) ist problemlos von gleich zwei Fährhäfen oder per Linienflug, alternativ auch per Wasserflugzeug, erreichbar. Die Panoramastraße *Sea-to-Sky Highway* wiederum führt in rund 90 Minuten in die Berge nach Whistler, gen Osten schlängelt sich der *Trans-Canada Highway* durch den Fraser Canyon. Nicht zu vergessen: Vom Ankerplatz am *Canada Place* legen die Kreuzfahrtschiffe gen Inside Passage und Alaska ab.

· *www.tourismvancouver.com*
· *www.hellobc.com/vancouver.aspx*

Abendstimmung im Jachthafen zwischen Stanley Park und Downtown

71 Granville Island – Vielfalt aus aller Welt

Perfekte Verwandlung: Aus ehemaligen und teils verfallenen Hafen- und Fabrikanlagen entwickelte sich seit den 1970er-Jahren ein neuer, multikultureller Stadtteil. *Granville Island*, eine künstlich angelegte Halbinsel im False Creek, ist heute wohl das lebendigste Areal der Stadt, dynamisch und zugleich bodenständiger als Downtown mit seinen modernen Glaspalästen und Wolkenkratzern. Die alte Bausubstanz mit farbigen Schuppen und stählernen Lastenkränen wurde weitgehend erhalten und in die neue Nutzung überführt, was erheblich zu einem gemütlichen Ambiente beiträgt. Besucher vergessen so auch schnell, dass direkt über ihnen die mächtige und fast 1200 Meter lange *Granville Street Bridge* als Ver-

bindungsachse über den False Creek zwischen Vancouver und Downtown Vancouver verläuft.

Bekannt ist Granville Island vor allem für seinen großen Markt: *Granville Public Market* ist an sieben Tagen die Woche geöffnet und bietet eine große Auswahl frischer Lebensmittel. Besucher können süße Leckereien französischer Patisserien, fangfrischen Fisch aus dem Pazifik und scharfe Gerichte aus Asien schlemmen. Geführte Touren bieten auch einen kleinen Einblick hinter die Kulissen und in die Geschichte des bei Einheimischen wie Besuchern beliebten Marktes. Insgesamt können Teilnehmer der Touren an 20 Ständen probieren – ein multikulturelles Festival in zwei Stunden.

Doch Granville Island ist mehr als nur ein Markt. Mittlerweile haben sich Dutzende von Geschäften unterschiedlichster Art und Preislage angesiedelt. Dazu zählen zahlreiche Künstler, die hier ein kreatives wie kommerzielles Zuhause gefunden haben. Zumindest Zeit für einen Schaufensterbummel sollte also sein. Obendrein ist die Halbinsel Heimat gleich mehrerer Museen, darunter Ausstellungen zum Sportfischen, einer beliebten Freizeitbeschäftigung der Kanadier, und zu Modelleisenbahnen. Wer nach so viel Sightseeing Entspannung braucht, kann auf Bootstouren Vancouver vom Wasser aus erleben – oder genießt eine kulinarische Auszeit in einem der zahlreichen Restaurants. Manche von ihnen liegen direkt am Wasser und bieten einen schönen Blick auf die Stadt. Legendär ist die *Granville Island Brewing*: Sie gilt als erste Hausbrauerei (*Microbrewery*) Kanadas und wurde 1984 gegründet. Das Hefeweizen wird nach bayrischem Vorbild gebraut. Neben Bierproben sind auch Besichtigungen möglich.

· *www.granvilleisland.com*
· *www.foodietours.ca/tour/granville-island-market-tour*
· *www.gib.ca*

72 Stanley Park – Prunkstück der Stadt

Wer den Central Park in New York oder den Londoner Hyde Park kennt und mag, wird den *Stanley Park* lieben. An drei Sciten vom Wasser umgeben, bietet sich alle paar Meter ein neuer sehenswerter Blick. Das Panorama reicht von der Skyline in Downtown über nicht nur im Winter schneebedeckte Berge bis hin zu Stränden und den Weiten des Pazifiks.

Durch den Park schlängelt sich der zwölf Kilometer lange *Stanley Park Drive*, der entgegen dem Uhrzeigersinn alle Sehenswürdigkeiten und Aussichtspunkte verbindet. Auch wenn die Straße für Autos freigegeben ist – am besten erkunden Besucher den Park zu Fuß oder, noch besser, mit dem Fahrrad. An verschiedenen Stellen können Räder gemietet werden. Dank der zahlreichen Attraktionen lässt sich problemlos ein ganzer Tag im *Stanley Park* verbringen.

Erster Stopp ist der große Jachtclub, wo Segelschiffe idyllisch vor den Wohntürmen ankern. Als nächstes folgt die geschichtlich wohl wichtigste Attraktion: Die farbenfrohen Totempfähle am *Brockton Point* sind weltbekannt. Schon zu Beginn des vergangenen Jahrhunderts wurden die ersten der prächtigen Holzschnitzarbeiten verschiedener Stämme errichtet. An der Spitze der Halbinsel fällt der Blick auf den Leuchtturm und die *Lions Gate Bridge*. Die Brücke verbindet die Innenstadt mit West Vancouver. Durch dichten und teils noch ursprünglichen Wald mit Riesenlebensbäumen, Hemlocktannen und Fichten wird die andere Seite am Ufer des False Creek erreicht. An der English Bay (siehe Seite 123) endet der *Stanley Park Drive* wieder – die grüne Runde aus Downtown heraus ist komplett.

Durch den Park führen zahlreiche Spazier- und Wanderwege. Zu den

schönsten Wegen gehört der *Lake Trail* zum Beaver Lake, der viele Wasservögel anzieht und von Seerosen übersät ist. Ein Paradies für Vogelfreunde ist auch die künstlich angelegte *Lost Lagoon.*

Zu den weiteren Freizeiteinrichtungen im *Stanley Park* zählen eine Parkeisenbahn, Tennisplätze und Schwimmbecken. Das berühmte *Vancouver Aquarium Marine Science Centre (Vanaqua)* ist hier ebenfalls angesiedelt. Unter den wenigen gastronomischen Angeboten sticht das *Teahouse* am *Ferguson Point* heraus: Es zählt zu den besten Restaurants der Stadt, den Blick zu bezaubernden Sonnenuntergänge über dem Pazifik inklusive.

- *www.vancouver.ca/parks-recreation-culture/stanley-park.aspx*
- *www.englishbaybikerentals.com*
- *www.vancouverdine.com/teahouse*
- *www.vanaqua.org*

73 Gastown – Ältester Stadtteil

Inmitten von liebevoll restaurierten Backsteinhäusern, viktorianischen Stadtvillen und entlang von gepflasterten Wegen liegt Vancouvers beliebtestes Ausgehviertel: *Gastown* ist bekannt für seine zahlreichen gemütlichen Pubs und edlen Restaurants. Gerade an der *Water Street* tummeln sich die gastronomischen Angebote. Besonders empfehlenswert ist die *Steamworks Brewing Company* mit hausgebrautem Bier. Die zahlreichen kleine Boutiquen und Souvenirgeschäfte machen Gastown ebenfalls zu einem lohnenden Abstecher.

Überdies ist der Stadtteil für eines der Wahrzeichen der Stadt bekannt: die historische Dampfuhr aus den 1870er-Jahren, als der Stadtteil gegründet wurde. Pünktlich alle 15 Minuten spuckt die *Steam Clock* Rauch. Dieses Erlebnis – resultierend aus dem Anschluss der Dampfuhr an das Fernwärmenetz der Stadt – lässt sich kaum ein Tourist entgehen und gehört somit zu den beliebtesten Fotomotiven.

Der Name Gastown erinnert an *John „Gassy Jack" Deighton*, der 1867 hier das erste Lokal eröffnete. An ihn erinnert heute eine kleine Statue. Dank der Lage am Wasser entwickelte sich die kleine Siedlung schnell zu einem bedeutenden Handelsplatz. Heute zählt die Gegend, die in den 1970er-Jahren beinahe dem Bau einer Autobahn zum Opfer gefallen wäre, zu den *National Historic Sites of Canada*.

· *www.gastown.org*
· *www.steamworks.com*

74 Capilano Suspension Bridge – Grüne Oase

Zu den beliebtesten Ausflugszielen außerhalb der Innenstadt zählt die Hängebrücke über den Capilano River. Mehrere hunderttausend Besucher passieren alljährlich die 136 Meter lange, schaukelnde Brücke (*suspension bridge*), die sich in 70 Metern Höhe über den schmalen Fluss erstreckt. Die erste Überquerung – damals noch mit Seilen aus Hanf – wurde schon im Jahr 1889 in Betrieb genommen. Das aktuelle Bauwerk stammt aus dem Jahr 1956, als es innerhalb von fünf Tagen neu errichtet wurde.

Schon der Blick ins Grüne von der schaukelnden Brücke ist beeindruckend, auch wenn sich die Touristenmassen in einer schier nie endenden Schlange über die Brücke quälen. Doch die Hängebrücke bildet nur den Auftakt zu einem weit verzweigten Wegenetz durch den alten Regenwald. Weiterer Höhepunkt ist der 2004 eröffnete Baumwipfelpfad, der in 30 Metern Höhe einen ganz eigenen Blick in die Blüten und Kronen ermöglicht. Überdies wurde 2011 der sogenannte *Cliff Walk* errichtet: eine U-förmige Brücke mit Glasboden, freischwebend über dem Canyon – quasi eine kleine Ausgabe des bekannten *Skywalk* am Grand Canyon.

Trotz der Besuchermassen lohnt ein Abstecher zur *Capilano Suspension Bridge*. Leichter und schneller bekommt man keinen Eindruck von Kanadas Wäldern. Der Besuch lässt zudem gut mit einer Fahrt auf den Grouse Mountain (siehe Seite 122) verbinden.

· *www.capbridge.com*

75 Grouse Mountain

Vancouvers Hausberg lockt jährlich mehr als 1,3 Millionen Besucher auf rund 1200 Meter Höhe. Im Winter ein beliebtes Skigebiet, ist Grouse Mountain das übrige Jahr fest im Besitz von Wanderern. *Ziplining* und Helikopterflüge werden angeboten, in einem Gehege leben zwei Grizzlys. Von oben bietet sich ein schöner Blick auf die Region. Die Fahrt mit der Seilbahn dauert nur wenige Minuten.

· *www.grousemountain.com*

76 Downtown

In der Robson Street als Haupteinkaufsstraße sind alle populären Marken vertreten. Hier lässt sich die zweifelsohne schöne Stadt kaum mehr von anderen Innenstädten unterscheiden. In der Umgebung finden sich mehrere Museen wie die *Vancouver Art Gallery* und das Canadian Craft Museum sowie sehenswerte Gebäude wie das *Court House* (Justizpalast).

· *www.vanartgallery.bc.ca*

· *www.canadiancraftcentre.com*

77 Vancouver Aquarium

Belugawale, Seeotter und Delfine zählen zu den Stars des *Vancouver Aquarium*, schön gelegen im *Stanley Park*. Das Aquarium gilt als eines der größten in Nordamerika. Besonders beliebt – wenngleich stets umstritten – die zahlreichen die Tiervorführungen. Tipp: Besucher können bei speziellen Touren im Aquarium übernachten und erwachen morgens mit Blick auf farbenreiche Fische.

· *www.vanaqua.org*

78 Vancouver Lookout

Panoramablick über Bucht und Berge: Von der Aussichtsplattform in 169 Meter Höhe lässt sich kostengünstig „Vancouver von oben" genießen. Viele empfinden die Aussicht vom *Vancouver Lookout* schöner als vom Grouse Mountain. Im Drehrestaurant können Besucher während des Essens binnen 60 Minuten die Metropolregion aus allen Richtungen bewundern.

· *www.vancouverlookout.com*
· *www.topofvancouver.com*

79 English Bay

Rund um die English Bay bieten gleich mehrere Strände Urlaubsfeeling und romantische Sonnenuntergangs. Als besonders schön gilt der Second Beach als Teil des *Stanley Park*. Sehr beliebt bei den Einheimischen ist vor allem der Sunset Beach, der nur durch eine Straße von den Wohnvierteln getrennt ist. Auf der anderen Seite liegt der ebenfalls populäre *Kitsilano Beach Park*. Von der English Bay geht der False Creek ab.

80 Canada Place

Mit seiner markanten Dachkonstruktion in Segelform ist der *Canada Place* seit seiner Eröffnung zur Weltausstellung 1986 eines der Wahrzeichen Vancouvers. Das Gebäude beherbergt Ausstellungen zur Geschichte des Landes sowie die Multimedia-Vorführung „Fly Over Canada" als 4D-Kino. Zugleich ist *Canada Place* Ankerplatz für Kreuzfahrtschiffe.

· *www.canadaplace.ca*
· *www.flyovercanada.com*

Vancouver Island

Ob Buckelwal oder Orca, ob Grizzly oder Schwarzbär: Vancouver Island ist ein Paradies für Naturfreunde. Flora und Fauna zählen zum Besten, was Mutter Erde geschaffen hat. Neben der vielfältigen Tierwelt können sich Besucher auf eines der größten noch zusammenhängende Stücke Regenwald freuen, welches bis heute trotz aller Begehrlichkeiten der Holzindustrie erhalten ist. Der Pacific Rim National Park zählt zu den beliebtesten Parks des ganzen Landes. Auch Sportler – ob Surfer oder Kanuten – kommen hier voll auf ihre Kosten. Zudem laden neben der ohnehin sehenswerten Hauptstadt Victoria viele kleine Küstenorte zum Verweilen ein. Für viele ist Vancouver Island die schönste Insel Nordamerikas. Die gute touristische Infrastruktur mit Unterkünften jeder Qualität und Preislage sowie die zahlreichen örtlichen Tourveranstalter und die gute Anbindung an Vancouver als internationalen Verkehrsknotenpunkt trägt ebenso zum guten Image der 450 Kilometer langen Insel bei. Ein Urlaub nur auf Vancouver Island? Warum nicht?!

· *www.hellobc.de/vancouver-island*
· *www.vancouverislandnorth.ca*
· *www.bcferries.com*

Vancouver Island ist auch im Herbst ein beliebtes Ziel: zum Storm Watching an der Westküste.

81 Tofino – Kein Ort ist beliebter

Wer eine Reise nach Vancouver Island plant, wird sofort von Freunden und Bekannten überschwänglich auf Tofino hingewiesen. Der kleine – und mittlerweile de facto ehemalige – Fischerort gilt als schönster urbaner Flecken Erde auf Vancouver Island. Und die Vorschusslorbeeren sind wahrlich gerechtfertigt.

Schon der erste Eindruck ist bestechend und verspricht Entspannung pur: Eine Surferin balanciert ihr Board auf dem Fahrrad und radelt gemütlich aus dem Stadtkern zu einem der nahen Strände. Nächster Eindruck: die Galerie eines Künstlers mit herrlich verzierten Holzschnitzereien. Wer einen relaxten Platz zum Leben

sucht, wird hier fündig. So überrascht es nicht, dass Tofino auch als Aussteiger- oder Hippie-Ort gilt.

Die prächtige Lage des kleinen Städtchens trägt mindestens ebenso stark zum guten Ruf bei: Tofino thront auf einer schmalen Landzunge, auf drei Seiten von Wasser umgeben. Gerade abends fällt es schwer, sich für einen Platz zum Staunen zu entscheiden: Der Sonnenuntergang über dem Pazifik ist ebenso beeindruckend wie der hereinziehende Nebel im späten Licht über dem Clayoquot Sound.

Trotz der idyllischen Lage und noch immer heimeligen Atmosphäre sollten Reisende bedenken: Tofino zählt zu den absoluten Hotspots des Tourismus. Schließlich ist der Ort idealer Ausgangspunkt für Touren in die Natur. Regelmäßig starten Boote zur Walbeobachtung auf dem offenen Meer, während im Clayoquot Sound Besucher quasi eine Garantie haben, Schwarzbären zu sichten. Pünktlich zur Ebbe kommen sie ans Wasser und suchen nach Futter. Die Strände und Wanderwege im beliebten Pacific Rim National Park sind ebenfalls nur wenige Minuten entfernt. Überdies werden Ausflüge zu den natürlichen heißen Quellen an der *Hot Springs Cove* sowie Kanutouren angeboten. Auch Rundflüge im Wasserflugzeug können gebucht werden. Zahlreiche Restaurants und viele Unterkünfte machen Tofino zu einem perfekten Urlaubsziel. Wer die Natur genießen möchte, sollte mindestens zwei Nächte bleiben. Wichtig: Viele Ausflüge, vor allem zur Wal- und Schwarzbärenbeobachtung, werden nur von Mitte Mai bis Anfang Oktober angeboten. Und wer im Herbst kommt, kann an der Meeresseite heftige Stürme erleben – für manch einen Reisenden ist *storm watching* der ultimative Grund für einen Besuch in Tofino.

· *www.tourismtofino.com*
· *www.jamies.com*

82 Pacific Rim National Park – Unberührter Regenwald

Mächtige, bis zu 800 Jahre alte Bäume und der raue Küstenstreifen sind die Highlights des erst 1970 gegründeten Pacific Rim National Park. Bei der Frage nach dem schönsten Naturpark des Landes wird er regelmäßig in einem Atemzug mit den noch viel bekannteren Schutzgebieten Banff und Jasper National Park in den Rocky Mountains genannt.

Jährlich strömen rund 300.000 Gäste an den Park an der Westküste von Vancouver Island. Ihr Ziel ist zumeist der Parkabschnitt rund um Long Beach, zwischen den idyllischen Küstenorten Tofino im Norden und Ucluelet im Süden. Nur dieser schmale Abschnitt von gerade einmal rund 40 Kilometern ist einfach zu erkunden. Auf der Meeresseite lohnen Spaziergänge durch die Dünen und am Strand, dabei hat man die Surfer immer im Blick. Vielleicht lässt sich auch ein Wal erspähen – Grau- und Buckelwale ziehen regelmäßig an der Küste vorbei. Seehunde, Otter sowie Seelöwen sind hier in der Region ebenfalls heimisch. Wer Muscheln suchen will, wird zwischen Strandgut aller Art fündig.

Den Regenwald direkt an der Küste durchziehen zahlreiche Wanderwege. Als „Muss" gilt der kurze *Rain Forest Trail*: Der gerade einmal einen Kilometer lange Weg führt zu 800 Jahre alten Riesenlebensbäumen, umgeben von grünen Farnen. Die Regenmassen haben hier einen eindrucksvollen, blühenden Regenwald geschaffen – früher bedeckten die Hölzer sogar weite Teile der Insel. Zumindest hier im Nationalpark sind die Bäume mittlerweile vor dem Zugriff der Holzwirtschaft sicher. Am nahen Wickaninnish Beach findet sich überdies das sehenswerte Besucherzentrum *Kwisitis Visitor Centre*.

Long Beach ist indes nur einer von drei Parkabschnitten: *Der West Coast Trail* zählt zu den schönsten Trekkingtouren im Land. Er windet sich über 75 Kilometer durch Wälder und Sümpfe, immer entlang der eindrucksvollen Küste. Rund eine Woche sollten Wanderer einplanen, es gibt keine Infrastruktur. Ebenso schwer zu erreichen sind die Broken Group Islands vor der Küste: Einsame Buchten und unberührter Regenwald prägen die rund 100 Inseln, wo auch Campingstellen ausgewiesen sind. Die Mehrzahl der Besucher muss sich daher wohl mit dem 20 Kilometer langen Long Beach und den dahinterliegenden Wegen begnügen – sicherlich keine schlechte Wahl.

· *www.pc.gc.ca/eng/pn-np/bc/pacificrim/visit.aspx*

83 Victoria – Prächtige Hauptstadt

Stilvoll und mondän – *„very British“* – präsentiert sich die Hauptstadt der Provinz British Columbia: Victoria mit seinen rund 300.000 Einwohnern ist nicht nur die größte Stadt von Vancouver Island, sondern auch das Regierungszentrum der Provinz. Ihren Ursprung hatte die Stadt am südlichen Ende der Insel als Handelsposten der altehrwürdigen Handelsgesellschaft *Hudson's Bay Company*.

Mittelpunkt ist der *Inner Harbour*. Um den Hafen gruppieren sich zahlreiche denkmalgeschützte Gebäude wie das Parlamentsgebäude mit seinem faszinierenden Mix unterschiedlicher Baustile. Weiteres Wahrzeichen ist das *Fairmont Empress Hotel*. Eine schöne Promenade mit Geschäften und Restaurants lädt zum Flanieren ein. Ruhiger und eleganter als Vancouver gibt sich Victoria aber dennoch genauso weltstädtisch wie die weitaus größere Metropole. Auch in Sachen kulinarische Vielfalt muss sich die Provinzhauptstadt nicht verstecken.

Zu den wichtigsten Attraktionen zählen der *Thunderbird Park* mit einer imposanten Sammlung von Totempfählen sowie das *Royal British Columbia Museum* mit einer großen Ausstellung zur Geschichte der Region. Auch wenn die Stadt mit gepflegten Parkanlagen in Anlehnung ans Mutterland glänzt, sollten Besucher zusätzlich das Blumenparadies *Butchart Gardens* ansteuern.

· *www.tourismvictoria.com*
· *www.butchartgardens.com*

84 Ucluelet – Konkurrent für Tofino?

Die Westküste bietet neben Tofino gleich noch einen zweiten pittoresken Fischerort: Ucluelet liegt am südlichen Ende des Long Beach, dem beliebtesten Abschnitt des Pacific Rim National Park. So hat sich mittlerweile auch der Tourismus als wichtigste Einnahmequelle durchgesetzt, während früher die Menschen in Ucluelet vor allem vom Fischfang sowie der Holzwirtschaft lebten.

Wie in Tofino können Urlauber unter einer Vielzahl von Touren zur Wal- und Schwarzbärenbeobachtung auswählen. Auch Wassersport und Angeltrips sind möglich. Ebenso groß ist die Bandbreite an Restaurants und Unterkünften. Doch während Tofino mit dem *Wickaninnish Inn* glänzt, einer der besten Unterkünfte in ganz Kanada, können Urlauber hier in der *Canadian Princess Lodge* in liebevoll restaurierten Unterkünften übernachten. Ucluelet ist überdies der beste Ausgangspunkt für Bootstouren zu den Inseln der Broken Group Islands. Angesichts seiner geschützten Lage nannten die First Nations den Ort übersetzt „Sicherer Hafen" – davon leitete sich schließlich die heutige Schreibweise ab. Der Leuchtturm als Wahrzeichen erinnert bis heute an das einstige Treiben der Fischer.

· *www.ucluelet.ca*

85 Campbell River

Die Stadt an der Ostküste ist als „Hauptstadt der Lachse" bekannt: Millionen von Lachse durchziehen alljährlich die *Discovery Passage* auf dem Weg zurück in die Flüsse – zum Laichen an ihrer Geburtsstätte. Vom Hafen aus starten ganzjährig geführte Bootstouren. Nicht selten werden bis zu 14 Kilogramm schwere Lachse aus dem Wasser gezogen. Höhepunkt ist das *Salmon Festival* im Juli.

· *www.campbellrivertourism.com*

86 Telegraph Cove

Während die Westküste Heimat der Schwarzbären ist, ist der Ostküsten-Ort Telegraph Cove Ausgangspunkt für Ausflüge zu Grizzlys. Eine große Population lebt im Knights Inlet im Great Bear Forest. Auf ganztägigen Bootstouren bestehen gute Chancen, Grizzlys vom Boot oder speziellen Plattformen zu beobachten. Oftmals werden auch Orcas gesichtet.

· *www.telegraphcove.ca*
· *www.grizzlycanada.com*

87 Nanaimo

Die zweitgrößte Stadt auf Vancouver Island ist Reisenden vor allem als Fährhafen bekannt. Die Fischrestaurants am Hafen von Nanaimo lohnen einen Stopp. Vom *Nanaimo District Museum* bietet sich ein schöner Blick über den Hafen und die Inseln. Ende Juli findet alljährlich das skurrile Wettrennen mit motorisierten Badewannen (*Bathtub Race*) statt.

· *www.nanaimo.ca*
· *www.bathtubbing.com*

88 Port Hardy

Der nördlichste Ort von Vancouver Island ist vor allem als Ausgangspunkt für die Inside Passage berühmt: Hier legen die Fähren von *BC Ferries* für die legendäre Passage nach Prince Rupert ab. Das nahe Kap San Josef Bay ist ein Wildlife-Paradies. An Land sind Schwarzbären, Pumas und Elche unterwegs, im Pazifik wiederum Wale, Delfine und Lachsschwärme.

· *www.porthardy.travel*
· *www.bcferries.com*

89 Strathcona Provincial Park

Eine reizvolle Gebirgslandschaft mit dem höchsten Berg von Vancouver Island, dem 2200 Meter hohen Golden Hinde, umfasst der Strathcona Provincial Park. Weiteres Highlight: die 440 Meter hohen Della Falls. Der Park lässt sich gut mit dem Boot erkunden. Gut zu wissen: Das Schutzgebiet ist bislang nicht so überfüllt wie andere Parks.

· *www.env.gov.bc.ca/bcparks/explore/parkpgs/strath*

90 Quadra Island

Einen Einblick in die Kultur der First Nations bekommen Reisende auf Quadra Island. Die Überfahrt ab Campbell River dauert nur wenige Minuten. Quasi zum Pflichtprogramm gehört ein Besuch im *Nuyumbalees Cultural Centre* mit historischen Masken und Totempfählen. In der Nähe des Leuchtturms von Cape Mudge finden sich Felszeichnungen. Unterkünfte und Ausflüge sind buchbar.

· *www.quadraisland.ca*

Alberta

Hier wird das Klischee von Kanada perfekt. Mit funkelnden Seen sowie den hohen Gipfeln und weiten Gletschern der Rocky Mountains – Braunbären und Elche am Straßenrand nicht zu vergessen – bietet die Provinz Alberta kanadische Landschaft wie im Bilderbuch. Doch eines der beliebtesten Ziele der Deutschen bietet neben der Bergkulisse, der Traumstraße *Icefields Parkway* und scheinbar nicht enden wollender Prärie weit mehr. So wurden im Dinosaur Provincial Park so viele Dinosaurier-Skelette gefunden wie an keinem anderen Ort der Welt, während *Head-Smashed-In Buffalo Jump* einer der besterhaltenen Jagdplätze der Indianer in ganz Nordamerika ist. Der Elk Island National Park gilt als das Schutzgebiet mit der landesweit höchsten Dichte an Tieren.

Angesichts der großen Vielfalt in der 3,7 Millionen Einwohner zählenden Provinz werden die besten Attraktionen in drei Kapiteln vorgestellt: Calgary als größte Stadt, der *Icefields Parkway* mit den Topzielen Banff und Jasper National Park sowie das übrige Alberta.

www.travelalberta.com/de

Alberta mit seinen vielfältigen Landschaften ist das ideale Ziel für einen Roadtrip.

91 Waterton Lakes National Park – Unbekannte Schönheit

Manch ein Besucher dieses Schutzgebietes macht nach einem ersten Besuch einen Umweg um den so populären *Icefields Parkway*: Die Rocky Mountains wirken im Waterton Lakes National Park teils noch imposanter als beispielsweise im Banff oder Jasper National Park. Und vor allem besuchen deutlich weniger Besucher den Park im Süden von Alberta. Gerade mal ein Siebtel an Gästen wird hier gezählt. Weiterer Pluspunkt: Eine Tour in den Waterton Lakes National Park, drei Stunden Fahrzeit von Calgary entfernt, lässt sich gut mit dem direkt angrenzenden Glacier National Park in den USA verbinden. Wer nicht viel Zeit hat, kann beide Parks durchaus an einem Tag auf einer langen Sightseeing-Fahrt auf Panorama-

straßen erster Güte erkunden. Mehr Zeit braucht, wer zumindest einige der insgesamt 200 Kilometer Wanderwege allein auf kanadischer Seite erleben möchte.

Zu den beliebtesten Stopps im Park zählt der Abstecher in den Red Rock Canyon, in den eine 16 Kilometer lange *Scenic*-Route führt. Gerade bei Sonnenschein erstrahlt das eisenhaltige Gestein in den unterschiedlichsten Rottönen. Wer die Schlucht besucht, hat zugleich gute Chancen auf eindrucksvolle Tierbeobachtungen schon vom Auto aus. Von Dickhornschafen bis Braunbären und Elchen ist die ganze Bandbreite von Kanadas Tierreichtum vertreten. Darüber hinaus lässt sich der Red Rock Canyon auf zahlreichen Wegen erkunden, beispielsweise auf dem rund zwei Kilometern langen Spazierweg zu den Blakiston Falls.

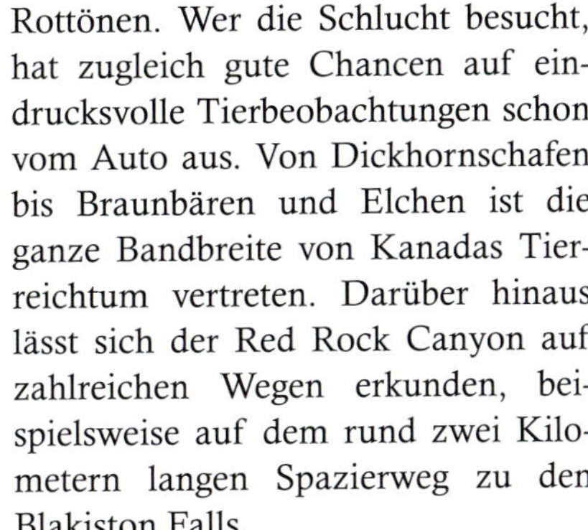

Den touristischen Mittelpunkt des Parks bildet der Upper Waterton Lake mit dem angrenzenden kleinen Örtchen Waterton. Im Sommer werden rund um den tiefsten See der Rocky Mountains zahlreiche Aktivitäten geboten. Tagestouren mit dem Schiff führen auch über die Grenze zu den USA – der See verbindet die beiden Nationalparks dies- und jenseits der Grenze. Ob Schiff oder Auto – den Reisepass sollten Besucher hier immer dabei haben. Rund um Waterton finden sich zudem mehrere Hotels, darunter das 1927 errichtete *Prince of Wales Hotel*. Die luxuriöse Herberge entstand nach Schweizer Vorbild malerisch auf eine Anhöhe mit Traumblick auf den See. Nicht nur auf Wanderungen, sondern auch vom Kanu aus lässt der Nationalpark gut erleben. Neben festen Unterkünften stehen zahlreiche Campingplätze zur Verfügung.

- *www.pc.gc.ca/en/pn-np/ab/waterton*
- *www.glacierparkcollection.com/lodging/prince-of-wales-hotel*

92 Dinosaur Provincial Park – Zu Gast bei Dinos

Freunde von *Jurassic Park* und versteinerten Riesenechsen kommen hier voll auf ihre Kosten: Im Dinosaur Provincial Park wurden mehr als 150 vollständig erhaltene Dinosaurier-Skelette von mehr als 50 verschiedenen Arten entdeckt. Die UNESCO-Welterbestätte, 250 Kilometer östlich von Calgary, gilt damit als größter prähistorischer Fundort der Erde. Rund fünf Prozent aller Dinosaurier-Skelette wurden hier ausgegraben – und Wissenschaftler gehen noch von vielen weiteren Funden aus. Den Archäologen können Besucher zuweilen auch über die Schulter schauen.

Die Region rund um den Park und den bekannten Ort Drumheller (siehe auch Badlands, Seite 140) war vor rund 75 Millionen Jahren ein subtropisches Paradies mit einem warmen Inlandsmeer, Krokodilen und dichtem Buschland. Zahlreiche Dinosaurier fanden hier zum Ende der Kreidezeit perfekte Lebensbedingungen. Heute erinnern die Dinosaurier-Spuren – das erste Skelett wurde 1889 ausgegraben – und weitere 450 Fossilien-Funde an die Zeit, als die heutige Provinz Alberta noch nicht von den Rocky Mountains geprägt war.

Die Entdeckungen werden heute weltweit in Museen ausgestellt. Auch das *Royal Tyrrell Museum of Palaeontology* im rund 200 Kilometer entfernten, nördlicher liegenden Drumheller zeigt einige Fundstücke.

Im 80 Quadratkilometer großen Provinzpark informiert ein großes Besucherzentrum als Ableger des Museums in Drumheller ebenfalls über die spannende Geschichte der Region. Auf geführten Touren mit Längen zwischen einer Stunde und mehreren Tagen erläutern Ranger das reiche Erbe der Natur, das den Park

zur wohl ergiebigsten Fundstätte für Dinosaurier-Fossilien gemacht hat.

Mehrere Spazierwege führen durch den Park, Schautafeln geben unterwegs Auskunft zu Flora und Fauna. Der Red Deer River ist heute ein beliebtes Wassersportrevier. Einst höhlte Schmelzwasser im Fluss das weite Tal aus. Der Park ist auch dank guter Campingplätze ein beliebtes Ziel. Auf der Fahrt in den Park lohnt überdies ein Besuch im gut 100 Kilometer entfernten *Blackfoot Crossing Historical Park and Interpretive Centre* zur Vergangenheit der indigenen Bevölkerung.

- *www.albertaparks.ca/parks/south/dinosaur-pp*
- *www.tyrrellmuseum.com*
- *www.blackfootcrossing.ca*

93 Badlands – Eigenwillige Felsformationen

Dinosaurier prägen neben dem Dinosaur Provincial Park (siehe Seite 138) auch die Badlands rund um die 1910 gegründete Kleinstadt Dumheller. Zusätzlich zu den ersten prähistorischen Funden lockten Kohlevorkommen die Siedler in die Region mit ihrer bizarren Landschaft östlich der Metropole Calgary. Drumheller als selbsternannte Dinosaurier-Hauptstadt punktet vor allem mit den faszinierenden Dino- und Fossilien-Ausstellungen im *Royal Tyrrell Museum of Palaeontology*.

Zugleich ist der Ort idealer Ausgangspunkt für eine Fahrt auf dem *Dinosaur Trail*. Besucher bestaunen hier inmitten von steilen Hügeln ungezählte *Hoodoos*, säulenartige Gesteinsgebilde wie man sie beispielsweise auch im US-amerikanischen Bryce Canyon findet. Viele dieser bizarren, rotweißen Felsformationen liegen direkt am Straßenrand. Zudem ist auch diese Region berühmt für ihre Dinosaurier-Funde, wie der Name schon verrät. Ein schöner Abstecher führt zum Horsethief Canyon: Von hier aus lässt sich ein atemberaubender Blick auf ein weites Tal mit rot- und gelbgestreiften Gesteinsschichten erleben. Der Name rührt von Schmuggelaktivitäten in früherer Zeit.

Ebenfalls einen Ausflug lohnt eine Fahrt entlang des *Hoodoo Trail*. Auch hier prägen die seltsam wirkenden, etwa fünf bis sieben Meter hohen Steinformationen die Landschaft, die von den Indianern einst für versteinerte Riesen gehalten wurden. Geformt von Wind und Erosion ist diese Landschaft vom Verfall bedroht – ebenfalls von Wind und Wasser.

- *www.canadianbadlands.com*
- *www.travelalberta.com/ca/places-to-go/road-trips/canadian-badlands*
- *traveldrumheller.com*

94 Canmore & Kananaskis – Tor zu den Rockys

Als Austragungsort für Biathlon- und Skilanglauf-Wettkämpfe ist die Kleinstadt Canmore und das Kananaskis Valley seit den Olympischen Winterspielen von 1988 in Calgary weltbekannt. Auch heute sind internationale Sportler regelmäßig hier zu Gast. Für Urlauber ist die Region zwischen Calgary und Banff meist nur Durchgangsstation – völlig zu Unrecht.

Canmore selbst bietet eine gute touristische Infrastruktur und ist dank günstiger Übernachtungspreise eine lohnende Alternative zum teuren Banff. Zudem ist die frühere Bergbausiedlung Ausgangspunkt für Touren zum schönen Spray Lake im gleichnamigen Spray Valley Provincial Park. Die Berge hier, vor allem die Formation der *Three Sisters*, muss den Vergleich mit dem Banff National Park nicht scheuen. Zudem findet sich hier mit der *Mount Engadine Lodge* eine der legendärsten Unterkünfte des Landes.

Das ebenfalls sehenswerte Kananaskis Valley mit mehreren Schutzgebieten wie beispielsweise dem Peter Lougheed Provincial Park wurde in den 1970er-Jahren umfassend touristisch erschlossen. Dazu zählen etwa ein 36-Loch-Golfplatz und das *Stoney Nakoda Resort* samt Casino. Im Winter ist das Tal ein ideales Revier für Langläufer, im Sommer für Wanderungen mit guten Chancen für Tierbeobachtungen.

- *www.tourismcanmore.com*
- *www.albertaparks.ca/parks/kananaskis/spray-valley-pp*
- *www.mountengadine.com*
- *www.albertaparks.ca/parks/kananaskis/peter-lougheed-pp*
- *www.stoneynakodaresort.com*

95 Head-Smashed-In Buffalo Jump

Die UNESCO-Weltkulturerbe-Stätte zählt zu den besterhaltenen traditionellen Plätzen, die an die Kultur der indigenen Bevölkerung erinnert (siehe auch „First Nations“, Seite 314). Hier am *Head-Smashed-In Buffalo Jump* wurden Büffel in die Tiefe getrieben und anschließend geschlachtet. Ein Besucherzentrum informiert ausführlich über den Jagdplatz, der schon vor 6000 Jahren genutzt wurde.

· *history.alberta.ca/headsmashedin*

96 Writing-on-Stone Provincial Park

Dank seiner zahlreichen Felsmalereien und Schnitzereien zählt der Writing-on-Stone Provincial Park zu den wichtigsten historischen Stätten des Landes. Mehr als 50 Fundstätten, zum Teil rund mehrere tausend Jahre alt, sind bis heute erhalten. Im Sommer werden geführte Touren angeboten. Zudem umfasst der Park das letzte Stück unberührte Prärie Albertas.

· *www.albertaparks.ca/parks/south/writing-on-stone-pp*

97 Edmonton

Die Hauptstadt ist für ihre *Shopping Mall* bekannt geworden. Die Gründung wiederum verdankt Edmonton dem Handel während der Pionierzeit. Bis heute ist die Stadt nicht nur Verwaltungszentrum, sondern auch wirtschaftliche Macht. Einen Besuch der *Art Gallery of Alberta* und des *Royal Alberta Museum* lohnen. Zwischen teils wenig schöner Betonarchitektur laden Grünflächen zum Verweilen ein.

· *exploreedmonton.com*

98 Ukrainian Cultural Heritage Village

An die Geschichte der Einwanderer aus der Ukraine erinnert das Freilichtmuseum *Ukrainian Cultural Heritage Village*. Sie besiedelten zwischen 1892 und 1930 das zentrale Alberta. Obwohl die Auswanderer auch andere Regionen Kanadas ansteuerten, war die Region rund um Edmonton ihr bevorzugtes Ziel. Schauspieler machen die damalige Zeit wieder lebendig.

· *www.history.alberta.ca/ukrainianvillage*

99 Elk Island National Park

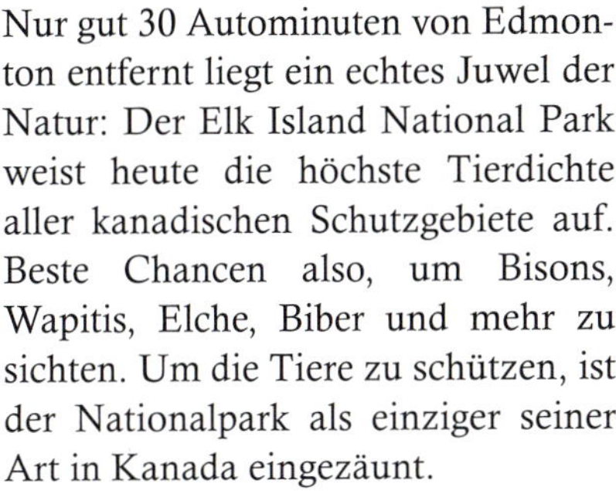

Nur gut 30 Autominuten von Edmonton entfernt liegt ein echtes Juwel der Natur: Der Elk Island National Park weist heute die höchste Tierdichte aller kanadischen Schutzgebiete auf. Beste Chancen also, um Bisons, Wapitis, Elche, Biber und mehr zu sichten. Um die Tiere zu schützen, ist der Nationalpark als einziger seiner Art in Kanada eingezäunt.

· *www.pc.gc.ca/en/pn-np/ab/elkisland*

100 Bar U Ranch National Historic Site

Inmitten schönster Landschaft mit Blick auf schneebedeckte Gipfel entführt die 1881 gebaute *Bar U Ranch* ihre Besucher in die glorreiche Zeit der Cowboys. Das interessante Museum mit schönem Souvenirshop ist auf dem Gelände einer der größten Farmen angesiedelt. Ein überdimensionierter Cowboy weist von Weitem, den Weg. Der Western-Film *Open Range* wurde in der Nähe gedreht.

· *pc.gc.ca/en/lhn-nhs/ab/baru*

Calgary

Millionenstadt am Rande der Rocky Mountains: Calgary ist das Ausgangstor zu den berühmten Berggipfeln und Seen sowie der Panoramastraße *Icefields Parkway* entlang der Gletscher. Attraktionen wie den Lake Louise können Einheimische wie Besucher der Metropole sogar als Tagesausflug erkunden. Zusammen mit der prosperierenden Wirtschaft macht das hohe Freizeitangebot Calgary zu einer der beliebtesten Städte Albertas.

Während das Zentrum von einer stetig steigenden Zahl von Hochhäusern und Einkaufszentren dominiert wird, versprühen die Parks und Wege am Bow River Idylle pur. Alljährlich im Juli gilt in der gesamten Stadt quasi der Ausnahmezustand: Dann findet mit der *Calgary Stampede* das weltweit größte Western- und Rodeo-Festival statt und erinnert an die raue Zeit der Entdeckung.

· *www.visitcalgary.com*

Der Bow River schlängelt sich quer durch das dynamische Calgary.

101 Calgary Stampede – Wild Wild West

Es ist wohl so etwas wie die fünfte Jahreszeit in Albertas größter Stadt. Alljährlich im Juli verwandelt sich Calgary für zehn Tage in eine Westernstadt des 21. Jahrhunderts, wenn mit der *Calgary Stampede* das angeblich weltgrößte Rodeo steigt. Das seit 1912 stattfindende Festival bezeichnet sich selbst gern als die „Greatest Outdoor Show on Earth" und lockt pro Jahr rund 1,5 Millionen Besucher an – inklusive einiger demonstrierender Tierschützer.

Im Mittelpunkt der großen Westernschau stehen sechs verschiedene Rodeo-Wettbewerbe, die jeweils tagsüber stattfinden. Die Sieger in

den einzelnen Disziplinen erhalten jeweils 100.000 Dollar, dem Gesamtsieger der gefährlichen und umstrittenen Wettkämpfe winken sogar eine Million Dollar. Damit ist die *Calgary Stampede* die höchstdotierte Veranstaltung ihrer Art weltweit.

Viele Besucher zieht es aber gar nicht mehr wegen der Rodeos auf das große Festgelände, einige Auto-Minuten

von der Innenstadt entfernt. Sie freuen sich vielmehr auf die abendlichen Wettfahrten der Planwagen, die sogenannten *Chuckwagon Races*. Die Gespanne werden jeweils von vier Pferden gezogen, pro Rennen treten vier *Chuckwagons* an. Den Abend beschließt eine große Unterhaltungsshow, die aber nicht nur die kanadische Kultur präsentiert. Gäste der nicht ganz billigen Show wundern sich zuweilen über die Darbietungen russischer und asiatischer Künstler – zwar auf höchstem Niveau, aber bei Weitem nicht landestypisch. Kurz vor Mitternacht verzaubert an manchen Tagen noch ein Feuerwerk den nächtlichen Himmel und sorgt für einen krönenden Abschluss.

Die Rodeos und *Chuckwagon Races* werden ergänzt durch viele weitere Veranstaltungen wie Auftritte lokaler Künstler. Fahrgeschäfte wie auf dem Jahrmarkt sowie zahlreiche Imbissbuden und weitere gastronomische Angebote sind ebenso vertreten. Doch allem Kommerz zum Trotz ist bis heute zusätzlich eine große landwirtschaftliche Schau Teil der *Calgary Stampede*.

Auch die Stadt selbst ist geprägt vom Festival, wenn Manager im Westernstyle ins Büro gehen. Wichtig zu wissen: Anlässlich der Stampede steigen die Hotelpreise regelmäßig deutlich. Unterkünfte und Eintrittskarten sollten daher frühzeitig reserviert werden.

· *www.calgarystampede.com*

102 Calgary Tower – Blick in die Berge

Wow-Effekte garantiert: Selbst die schneebedeckten Gipfel der Rocky Mountains können Besucher des *Calgary Tower* bei guter Sicht bewundern. Gen Westen reicht der Blickt über die Ausläufer der Stadt und den *Canada Olympic Park* (siehe Seite 152) bis zur berühmten Bergwelt – sicherlich die Top-Attraktion der Provinz Alberta. Ein Abstecher zur Aussichtsplattform in 191 Metern Höhe ist wohl der beste Start (oder Abschluss) einer Rundreise.

Doch auch in die anderen Himmelsrichtungen lohnt der Blick: Wer nach dem Blick in die Berge im Uhrzeigersinn weiter geht, erspäht als Nächstes die Wolkenkratzer von Downtown Calgary. Von hier wirkt es mit etwas Fantasie zuweilen fast so, als ob man mit ausgetreckter Hand die Hochhäuser berühren könnte. Auch Chinatown und die *Olympic Plaza*, wo 1988 die Sieger mit ihren olympischen Medaillen ausgezeichnet und von zehntausenden Fans gefeiert wurden, sind von hier gut zu erkennen. Im Hintergrund wiederum liegen der sich durch die ganze Stadt schlängelnde Bow River, der Zoo (siehe Seite 152) und der Flughafen, ehe die Weiten der Prärie beginnen. Mehr Richtung Osten und gefühlt direkt unter der Aussichtsplattform findet sich das *Glenbow Museum*, einer der wichtigsten kulturellen Anziehungspunkte Calgarys (siehe Seite 144). Am Ende eines kleinen Rundgangs schließlich, die Attraktion der Stadt schlechthin: der *Scotiabank Saddledome*, Schauplatz großer Konzerte und Ausstellungen sowie Mittelpunkt des Western-Festivals *Stampede* (siehe Seite 146). Wer schwindelfrei ist, kann auf einer kleinen Platform mit einem Boden aus Glas direkt 191 Meter nach unten schauen – auf die Straßenkreuzung 9th Avenue SW und Centre Street North.

Neben der Aussichtsplattform können Besucher das Panorama mit einem kulinarischen Genuss verbinden: Auf 155 Metern Höhe liegt das Restaurant *Sky360*, das täglich für Lunch und Dinner geöffnet ist. Innerhalb von 45 Minuten dreht sich die Plattform um die eigene Achse – Aussicht und typische kanadische Küche lassen sich hier kombinieren. Tipp: Ab einem gewissen Mindestverzehr ist der Zugang zur Aussichtsplattform kostenlos.

Der *Calgary Tower* wurde im Sommer 1968 nach nur 16 Monaten Bauzeit eröffnet. Die Kosten betrugen seinerzeit 3,5 Millionen CAD. 1971 erhielt er seinen heutigen Namen, nachdem er zuvor als Husky Tower errichtet wurde. Am Fuße des Turms ist übrigens auch das *Calgary Tourist Information Centre* zu finden.

· *www.calgarytower.com*
· *www.sky360.ca*

103 Heritage Park – Wie in alten Zeiten

Ob eine Original-Drogerie aus Saskatchewan oder ein alter Schaufelraddampfer: Das Ambiente früherer Tage erleben Reisende im *Heritage Park Historical Village*, dem größten Freilichtmuseum des Landes. Mehr als 180 Attraktionen lassen die Zeit zwischen 1860 und 1950 wieder lebendig werden.

Das Museum bietet mit seinen vier Bereichen einen guten Überblick über das Leben der Pioniere und der Siedler vergangener Zeiten. Schauspieler in historischen Kostümen veranschaulichen ihren Alltag und machen das Areal zu einem „lebenden Museum". Zahlreiche Gebäude, darunter ein Ranch-Haus aus Alberta, ein Fort der legendären *Hudson's Bay Compay* und ein Automuseum, wurden ebenfalls hierher verlagert und wieder aufgebaut oder sogar neu errichtet. Insgesamt umfasst die Sammlung mehrere tausend Exponate aus dem alltäglichen Leben der frühen Kanadier – zusammengetragen im ganzen Land.

Das *Heritage Park Historical Village* ist ganzjährig geöffnet und liegt nur wenige Minuten außerhalb von Calgarys Stadtzentrum. Vom Museum aus sind die Rocky Mountains gut zu erkennen.

· *www.heritagepark.ca*

104 Downtown – Wolkenkratzer

Die Innenstadt spiegelt das dynamische Wachstum Calgarys wider. Hier reiht sich Hochhaus an Einkaufszentrum an Hotel. Zwischen den Stahl- und Glasbauten erinnern zum Glück noch vereinzelt historische Gebäude, typischerweise errichtet aus Sandstein, an die vermeintlich gute alte Zeit – und sorgt für etwas Flair in Downtown Calgary. Ansonsten dominieren hier die Büros der boomenden Öl- und Rohstoffbranche.

Eine Sightseeingtour beginnt idealerweise an der *Stephen Avenue Mall* – die Fußgängerzone zählt zu lebhaftesten Plätzen in der Innenstadt und ist auch für die Einheimischen ein beliebter Treffpunkt. Inmitten der zahlreichen Geschäfte lohnt – gerade bei schlechtem Wetter – ein Besuch des *Devonian Garden*, einer Art Botanischer Garten unter dem Glasdach des *Core Shopping Centre*. Wer olympisches Flair spüren möchte, sollte die *Olympic Plaza* ansteuern. Hier erhielten 1988 die Sportler der Olympischen Winterspiele ihre Medaillen.

Gut zu wissen: Verglaste und überdachte Fußgängerbrücken des sogenannten *Plus 15 Skywalk* verbinden zahlreiche Gebäude in der Innenstadt. Also auch bei Regen oder im kalten Winter lässt es sich gemütlich flanieren. Zudem kann in Downtown die Straßenbahn kostenlos genutzt werden.

· *www.calgarydowntown.com*

105 Fort Calgary Historic Park

Am Zusammenfluss von Bow River und Elbow River erinnert heute der *Fort Calgary Historic Park* an die Ursprünge der Millionenstadt. Hier stand einst einer der ersten Polizeiposten. Nachgebaute Blockkütten und Inventar aus früherer Zeit geben einen Einblick ins damalige Leben in der Stadt. Im Wohnhaus des ehemaligen Kommandeurs werden Lunch und Dinner serviert.

· *www.fortcalgary.com*

106 Calgary Zoo

Idyllisch und zentral am Ufer des Bow River ist der *Calgary Zoo* angesiedelt. Zu den beliebtesten Bewohnern unter den hier lebenden Tiere zählen natürlich die Vertreter aus Kanadas Wildlife: Schwarzbären, Grizzlys und Karibus wecken Sehnsucht, sie in unberührter Natur statt im umzäunten Gehege zu beobachten. Tiger, Pinguine, Pandas und Flusspferde sind ebenfalls anzutreffen.

· *www.calgaryzoo.com*

107 Canada Olympic Park

Sich einmal wie ein olympischer Wintersportler fühlen? Dann ab in den Bob. Im *Canada Olympic Park* fanden 1988 die Wettkämpfe der Bobfahrer, Ski-Springer und Rodler statt – und heute ist die Bobbahn für jedermann (zusammen mit einem erfahrenen Piloten) geöffnet. Im Sommer locken weitere adrenalinreiche Aktivitäten wie *Ziplining*, im Winter beispielsweise die öffentliche Rodelbahn.

· *www.winsport.ca*

108 Glenbow Museum

Einen hervorragenden Überblick über die Geschichte der Region vermittelt das *Glenbow Museum*, direkt in der Innenstadt gelegen. Experten loben vor allem die Sammlungen und Exponate zu den First Nations. Bisons und Pelzjäger, erfolgreiche Geschäftsmänner aus der Ölindustrie und stolze Vertreter der indigenen Bevölkerung – Besucher erfahren hier viel über die Besiedlung von Südalberta.

· *www.glenbow.org*

109 Prince's Island Park

Unter den zahlreichen Grünanlagen in der Metropole ist der *Princes Island Park* die beliebteste Erholungsoase. Auf der Insel im Bow River finden nicht nur die Feierlichkeiten zum *Canada Day,* sondern viele weitere Veranstaltungen statt, bis hin zu Shakespeare-Stücken. In der Nähe liegt der *Eau Claire Market* mit trendigen Geschäften und Restaurants (zwischen Downtown und Bow River).

· *www.eauclairemarket.com*

110 Chinatown

Nur wenige Minuten von der zentralen Fußgängerzone *Stephen Avenue Mall* entfernt ist Kanadas größtes chinesisches Kulturzentrum anzutreffen. Mehr als 500 bunte Drachen und andere Abbildungen zieren den 21 Meter hohen Bau. Mit dem *Chinese Cultural Centre* verfügt die chinesische Gemeinde seit 1993 über ein echtes Wahrzeichen. Als Vorbild diente der „Tempel des Himmels“ in Peking.

· *www. culturalcentre.ca*

Traumstraße durch die Rocky Mountains: Icefields Parkway

Icefields Parkway

Traumstraße der Superlative: Zahlreiche Gletscher, Gipfel und Berge säumen den *Icefields Parkway*. Die 232 Kilometer lange Panoramastraße – gern auch als „Promenade der Gletscher" gewürdigt – zählt zu den schönsten *Scenic Routes* der Welt. Sie führt als Teil des Highway 93 vom Jasper National Park im Norden Alberts quer durch das Herz der Rocky Mountains durch weite Täler und vorbei an ungezählten Fotostopps für die mächtigen Gipfel bis zum Lake Louise, dem beliebtesten Ziel im Banff National Park. Ganzjährig zählt die fantastische Berglandschaft mit regelmäßigen Besuchen von Braunbären sowie Wanderwegen von zehn Minuten bis acht Stunden zu den populärsten Zielen aller Kanada-Reisenden. Sicherlich, die Panoramastraße lässt sich problemlos an einem Tag abfahren. Wer die zahlreichen Attraktion hingegen mit Muße genießen möchte, plant idealerweise eher eine ganze Woche ein. Und statt dem *Trans-Canada Highway* zwischen Banff und Lake Louise zu nehmen, sollten Reisende der etwas langsameren *Bow Vally Road* folgen: Hier bestehen gute Chance, kanadisches Wildlife zu beobachten.

Hinweis: Da die meisten Reisenden bei einer Tour über den *Icefields Parkway* auch die Kleinstadt Banff als Gateway für den gleichnamigen Nationalpark besuchen, ist diese Region ebenso Inhalt dieses Abschnittes. Auf den folgenden Seiten werden die schönsten Orte rund um die viel besuchte Ferienregion vorgestellt. Überdies sind Banff und Jasper National Park im Kapitel „Nationalparks" (siehe Seite 26) portraitiert, der *Icefields Parkway* mit praktischen Tipps und mehr, zusätzlich im Kapitel „Traumstraßen" (siehe Seite 304). Wer im Winter dem Ruf der Berge folgen will, findet weitere Informationen im Kapitel „Winter" (siehe Seite 352).

· *www.travelalberta.com/de/places-to-go/road-trips/icefields-parkway*
· *www.pc.gc.ca/en/pn-np/ab/banff/visit/les10-top10*
· *pc.gc.ca/en/pn-np/ab/banff*
· *pc.gc.ca/en/pn-np/ab/jasper*

111 Moraine Lake – Gletschersee wie aus dem Bilderbuch

Kein See funkelt majestätischer, nirgends verzaubern die Berge so sehr: Der Moraine Lake gilt als schönster See der Rocky Mountains und wurde zum schönsten Ort Kanadas (zusammen mit Vancouver) gewählt. Ob zu Fuß oder per Kanu – diese Idylle sollte sich niemand entgehen lassen. Der gerade einmal 50 Hektar große Moraine Lake ist quasi so etwas wie die „schöne Schwester" des viel frequentierten Lake Louise, der keine Autostunde entfernt liegt.

Fotogen strahlt der Bergsee in den herrlichsten Türkisfarben, je nach Sonneneinstrahlung verändert sich seine Tönung. Seine milchige Farbe verdankt er dem Gletschersediment der umliegenden Eisflächen. Der von

einem gewaltigen Felssturz aufgestaute Moraine Lake liegt inmitten des Valley of the Ten Peaks mit seinen schneebedeckten Gipfeln.

Das sehenswerte Tal ist von zahlreichen Wanderwegen durchzogen. Den schönsten Blick auf den Moraine Lake und die umliegenden 3000er-Gipfel genießen Besucher vom *Top of the Rockpile*, einer kleine Moräne am Ende des 300 Meter langen *Rockpile Trail*. Diese Aussicht gilt als eines der meistfotografierten Motive des Lands, es glänzte zwischen 1969 und 1979 sogar auf dem kanadischem 20 Dollar-Schein. Zu den schönsten Touren am See überdies zählt ein rund einstündiger Spaziergang am Ufer. Wer fit genug ist, sollte die fünfstündige Wanderung hoch zum Sentinel Pass angehen. Der beschwerliche Anstieg wird mit einem der besten Panoramablicke rund um den *Icefields Parkway* belohnt.

Ein echtes Erlebnis ist eine Kanutour über den auf 1884 Meter hoch gelegenen Moraine Lake. Boote vermietet die luxuriöse *Moraine Lake Lodge* (auch mit Restaurant). Reservierungen für das nicht ganz preiswerte Vergnügen sind nicht möglich.

Gut zu wissen: Am Bergsee stehen nur wenige Parkplätze zur Verfügung, so dass sich gerade im Hochsommer schnell lange Staus bilden. Besucher sollten idealerweise schon vor 9 Uhr morgens auf der rund 13 Kilometer langen Stichstraße unterwegs sein. Auch zum Sonnenaufgang ist der Moraine Lake ein lohnendes Ziel. Selbst wenn erst Nebel herrscht, bildet sich oft eine mystische Stimmung. Im Frühjahr kann der schöne Bergsee noch zugefroren und von Schnee umgeben sein, während der nahe und tiefer gelegene Lake Louise bereits eisfrei ist.

- *www.banfflakelouise.com/moraine-lake*
- *morainelake.com*

112 Maligne Lake – Auf zur Postkarteninsel

Eines der Symbole für die Rocky Mountains und Ziel der beliebten Bootsfahrten auf dem Maligne Lake: die kleine Insel Spirit Island. Während der nur wenige Minuten lange Fotostopp an der gerade einmal 120 Meter langen und 135 Meter breiten Insel eher touristisch wirkt, zählt die Bootsfahrt zu den besten unter den organisierten Ausflügen am *Icefields Parkway.* Das Magazin *Reader's Digest* hat den Ausflug zur besten „Bootstour Kanadas" gekürt. Während der 90-minütigen Fahrt, die mehrfach täglich startet, lassen sich die Gäste von den Gletschern und Gipfeln des Jasper National Park beeindrucken, die sich teils fotogen im azurblauen Wasser des Gletschersees spiegeln.

Wer es gemächlicher angehen lassen möchte, mietet am Bootshaus Kanu oder Kajak. Schon eine Stunde allein auf dem See vermittelt ein anderes Landschaftsbild als vom meist gut gebuchten Schiff. Dank der sehenswerten Szenerie lässt sich aber auch ein ganzer Tag gut auf dem Wasser verbringen.

Der beliebte Bergsee liegt am Ende der *Maligne Lake Road*, die unweit des kleines Ortes Jasper startet und noch weitere Attraktionen bereithält. Zum einen bestehen auf dieser Stichstraße quer durch den Nationalpark ganzjährig gute Chancen, Bären, Elche und andere typisch kanadische Tiere zu sehen. Zum anderen lockt mit dem Maligne Canyon die tiefste Schlucht des Nationalparks. Mehrere Brücken überspannen den schmalen Canyon, auf beiden Seiten verlaufen zahlreiche Wanderwege. Besonders

beeindruckend wirkt die Schlucht indes im Winter, wenn die Wasserfälle teilweise gefrieren. Dann kann der Maligne Canyon auch von unten erkundet werden – eines der schönsten Erlebnisse im kanadischen Winter (siehe „Winter“, Seite 352).

- *www.jasper.travel*
- *www.banffjaspercollection.com/attractions-sightseeing/maligne-lake-cruise*
- *www.pc.gc.ca/en/pn-np/ab/jasper*
- *www.jasper-alberta.com*

113 Lake Louise – Hotspot der Natur

Der grazile Victoria Glacier und der längliche Lake Louise bilden ein Ensemble, das sich kein Besucher der Rocky Mountains entgehen lässt. So schön die Schaffenskraft von Mutter Natur, so populär ist der Bergsee. Und daher ist Lake Louise meist dicht bevölkert. Doch zum Glück bleiben die meisten Gäste, gerade Busreisende, nicht allzu lang und halten sich meist am Seeanfang mit dem bekannten Hotel *Chateau Lake Louise* auf.

Wer hingegen rechts den Uferweg nimmt, spürt mit jeder Minute mehr die Magie der Landschaft. Äußerst empfehlenswert ist die Wanderung zum Lake Agnes mit dem gleichnamigen *Tea House* (siehe „Wanderungen", Seite 76). Einsamer hingegen wird es auf der Wanderroute *Plain of the Six*: Sie führt zu einem weiteren *Tea House* und punktet mit spektakulärer Aussicht auf gleich sechs Gletscher. Auf der anderen Seite des Sees führt ein steiler, aber kurzer Weg zu einem schönen Aussichtspunkt. Einen beeindruckenden Blick über die Rocky Mountains erleben Besucher auch von den Bergen am Skigebiet von Lake Louise, das im Sommer beispielsweise die Bergbahn *Lake Louise Gondola* erschließt. Der Ort Lake Louise selbst besteht aus nur wenigen Hotels und Restaurants sowie einem kleinen Einkaufszentrum und zwei Tankstellen.

Tipp: Wer die zweifelsohne traumhafte Landschaft am Lake Louise in nahezu völliger Ruhe genießen will, bucht die morgendliche Kanufahrt. Die frühe Startzeit vor Sonnenaufgang und teils kühle Temperaturen um die sieben Grad verschrecken die meisten Touristen.

· *www.banfflakelouise.com*
· *www.lakelouisegondola.com*
· *www.fairmont.com/lake-louise*

114 Columbia Icefield –Spaziergang im Eis

Kein Gletscher in Nordamerika ist so leicht zu erreichen wie der Athabasca Glacier als Teil des Columbia Icefield. Das größte Eisfeld der Rocky Mountains umfasst insgesamt acht Gletscher, die eine Fläche von 325 Quadratkilometern bedecken und stellenweise über 300 Meter dick sind.

Der Athabasca Glacier ist neben Lake Louise der wohl am besten touristisch erschlossene Platz entlang des *Icefields Parkway*: Mit Spezialbussen, genannt *Ice Explorer*, können sich Besucher direkt auf den Gletscher fahren lassen. Auch wenn das Vergnügen nur wenige Meter dauert, ist es so populär, dass der große Parkplatz im Hochsommer regelmäßig überfüllt ist. Doch für viele Reisende ist das Angebot die einzige Chance, überhaupt einmal auf (nahezu) ewigem Eis zu stehen. Trotz des Massenansturms ist der kurze Ausflug ein bleibendes Erlebnis. Alternativ lässt sich der mittlerweile schrumpfende Gletscher am unteren Ende individuell zu Fuß erkunden. Auch geführte Wanderungen unterschiedlicher Länge werden angeboten.

Ganz in der Nähe lockt mittlerweile eine weitere touristische Attraktion: Vom 280 Meter langen *Glacier Skywalk* können Besucher das Sunwapta Valley aus der Vogelperspektive bestaunen – quasi eine Kopie des *Skywalk* am Grand Canyon. Kombi-Tickets für beide Touren sind erhältlich.

· *www.banffjaspercollection.com*
· *www.icewalks.com*

115 Peyto Lake

Von einem der höchsten Punkte – auf über 2000 Meter – entlang des *Icefields Parkway* eröffnet sich ein Panoramablick auf den berühmten Peyto Lake. Mit seinem leuchtenden Türkis gilt er als Gletschersee der Extraklasse. Oftmals ist der See noch im Juni zugefroren, während im Mai Schneemassen den kurzen, aber steilen *Timberline Trail* vom Parkplatz zum *Peyto Lake Viewpoint* beschwerlich oder unmöglich machen können.

116 Banff

Banff ist das Tor zu den Nationalparks der Rocky Mountains und zum *Icefields Parkway*. Hier genießen Urlauber die größte Auswahl an Unterkünften, Restaurants und Einkaufsmöglichkeiten. Weltweit bekannt ist das *Fairmont Banff Springs Hotel*. Als Erholungsoase beliebt sind die *Banff Upper Hot Springs*. Auch einige Museen und National Historic Sites sind sehenswert.

· *www.banfflakelouise.com*

117 Athabasca Falls

Von Lake Louise aus sind sie das letzte Highlight, von Jasper aus die erste Attraktion des *Icefields Parkway*: die wilden Athabasca Falls (siehe „Wasserfälle“, Seite 56). 23 Meter tief hat sich hier der Athabasca River durchs Gestein gebohrt. Bei gutem Wetter drängen sich hunderte Besucher an den zahlreichen Aussichtspunkten.

· *www.pc.gc.ca/en/pn-np/ab/jasper/activ/itineraires-itineraries/athabasca*

118 Johnston Canyon

Zwischen Banff und Lake Louise gelegen, zählt die nicht allzu anstrengende Tour durch den Johnston Canyon zu den beliebtesten Wanderungen im Banff National Park. Im Sommer ist sogar mit Wartezeiten am Parkplatz zu rechnen. Ziel sind die rund 30 Meter hohen Upper Falls am Ende der knapp vier Kilometer langen Schlucht. Bereits nach einem guten Kilometer sind die Lower Falls als Zwischenstopp erreicht.

119 Sulphur Mountain

Den schönsten Blick auf Banff und die umliegenden Gipfel genießen Reisende vom etwa 2500 Meter hohen Sulphur Mountain. Erreichbar ist die Bergspitze entweder per Seilbahn oder über einen etwa sechs Kilometer langen Wanderweg, der im 1000 Meter tiefer gelegenen Banff startet. Zu den beliebtesten Wegen zählt der kurze *Banff Skyline Trail.*
· *www.banffjaspercollection.com/attractions-sightseeing/banff-gondola*

120 Sunwapta Falls

„Wildes Wasser" nannte der örtliche Stamm der First Nations die 18 Meter und nur neun Meter breiten Sunwapta Falls. Rund ein Kilometer lang (15 Minuten) ist der gut befestige Weg zum unteren Teil der Wasserfälle (Lower Falls). Im Vergleich zu den Athabasca Falls sind hier weitaus weniger Besucher unterwegs. Am Parkplatz liegt die Sunwapta Falls Rocky Mountains Lodge.
· *www.sunwapta.com*

Landschaft entlang des Dempster Highway gen Polarkreis.

Northwest Territories und Nunavut

Der hohe Norden begeistert mit weiten Landschaften, stillen Momenten in der Natur, unvergesslichen Tierbeobachtungen und natürlich den am nächtlichen Himmel tanzenden Polarlichtern. Die Northwest Territories und Nunavut sind zusammen fast zehn Mal so groß wie Deutschland und bedecken rund ein Drittel der Fläche Kanadas – und gerade einmal mehrere zehntausend Menschen sind in den beiden Territorien zu Hause. Wer Wildnis pur und unberührtes Ahornland erleben möchte, wird hier an der Grenze zur Arktis fündig.

Die Northwest Territories sind zwar auch über den Landweg erreichbar, wichtigstes Gateway ist indes der Flughafen von Yellowknife. Von hier lassen sich die Sehenswürdigkeiten der menschenleeren Region am besten erreichen – oftmals ebenfalls nur per Buschflieger oder Wasserflugzeug. Und wenn dieser gewaltige Landstrich schon als „Last Frontier" gilt, was trifft dann auf Nunavut zu? Kanadas jüngstes Territorium wurde erst 1999 gegründet, als die Region von den Northwest Territories unabhängig wurde. Inmitten der Tundra und größtenteils jenseits der Baumgrenze gelegen, sind hier Straßen Mangelware. Wer die raue, sehenswerte Natur erkunden möchte, ist auf Hilfe von Piloten angewiesen – auch um die winzige Regional-Hauptstadt Iqaluit auf Baffin Island zu erreichen. Knapp zwei Drittel der Menschen zählen zu den Inuit, die seit jeher hier im Norden heimisch sind.

- *de-keepexploring.canada.travel/places-to-go/northwest-territories*
- *www.spectacularnwt.com*
- *de-keepexploring.canada.travel/places-to-go/nunavut*
- *www.nunavuttourism.com/de*

121 Nahanni National Park – Wildlife pur

Die ganze kanadische Tierwelt in einem Park? Der Nahanni National Park macht's möglich. Im UNESCO-Weltnaturerbe ist alles heimisch, was Reisende mit Kanada verbinden. Schwarzbären, Grizzlys und Elche lassen sich hier beobachten, ebenso wie Karibus, Schneeziegen und Wölfe.

So sehr der Nationalpark nach einem Paradies für Tierfreunde klingt, so mühselig ist die Wildnis zu erreichen. Keine 10.000 Touristen nehmen alljährlich die Strapazen (und hohen Kosten) auf sich – und werden dafür aber auch entsprechend belohnt. Gelegen auf halben Wege zwischen den beiden Provinz-Hauptstädten Yellowknife und Whitehorse (Yukon), sind im Prinzip Wasserflugzeuge die einzige Möglichkeit, den Nahanni National Park anzusteuern. Die Touren

starten beispielsweise in Fort Simpson (von hier sind auch Tagestrips möglich), Fort Liard oder Watson Lake (Yukon). Zu den Höhepunkten eines solchen Rundflugs zählen die Virginia Falls, mit 98 Metern doppelt so hoch wie die weitaus berühmteren Niagara Falls. Die Wasserfälle zählen auch nur zu den wenigen Punkten im Park, wo Flugzeuge mit Tagesbesuchern landen dürfen. Rund um die sehenswerten Virginia Falls verlaufen mehrere Wanderwegen mit schöner Sicht auf die rauschenden Wassermassen. Uberdies liegt hier auch ein Campingplatz.

Am besten lässt sich der 1976 gegründete Nahanni National Park indes vom Wasser aus erkunden. Der wilde South Nahanni River schlängelt sich quer durch das rund 30.000 Quadratkilometer große Schutzgebiet. Je nach Strecke benötigen Kanu- oder Kajakfahrer zwischen fünf Tagen und drei Wochen. Wichtig: Die Ranger vor Ort empfehlen die Routen ausdrücklich nur erfahrenen Paddlern. Zudem sollten sie die Touren nicht auf eigene Faust starten, sondern Angebote der etablierten örtlichen Veranstalter buchen.

Wer sich in das Abenteuer stürzt, den belohnt Mutter Natur: Hier erleben Reisende Kanadas Natur noch so wie vor hunderten von Jahren. Keine Industrie und kein Massentourismus stören die Idylle. Und der Park steht bei Weitem nicht nur für perfekte Tierbeobachtungen: Steile Berge und tiefe Schluchten, eine bunte Blumenwelt bis hin zu seltenen Orchideen und heiße Quellen prägen die Landschaft. Zudem erfreuen oftmals angenehme Temperaturen die Besucher, die angesichts der nördlichen Lage meist eher an kalte Tage denken.

· *www.pc.gc.ca/en/pn-np/nt/nahanni/index*

122 Inuvik – Tor zur Arktis

Wer den 1500 Kilometer langen *Dempster Highway* erfolgreich gemeistert hat, wird Inuvik als Metropole empfinden (siehe „Traumstraßen“, Seite 304). Dabei zählt die größte Stadt nördlich des Polarkreises gerade einmal gut 3000 Einwohner. Für Globetrotter und Abenteurer steht das Örtchen ganz oben auf der Wunschliste. Zum einen fasziniert Inuvik schon allein aufgrund der abgelegenen Lage und der herausfordernden Anreise. Zum anderen sind von hier wiederum unvergleichliche Ziele in der Natur erreichbar. Hinzu kommt die Faszination der Mitternachtssonne.

Als wichtigste Sehenswürdigkeit gilt die *Igloo Church*. Das katholische Gotteshaus in Iglu-Form wurde 1960 erstmals errichtet und dann 2005 erneut aufgebaut. Einen guten Einblick über die Kultur und Geschichte der Inuit vermittelt das *Inuvialuit Cultural Centre*. Seit 2010 verfügt die Stadt auch über die nördlichste Moschee der Welt, die *Midnight Sun Mosque*. Mit Blick auf die langen und kalten Winter schätzen die Einheimischen vor allem den *Midnight Sun Complex* mit Eisbahn, Schwimmbad und mehr. Nordamerikas nördlichste Stadt ist im März überdies auch Austragungsort eines populären Curling-Turniers. Im Sommer wiederum ist der *Roads End Golf Course* der ganze Stolz der Stadt.

Doch weit mehr als Sightseeing in der Stadt locken Ausflüge per Boot und Flugzeug – zu den unterschiedlichsten Zielen und Reisebudgets. Besonders lohnend: der erst 1992 gegründete und rund 750 Kilometer entfernte Aulavik National Park. Das Schutzgebiet auf Banks Island ist Heimat der weltweit größten Herde von Moschusochsen. Je nach Jahreszeit lassen sich auch Wölfe, Füchse und Karibus sowie Eisbären

beobachten. In den Gewässern um die Insel sind regelmäßig Belugawale und Seehunde zu Gast. Die gesamte Insel ist als Vogelschutzgebiet ausgewiesen, Schwärme mit tausenden von Vögeln sind oft anzutreffen. Neben Flora und Fauna bestechen Nationalpark und Insel auch mit Geschichte: Schon vor mehr als 2000 Jahren siedelten hier Menschen, wie archäologische Funde beweisen.

Ebenfalls von Inuvik aus ist der Tuktut Nogait National Park mit seinen großen Karibuherden zu erreichen. Das Schutzgebiet gehört den einheimischen Inuit, die auch organisierte Touren anbieten.

· *www.inuvik.ca*
· *www.pc.gc.ca/en/pn-np/nt/aulavik*
· *www.pc.gc.ca/en/pn-np/nt/tuktutnogait*

123 Wood Buffalo National Park – Berühmt für Bisons

Zu den bislang eher unbekannten Schönheiten des Landes zählt dieses Schutzgebiet der Superlative: Der Wood Buffalo National Park ist der größte Park Kanadas, weltweit die Nummer Zwei und Heimat der größten Bisonherde Nordamerikas. Zwischen 3000 und 6000 Bisons leben hier noch frei, schätzen die örtlichen Ranger. Zudem sind Schwarzbären, Elche, Karibus sowie Biber am weltweit längsten Biberdamm hier heimisch. Im Park wurden zudem rund 200 Vogelarten gezählt, darunter der letzte Schwarm der gefährdeten Schreikraniche. Auch andere Zugvögel sind regelmäßig zu beobachten.

Der 1922 ausgewiesene Nationalpark ist von weiten Mischwädern bedeckt und beherbergt eines der größten Gipskarstgebiete Nordamerikas mit Höhlen und Karstquellen. Bekannt ist der Park zudem für seine Salzwüste, die Salt Plains, und das große Süßwasserdelta an der Mündung von drei mächtigen Flüssen.

Der Park an der Grenze von den Northwest Territories zur südlichen Provinz Alberta ist ganzjährig geöffnet. Und wer im Winter das UNESCO-Weltnaturerbe besucht, hat gute Chancen, Polarlichter sehen zu können. Ohnehin wurde der Wood Buffalo National Park mit seiner abgelegene Lage und dem fehlendem künstlichen Licht zum weltgrößten *Dark Sky Preserve* (Lichtschutzgebiet) erklärt. Bester Ausgangspunkt ist Fort Smith.

· *www.pc.gc.ca/en/pn-np/nt/woodbuffalo*

124 Yellowknife – Hauptstadt der Nordlichter

Wenn es so richtig kalt und frostig wird, sich dazu die Schneeberge türmen, dann beginnt die eigentliche Hochsaison in Yellowknife. Nach eigenem Bekunden gibt es zwischen Januar und März weltweit keinen besseren Platz, die *Aurora borealis* – also die meist grün und manchmal rot funkelnden Polarlichter – zu beobachten. Dank der rasant steigenden Nachfrage nach Touren, vor allem von asiatischen Gästen, hat sich die örtliche Tourismusbranche perfekt darauf eingestellt. Mehrtägige Packages beinhalten nächtliche Ausflüge und teils auch warme Bekleidung. Auf Wunsch erklären Guides, wie die Nordlichter am besten zu fotografieren sind. Nächtliche Ausflüge müssen nicht im beheizten Zelt außerhalb der Stadt enden: Zuweilen finden auch Touren mit dem Hundeschlitten oder Snowmobil unterm Sternenhimmel statt. Tagsüber können zudem viele weitere Aktivitäten wie Schneeschuhtouren gebucht werden.

Und natürlich ist Yellowknife auch im Sommer ein beliebtes Ziel. Nur ist die 20.000-Einwohner-Stadt dafür nicht ganz so berühmt. Neben einem überraschend großen Kultur- und Gastro-Angebot – legendär ist das *Folk on the Rocks Festival* – locken dann vor allem Boots- und Angeltouren auf dem Great Slave Lake (siehe „Festivals“, Seite 410). Zu empfehlen ist auch ein Besuch im *Prince of Wales Northern Heritage Centre* zur Geschichte des Nordens.

- *de-keepexploring.canada.travel/things-to-do/exploring-yellowknife*
- *www.visityellowknife.com*

125 Baffin Island

Keine Region entspricht so sehr den Klischees der Arktis wie Baffin Island mit der Nunavut-Provinzhauptstadt Iqaluit. Polarbären, Schneehasen und Eisberge sind hier im Winter alltäglich, Ausflüge mit dem Hundeschlitten beliebt. Attraktionen sind der Auyuittuq National Park, der Sirmilik National Park sowie die Künstlerkolonie Cape Dorset.

· *www.baffinisland.ca*

· *www.pc.gc.ca/en/pn-np/nu/auyuittuq*

126 Umingmaktok

Nur zwei Handvoll Einwohner zählt die kleine und nur per Flugzeug erreichbare Inuit-Gemeinde. Dennoch ist Umingmaktok für Fotografen ein begehrtes Ziel: Getreu dem Namen der indigenen Bevölkerung, die den Ort „Wie ein Moschusochse" nennen, grasen hier große Herden der bis zu 1,50 Meter großen Tiere. Zudem sind Karibus und Polarfüchse heimisch.

· *www.nunavut.ca/en/communities/kitikmeot/umingmaktok*

127 Tuktoyaktuk

Wem Inuvik am Ende des *Dempster Highway* noch nicht nördlich genug ist, zieht 150 Kilometer weiter nach Tuktoyaktuk – auch als Tuk bekannt – am arktischen Meer. Im Juli und August lassen sich hier – wie in Churchill an der Hudson Bay – Belugawale beobachten. Weiteres Wahrzeichen: die weltweit größte Ansammlung von Pingos, bizarr geformte Hügel auf dem Permafrostboden.

· *www.tuk.ca*

128 Fort Simpson

Einst ein Handelsposten der *Hudson's Bay Company* ist Fort Simpson heute vor allem als Ausgangspunkt für den Nahanni National Park bekannt. Der Ort liegt malerisch am Zusammenfluss von Mackenzie und Liard River, gut 500 Kilometer westlich von Yellowknife. Weltweit populär wurde Fort Simpson im Jahr 1987, als *Papst Johannes Paul II.* hier eine Messe zelebrierte.

· *www.fortsimpson.worldweb.com*

129 Fort Smith

Noch bis 1967 war Fort Smith das Verwaltungszentrum des Nordens, ehe Yellowknife zur Hauptstadt ernannt wurde. Heute ist der Ort am Slave River, in dem 1874 die *Hudson's Bay Company* einen Handelsposten eröffnete, das Einfallstor in den Wood Buffalo National Park. Das *Northern Life Museum* lädt zum Verweilen ein. Im Winter ein idealer Standort, Nordlichter zu beobachten.

· *www.fortsmith.ca*

130 Quttinirpaaq National Park

Nah am Nordpol werden Träume wahr: Den Quttinirpaaq National Park trennen nur noch 800 Kilometer vom Nordpol! Polare Wüste, massive Gletscher, weite Fjorde und typische arktische Bewohner wie Moschusochsen und Schneehasen machen die Reise ins Land der Mitternachtssonne perfekt. Touren in den nur per Flugzeug erreichbaren Park sind jedoch extrem aufwendig und teuer.

· *www.pc.gc.ca/en/pn-np/nu/quttinirpaaq*

Yukon Territory

Freiheit und Abenteuer verspricht seit jeher das abgelegene Yukon Territory im Nordwesten Kanadas. Hier, an der Grenze zur Arktis, trifft das größte Gletscherfeld der Erde auf die weite Natur mit ihren Seen und Flüssen – in einer Region, die so menschenleer ist wie kaum eine andere in der Welt. Waren es einst Goldsucher, die im 19. Jahrhundert ihr Glück und ihre Freiheit im Reichtum suchten, kommen heute Touristen auf ihrer Suche nach unberührter Natur – Freiheit und Glück auf einer anderen Ebene. Und natürlich sind heute Reisen im Yukon weitaus weniger abenteuerlich und gefährlich als in früheren Tagen – und doch liegt bei einem Roadtrip durch den Nordwesten noch immer eine Prise Abenteuer in der Luft.

Namensgeber für das Territorium mit gerade einmal gut 30.000 Einwohnern – auf einer Fläche so groß wie Deutschland, Österreich und die Schweiz zusammen – ist der Yukon River. Er ist die Lebensader und verbindet die beiden größten Orte Whitehorse im Süden und das einstige Goldgräber-Mekka Dawson City im Norden miteinander. Natur pur verspricht der Kluane National Park, Heimat des höchsten Bergs Kanada und des größten Eisfeldes außerhalb der Polarregionen.

· *www.travelyukon.de*
· *www.yukonwild.com*

Lange und einsame Highways durchziehen das Yukon Territory.

131 Yukon River – Unterwegs im Kanu

Langsam gleitet die Landschaft vorbei. In der einen Minute dramatisch mit hohen Klippen, im nächsten Moment ganz lieblich mit kleinen Stränden. Aber immer einsam, und nur der eigene Paddelschlag stört den Sound der Wildness. Doch plötzlich steigt der Adrenalinpegel: Am Ufer macht es sich ein Grizzly gemütlich. Vom Wasser aus können Reisende auf dem Yukon einigermaßen sicher das Treiben am Land beobachten – und solch ein Highlight in Ruhe fotografieren. Solch seltene Begegnungen mit Bären zählen sicherlich zu den „Once-in-a-Lifetime"-Momenten überhaupt. Weitaus häufiger hingegen treffen Kanuten auf Schneeziegen und Karibus. Besser als auf einem Kanu lässt sich Kanadas Flora und Fauna wohl kaum erkunden.

Der Yukon ist mit 3120 Kilometern der fünftlängste Fluss Nordamerikas.

Von seiner Mündung in benachbarten Bundesstaat British Columbia schlängelt er sich durch das gleichnamige Territorium, erreicht hinter Dawson City den US-Bundesstaat Alaska und mündet schließlich in die Beringsee. Schon die Ureinwohner nutzten den Fluss als wichtige Transportweg – die First Nations nennen ihn ganz treffend „großen Fluss“. In Zeiten des legendären Goldrauschs am Klondike River, dem bekannten Seitenarm des Yukon, reisten tausende Goldsucher auf Schaufelraddampfern von Whitehorse nach Dawson City. Ebenfalls ein wagemutiges Unterfangen, aber weit nicht so gefährlich wie zuvor, ist die Überquerung des Chilkoot Pass oder des White Pass, die viele Abenteurer nicht überlebten. Seit dem Bau des *Klondike Highway* sind die Schaufelraddampfer außer Betrieb, da sie zu hoch für die vielen Brücken sind. Sowohl in Dawson City als auch in Whitehorse können die mächtigen Boote heute noch besichtigt werden. In der einstigen Goldcity werden zuweilen noch Ausflugsfahrten angeboten.

Heute können Touristen unter einer Vielzahl von Kanutouren auf dem Yukon sowie auf anderen Flüssen und Seen in der Region wählen. Wer wenig Zeit oder wenig Erfahrung mitbringt, kann schon von Whitehorse aus auf geführten drei- bis vierstündigen Touren einen guten Eindruck vom Erlebnis Yukon bekommen. Manche Fahrten führen auch durch den Miles Canyon, ein Wahrzeichen der Stadt und bis zum Bau des Wasserkraftwerks samt Staudamm eine gefürchtete Stromschnelle. Auch mehrtägige Trips mit Guide werden angeboten. Wer die kompletten 736 Flusskilometer zwischen Whitehorse und Dawson City erleben möchte, sollte rund 14 Tage in der Natur einplanen.

· *de-keepexploring.canada.travel/places-to-go/yukon*
· *www.yukonwild.com*
· *www.kanoepeople.com*
· *www.upnorthadventures.com*

132 Kluane National Park – Bären und Gletscher

Als „Paradies für Naturfreunde" lässt sich der viertgrößte Nationalpark Kanadas am treffendsten umschreiben. Wahrzeichen des Kluane National Park ist der Mount Logan, mit 5959 Metern der höchste Berg des Landes.

Berühmt ist der Park sowohl für seine vielfältige Fauna als auch für das größte Eisfeld des Planeten außerhalb der beiden Polarregionen. Das *Kluane Icefield* bedeckt etwa vier Fünftel der Fläche, stellenweise ist das Eis bis zu 1000 Meter dick. Während Schneemassen und die bis zu 100 Kilometer langen Gletscher der Saint Elias Mountains von gefühlt jedem Punkt im Park zu sehen sind, lässt sich der Mount Logan nur aus der Luft erspähen. Überhaupt: Die Weite des Nationalparks lässt sich am besten aus der Luft erkunden. Selbst Vielreisende kommen angesichts der mächtigen weißgefärbten Landschaft ins Staunen. Wichtig: Nur bei längeren Rundflügen genießen Passagiere auch den Blick auf Kanadas höchsten Gipfel.

Flugzeuge und Helikopter starten beispielsweise im kleinen Örtchen Haines Junction, mit Unterkünften, Tankstellen und Restaurants der wichtigste Versorgungspunkt im Park. Vor allem die örtliche Bäckerei mit ihrer Terrasse genießt einen guten Ruf. Das Besucherzentrum lohnt ebenfalls einen Besuch. Wie der Ortsname schon verrät, kreuzen sich hier wichtige Straßen: Der *Alaska Highway* führt quer durch den Ort und verbindet auf mehr als 2000 Kilometern Dawson Creek in British Columbia mit Delta Junction in Alaska. Zugleich geht von Haines Junction die einzige Straße nach Haines, ebenfalls in Alaska, ab.

Aber nicht nur aus der Luft, sondern auch zu Fuß und vom Boot aus können Reisende den Park erkunden. Mit Blick auf Schwarzbären und Grizzlys, die hier heimisch sind, sollten Besu-

cher jedoch stets wachsam bleiben. Wer auf Nummer sicher geht, kauft ein spezielles Bärenspray (die *Village Bakery* kauft unbenutzte Flaschen zum halben Preis zurück). Im Park verlaufen zahlreiche markierte Wege. Doch gerade Wanderer, die mehrere Tage mit dem Rucksack ins Hinterland aufbrechen, kommen auf ihre Kosten. Mindestens einen Fotostopp lohnt der Kluane Lake, der größte See im gesamten Yukon Territory. Der *Alaska Highway* verläuft auf etwa 40 Kilometern immer am Ufer entlang – mit den schneebedeckten Bergen ein exzellentes Panorama. Mit seiner einsamen Lage ist der Kluane National Park und vielen schönen Campingplätzen prädestiniert für einen Wohnmobiltrip.

- *www.pc.gc.ca/eng/pn-np/yt/kluane/index.aspx*
- *www.villagebakeryyukon.com*
- *www.kluaneglacierairtours.com*
- *www.yukon-glanzmanntours.com*

133 Dawson City – Metropole der Goldgräber

Der Geist der goldenen Jahre ist noch heute sichtbar. Rund um den Klondike River, Schauplatz des wohl spektakulärsten Goldrauschs Nordamerikas, fühlen sich Besucher an eine Mondlandschaft erinnert. Geröll- und Sandberge sind bis heute Zeugen der frühen Glücksritter.

Der Rausch begann am 16. August 1896, als *George Carmack* im Klondike erste Nuggets entdeckte. Schnell machten sich Tausende auf den beschwerlichen Weg. Innerhalb kürzester Zeit vervielfachte sich die Einwohnerzahl. Dawson City, an der Mündung des Klondike in den Yukon River gelegen, stieg zur größten Stadt im Norden auf. Allein drei Zeitungen wurden gegründet. Doch mit dem Ende des Rausches fiel die Stadt wieder in ihr gemächliches Tempo zurück. Dank der hohen Goldpreise wird heute wieder gesucht, die Profis setzen aber auf schweres Gerät.

Wichtigstes Wahrzeichen an die alte Zeit ist der große Wasserbagger *Dredge No. 4*, der seinerzeit den Klondike durchpflügte. Bei einer Besichtigung treffen Touristen, die heute zu Scharen in die Stadt strömen, auf die Nachfahren früherer Goldsucher. Das Heimatmuseum lohnt ebenfalls einen Besuch, ebenso der Aussichtspunkt auf dem *Midnight Dome*. Berühmtester Einwohner war der Schriftsteller *Jack London*, der in der Literatur statt im Gold sein Glück fand. Dawson City steht mittlerweile unter Denkmalschutz, die ungeteerten Straßen tragen zum gemütlichen Ambiente bei. Abends locken ein Theater sowie ein Casino mit Cancan-Shows.

· *www.dawsoncity.ca*

134 Tombstone Mountain – Markanter Berggipfel

Gut 100 Kilometer oder 90 Autominuten südöstlich von Dawson City liegt mit dem Tombstone Territorial Park einer der Plätze im gesamten Yukon Territory, die bis heute eher als Geheimtipp gelten und noch weniger frequentiert sind als andere Regionen im Nordwesten. Wer auf der legendären Schotterpiste *Dempster Highway* nach Inuvik in den Northwest Territories unterwegs ist, kommt hier vorbei.

Aber auch als kurzer Abstecher mit einer Übernachtung auf dem beliebten Campingplatz lohnt die Fahrt vom *Klondike Highway* gen Norden. Wahrzeichen Nummer eins ist in jedem Fall der 2193 Meter hohe Mount Tombstone. Mit seiner Form, die an einen Grabstein (*tombstone*) erinnert, dient er jeher als wichtiger Orientierungspunkt.

Durch den Tombstone Territorial Park, bekannt auch für seine reichhaltige Tierwelt, führen zahlreiche Wanderwege mit Längen zwischen einer und sechs Stunden. Zudem lädt am Eingang in Park ein informatives Besucherzentrum zum Verweilen ein. Der Campingplatz verfügt nur über einfache Ausstattung..

- *www.env.gov.yk.ca/camping-parks/tombstonepark.php*
- *www.dempsterhighway.com*

135 Goldwäsche

Im Herbst 2015 hat eine Urlauberin überraschend ihre Reisekasse wieder gefüllt: Im Klondike River fand sie ein kleinen Nugget. Bis heute ist die Goldsuche möglich und wird teils professionell mit schwerem Gerät betrieben. Im Museum *Claim 33* können Besucher das Goldwaschen lernen und anschließend selbst im Klondike ihr Glück versuchen. Von der Stadt aus starten auch geführte Touren.
· *www.claim33.vpweb.ca/default.html*

136 Whitehorse

Wichtigste Attraktion der Hauptstadt des Yukon Territory ist der Miles Canyon. Die Schlucht war einst mit gefährlichen Stromschnellen gespickt, so dass die großen Boote während des Goldrausches speziell mit Seilen vor dem Kentern gesichert wurden. Heute sorgt ein Stausee für ruhiges Wasser. Sehenswert ist auch die Fischtreppe für Lachse. Whitehorse wird von Deutschland aus direkt angeflogen.
· *www.whitehorse.ca*

137 Five Finger Rapids

Vom hoch gelegenen *Klondike Highway* sehen die Felsen im Yukon River ungefährlich aus. Doch während des Goldrausches zerschellten dank der tückischen fünf Stromschnellen der *Five Finger Rapids* ungezählte Boote. Raddampfer wurden mit Seilen und Winden gesichert. Mit Sprengungen wurde eine der Säulen zerstört, so dass heute Kanus die Stelle problemlos meistern. Vom Highway führt ein steiler Pfad hinab zum Flussufer.

138 Carcross

Das verschlafene Örtchen Carcross ist bis heute als Bahnstation bekannt. Früher stiegen hier Goldsucher und Einheimische vom Zug auf den Raddampfer um, heute ist die Fahrt ins Pazifikstädtchen Skagway (in Alaska) eine beliebte Touristenattraktion. Gelegentlich fahren auch nostalgische Züge, gezogen von Dampflokomotiven.

· *www.wpyr.com*

139 Keno City (Silver Trail)

Am Ende einer Stichstraße des *Klondike Highway* können Reisende das historische Bergbau-Örtchen Keno City besichtigen. Allein die Fahrt über die raue Piste – *Silver Trail* genannt – zählt zu den schönsten im Yukon, oftmals lassen sich Tiere beobachten. Der kleine Ort hatte einst große Silbervorkommen. Vom 1900 Meter hohen Keno Hill bietet sich ein schöner Blick. Motel und Campingplatz sind vorhanden.

140 Silver City

Am Rande des Lake Kluane liegt die Geisterstadt Silver City. Zu Beginn des 20. Jahrhunderts entstand der Ort im Zuge des großen Goldrausches. Auch hier steckten Abenteuer ihre Claims ab. Bis 1942 endete hier die Straße aus Whitehorse, dann wurde der *Alaska Highway* gebaut. Ein halbes Dutzend Gebäude, darunter die Polizeistation, das Postamt und das Büro der Minenverwaltung, sind noch halbwegs erhalten.

Alaska

Das Land hoch im Norden ist Amerikas „Last Frontier". Alaska begeistert mit weiten Landschaften, nahezu menschenleerer Natur, mächtigen Gletschern und imposanten Wildlife-Begegnungen. Viele Besucher verbinden eine Tour in den nördlichsten US-Bundesstaat mit einem Abstecher ins kanadische Yukon Territory. Oder starten gleich von dort aus und profitieren von den günstigeren Kosten in Whitehorse im Vergleich zu den US-Mietwagen- und Wohnmobil-Verleihern in Anchorage. In jedem Fall ist die sogenannte Acht – eine Schleife durch Alaska und Yukon – eine der beliebtesten Kombinationsreisen durch die USA und Kanada.

Ausgangspunkt für die meisten Touren in den größten US-Bundesstaat ist Anchorage. Von hier lassen sich Highlights wie der Denali oder der Kenai Fjords National Park sowie die Gletscher rund um Seward gut erreichen. Andere Orte – darunter die Landeshauptstadt Juneau oder der Glacier Bay National Park – werden ausschließlich von Flugzeug oder Schiff angesteuert.

Alaska wurde erst 1959 zum 49. US-Bundesstaat erklärt und gilt als eine der Regionen, die besonders dünn besiedelt sind. Noch bis zum Jahr 1869 zählte das Gebiet übrigens zum Reich der russischen Zaren, ehe sie das scheinbar wertlose Land an die USA verkauften. Heute stammt der Reichtum neben dem Tourismus vor allem aus den mannigfaltig vorhandenen Rohstoffen.

· *www.alaskausa.de*

Bis heute hat verspricht eine Reise nach Alaska viel Abenteuer.

141 Denali National Park – Höchster Gipfel Nordamerikas

Eine gehörige Portion Glück brauchen Besucher am Mount Denali: Der höchste Gipfel Nordamerikas ist oftmals von Wolken verhangen und zeigt sich nur selten. Dennoch ist der Berg zusammen mit dem ihm umgebenden Denali National Park das Top-Ziel für Alaska-Besucher und mit rund einer Million Besucher landesweit eines der beliebtesten Schutzgebiete. Neben dem Gipfel, bis vor kurzem noch als Mount McKinley bekannt, haben Reisende vergleichsweise bessere Chancen als in anderen Parks, die typischen Bewohner Alaskas zu beobachten: Grizzlys und Braunbären sowie Elche, Karibus und Wölfe.

Doch so gut der Park als solcher über Highways sowie per Eisenbahn erreichbar ist, so mühselig erscheint ein Besuch im Schutzgebiet auf den ersten Blick: Denn die einzige Straße im Park darf nicht individuell mit eigenem Fahrzeug erkundet werden – die ersten Kilometer ausgenommen. Somit sind Besucher auf die Shuttlebusse angewiesen, die oft frühzeitig ausgebucht sind. Gut zu wissen: Sobald Tiere gesichtet werden, stoppt der Fahrer. Gute Fotos und schöne Momente sind also dennoch gewährleistet. Zudem können Fahrgäste an verschiedenen Punkten aussteigen und mit einem anderen Bus weiterfahren. Sicherlich ist diese Art weniger komfortabel und nicht so individuell wie eine Besichtigung mit dem eigenen Fahrzeug und dem eigenen Zeit- und Erkundungsgefühl – die fabelhaften Momente in der Natur machen diesen Nachteil aber wett. Zusätzlich sind einige Busse so ausgestattet, dass vor Ort erhältliche Mietfahrräder mitgenommen werden können. Neben den regulären Sightseeing-Fahrten werden überdies speziell geführte, teils bis zu zwölf Stunden lange Touren angeboten. Wichtig: Urlauber sollten Ausflüge möglichst frühzeitig buchen, um einen Besuch am gewünschten Termin sicherzustellen.

Im Nationalpark bestehen neben einigen Campingplätzen nur wenige, meist luxuriöse Unterkünfte. Daher sollten Übernachtungen im Park ebenfalls weit im Voraus reserviert werden. Rund um den Parkeingang gruppieren sich zahlreiche Hotels und Motels sowie Bed&Breakfast-Häuser. Im Regelfall sinkt der Preis, je weiter die Unterkunft vom Eingang entfernt ist. Zu den beliebtesten Touren im und am Park zählen Rundflüge bis hin zum 6190 Meter hohen Gipfel des Mount Denali.

· *www.nps.gov/dena/index.htm*
· *www.reservedenali.com*

142 Kenai Peninsula – Gletscher pur

Auf der Kenai Peninsula südwestlich von Anchorage lässt sich bequem bei einer mehrtägigen Tour erleben, was den Reiz Alaskas ausmacht: imposante Gletscher und weite Fjorde sowie Wale und Seelöwen. Mit dem Auto und auf Wanderungen können Besucher die Natur erkunden und auch Angler finden hier ein gutes Revier. Wie überall stehen zahlreiche Ausflüge und Rundflüge zur Auswahl, sofern die Reisekasse dies zulässt.

Zu den eindrucksvollsten Landschaften zählt der Portage Glacier gleich zu Beginn einer Tour auf die Kenai Peninsula. Bei einstündigen Bootstouren bestaunen Urlauber den rund 1000 Meter breiten Gletscher, an dessen etwa 36 Meter hohen Abbruchkante sich im Frühjahr regelmäßig Eisberge bilden. Eine schöne Wanderung führt überdies zum kleineren Byron Glacier.

Zweiter wichtiger Hotspot der Natur ist der Kenai Fjords National Park: Auf dem größten Eisfeld der USA liegen rund 40 Gletscher, die den Park mit Fjorden und Bergen zu einer beeindruckenden Landschaft im Süden der Halbinsel formen. Statt auf großen Ausflugsschiffen lässt sich die Natur hier auch vom Kajak aus erkunden. Wie auch die meisten Wanderwege ist das Wasserrevier aber tendenziell nicht für Einsteiger geeignet. Am besten bucht man hier Touren (auch über mehrere Tage möglich) mit erfahrenen, örtlichen Guides. Ausgangspunkt für Ausflüge in den Nationalpark ist der Fischerort Seward. Hier lohnt ein Besuch des *Alaska SeaLife Center*, das einen guten Überblick über das maritime Ökosystem bietet. Überdies starten von Seward aus zahlreiche Angeltouren, wenn sich im August tausende Lachse sammeln, um in die Binnengewässer zum Laichen zurückzukehren.

Neben Seward ist Kenai der wichtigste Ort auf der Halbinsel. In der zweitältesten Stadt Alaskas sollten Besucher unbedingt das *Kenai Visitors and Cultural Center* ansteuern. Es bietet eine informative Schau über die Geschichte der indigenen Bevölkerung sowie der russischen Geschichte der Region. Auch das Städtchen Homer am südwestlichen Ende der Kenai Peninsula lohnt einen Besuch, nachdem die Anfahrt am Meer immer wieder traumhafte Ausblicke auf den Pazifik eröffnet. Fischrestaurants und viel Kunsthandwerk tragen zum gemütlichen Flair des Ortes bei.

- *www.kenaipeninsula.org*
- *www.graylinealaska.com/sightseeing/portage-glacier-cruise-tour-self-drive*
- *www.nps.gov/kefj/index.htm*
- *www.seward.com*
- *www.alaskasealife.org*
- *www.homeralaska.org*

143 Glacier Bay National Park – Grizzly trifft Gletscher

Die abgeschiedene Glacier Bay im Südwesten Alaskas begeistert mit langen Fjorden und gigantischen Gletschern. Die vielfältige Tierwelt mit Walen und Grizzlys bringt Besucher zum Staunen. Und wenn die bis zu 50 Meter hohen Eismassen plötzlich zerbrechen, stockt einem zuweilen der Atem.

Erst ist nur ein leichtes Knarzen zu hören. Doch dann bricht das Eis. Binnen weniger Sekunden stürzen Tonnen von Eis vom Johns Hopkins Glacier in die Bucht. Der Moment, wenn der Gletscher kalbt, ist sicherlich einer der Höhepunkte bei einer Bootsfahrt. Zu den weiteren Fotomotiven – je nach Route und Wetter – zählen die ähnlich mächtigen Gletscher Margerie und Grand Pacific, die bis zu 80 Meter aus dem Meer empor ragen. Zudem lassen sich umgeben von bis zu 3500 Meter hohen, meist schneebedeckten Gipfeln auch Buckelwale und Orcas sowie Seelöwen und Robben beobachten. Wer viel Glück hat, erspäht zudem Grizzlys am Ufer oder in den Bergen.

Ausgangspunkt für die achtstündigen Bootsfahrten ist die Bartlett Cove. Die dortige *Glacier Bay Lodge* organisiert die Touren und ist größte Unterkunft am UNESCO-Weltnaturerbe. Die Bucht ist so abgelegen und nur per Boot oder Flugzeug zu erreichen, dass hier gerade einmal 8000 Besucher im Jahr übernachten. Somit ist der Nationalpark trotz der knapp 500.000 Kreuzfahrtpassagiere noch immer so etwas wie ein Geheimtipp – Ruhe und Natur in Perfektion.

· *www.nps.gov/glba/index.htm*
· *www.visitglacierbay.com*

144 Katmai National Park – Paradies für Braunbären

Der viertgrößte US-Nationalpark umfasst die vom Vulkanismus geprägte Landschaft rund um den Mount Katmai. Besucher treffen hier auf einen einzigartigen Mix aus Vulkan- und subarktischer Landschaft. Besonders beeindruckend erscheint das Valley of Ten Thousand Smokes: Nach dem Ausbruch des Mount Katmai im Jahr 1912 entdeckten Wissenschaftler das Tal vier Jahre später – mit tausenden von Rauchsäulen. Geführte Touren erschließen das Tal mit seinen eigenartigen Farben und Formen.

Berühmt ist der Katmai National Park, rund 400 Kilometer von Anchorage entfernt, indes vor allem für seine große Population an Braunbären. Sie werden angelockt von Millionen von Lachsen, die jedes Jahr ihren Weg aus der Beringsee ins Landesinnere zum Laichen suchen. Der beste Ort, um Braunbären zu beobachten, ist die luxuriöse und nur per Flugzeug erreichbare *Brooks Lodge*. Wer über das nötige Kleingeld verfügt, bleibt idealerweise einige Tage. Jedoch zählt schon der Tagesausflug mit rund 900 USD zu den teuersten Touren des Landes, bietet im Gegenzug aber Natur und Wildlife pur. Sogar Kanu- und Kajaktouren sind auf dem Tagesauflug möglich, nicht aber der Abstecher zum Valley of Ten Thousand Smokes. Neben der *Brooks Lodge*, an der auch ein Campingplatz angeschlossen ist, stehen nur weitere teure Lodges zur Auswahl. Wichtig: Auf eigene Faust ist der Park de facto nicht zu erkunden.

· *www.nps.gov/katm/index.htm*
· *www.katmailand.com*

145 Prince William Sound

Atemberaubende Momente verspricht eine Tour in den Prince William Sound. Rund um den Columbia Glacier entstanden Fjorde und Buchten, in die sich zuweilen Adler und Wale verirren. Bootstouren starten in Valdez und in Whittier; auch mit Kajaks oder aus dem Hubschrauber lässt sich die Fjordlandschaft erleben.

· *www.visitvaldezalaska.com*
· *www.alaska.org/destination/whittier/day-cruises*

146 Anchorage

Die größte Stadt Alaskas ist das Tor in den nördlichsten Bundesstaat. Zur Hauptreisezeit wird Anchorage sogar von Deutschland aus direkt angeflogen. Die Stadt beherbergt einige interessante Ausstellungen, beispielsweise das *Alaska Public Lands Information Center* und das *Anchorage Museum*. Einen Abstecher lohnt der Lake Hood mit vielen startenden Wasserflugzeugen.

· *www.anchorage.net*

147 Alaska Marine Highway

Die Küste Alaskas zählt zu den schönsten weltweit. Zugleich sind viele Orte wie Juneau nicht ans Straßennetz angeschlossen oder komfortabler per Schiff zu erreichen. Daher verbinden öffentliche Fähren viele populäre Häfen miteinander. Damit lässt sich nicht nur Reisezeit sparen, sondern vor allem viel Sightseeing erleben – auch wenn die Fahrten teuer sind und frühzeitig gebucht werden sollten.

· *www.dot.state.ak.us/amhs*

148 Gates of The Arctic National Park

Echtes Abenteuer verspricht der abgelegene, von Fairbanks erreichbare Gates of The Arctic National Park. Das zweitgrößte Schutzgebiet der USA ist ausschließlich aus der Luft oder zu Fuß zugänglich. Backcountry Wanderungen für erfahrene Hiker sind äußerst beliebt. Nicht viele Reisende sind unterwegs, das Naturerlebnis in einem intakten Ökosystem ist somit weitgehend ungestört.

· *www.nps.gov/gaar/index.htm*

149 Wrangell-St. Elias National Park

Der größte Nationalpark der USA ist zugleich einer der jüngsten. Das 1980 geschaffene Schutzgebiet umfasst weite Schneefelder und 16 der höchsten Berge. Mit dem Kluane National Park in Kanada (siehe auch Seite 178, Yukon) bildet der Wrangell-St. Elias National Park das größte Eisfeld außerhalb der Polkappen. Der Park lässt sich gut mit dem Auto erkunden, Wildlife inklusive.

· *www.nps.gov/wrst/index.htm*

150 Juneau

Obwohl nur übers Wasser oder aus der Luft erreichbar, ist Alaskas Hauptstadt eines der touristischen Zentren des Bundesstaates. Hier legt wohl jedes der zahlreichen Kreuzfahrtschiffe einen Stopp ein. Zu den schönsten Ausflügen zählen Abstecher auf den Mount Roberts sowie den Mendenhall Glacier. Juneau ist zudem bekannt für *Whale Watching* sowie als Tor in die Glacier Bay.

· *www.traveljuneau.com*

Manitoba und Saskatchewan

Die Prärieprovinzen Manitoba und Saskatchewan stehen etwas im Schatten der weitaus bekannteren Regionen im Osten und Westen des Landes. Dabei können Besucher hier noch die ursprüngliche Natur Kanadas erleben. Sehenswerte Nationalparks wie Riding Mountain oder Grassland werden weitaus weniger besucht als beispielsweise die Schutzgebiete in den Rocky Mountains. Auch sonst steht die Natur im Vordergrund: Gerade einmal 2,5 Millionen Einwohner verlieren sich auf den 1,3 Millionen Quadratkilometern der beiden Provinzen – eine Fläche so groß, dass das Saarland mehr als 500 Mal hineinpassen würde.

Auch die Städte müssen einen Vergleich nicht scheuen – Manitobas Hauptstadt Winnipeg punktet mit überaus entspannten Lifestyle sowie einer dynamischen Kunst- und Gastroszene, wie man sie tief im Landesinnern nicht unbedingt erwartet. Gleiches gilt für Regina, die Hauptstadt der Nachbarprovinz Saskatchewan. Ihr Konzerthaus gilt als eines der besten in ganz Nordamerika.

Die größte Attraktion der beiden Provinzen liegt indessen weit abgeschieden im hohen Norden: Der kleine Küstenort Churchill am Ufer der Hudson Bay hat sich selbst zur „Hauptstadt der Eisbären" erklärt. Und in der Tat gibt es wohl nirgends bessere Bedingungen, um den König der Arktis zu beobachten. Im Oktober und November strömen Besucher aus allen Teilen der Erde hierher, um das größte Säugetier an Land zu sehen, wenn es auf das Zufrieren der Hudson Bay wartet. Aber auch im Sommer ist Churchill mit Belugawalen, blühenden Wildblumen sowie einer kleinen Chance auf Eisbären das perfekte Wildlife-Ziel.

· *www.travelmanitoba.com/de*
· *de-keepexploring.canada.travel/places-to-go/manitoba*
· *www.tourismsaskatchewan.com*
· *de-keepexploring.canada.travel/places-to-go/saskatchewan*

Kanada, wie es im Buche steht, genießen Reisende an einsamen Seen in den Prärieprovinzen.

151 Winnipeg – Perle der Prärie

Die Hauptstadt der Provinz Manitoba lohnt einen mehrtägigen Stopp, ehe es weiter in die Natur – zumeist zu den Eisbären an der Hudson Bay – geht. Eine ideale Sightseeingtour durch Winnipeg startet mit einer Bootstour an der *Forks National Historic Site.*

Vom Schiff aus bekommen Reisende in 30 Minuten einen guten Überblick: Erster Blickfang ist das 72 Meter hohe *Legislative Building* mit seinem weiten Garten. Highlight der Bootsfahrt wie auch der Stadt: das *Museum for Human Rights*. Nach Bootsfahrt sowie kurzem Bummel durch Geschäfte und Cafés des nahen *Forks Public Market* sollte sich jeder Besucher Zeit für das berühmte Museum nehmen. Das 2014 eröffnete Nationalmuseum ist

die architektonische und kulturelle Attraktion der Stadt. Mit vielen interaktiven Elementen wird im *Museum for Human Rights* die Bedeutung der Menschenrechte vor allem anhand der Geschichte Kanadas und der First Nations erzählt. Weitere Ausstellungen widmen sich dem Holocaust und weiteren Völkermorden.

In der im Vergleich dazu wenig attraktiven Innenstadt mit Geschäften bekannter Marken ist überdies das *Manitoba Museum* einen Stopp wert. Es liefert einen informativen Überblick über die Geschichte der Provinz. Das Kulturangebot rundet die *Winnipeg Art* mit einer sehenswerten Sammlung von Inuit-Kunst sowie weiteren Exponaten ab.

Am späten Nachmittag darf ein Abstecher in den *Exchange District* nicht verpasst werden. Das Areal stammt aus der Blütezeit der Stadt, als rund um die Jahrhundertwende etwa 150 Geschäftshäuser, Banken und Lagerhäuser entstanden. Mittlerweile liebevoll restauriert, sind schicke Restaurants sowie trendige Modeboutiquen und Kunsthandwerkgeschäfte eingezogen und haben sich unter dem Label „Design Quarter Winnipeg“ zusammengeschlossen. Das Gebäudeensemble ist einzigartig in Nordamerika.

Auch wenn viele Reisende von Winnipeg aus in die Natur Manitobas starten, sollten sie dem Zoo einen Besuch abstatten. Unter dem Motto „Journey to Churchill“ sind dort alle Tiere zu finden, die typisch für den Norden Kanadas sind. Höhepunkt: das große Freigehege mit mehreren Eisbären. Durch große Fenster – selbst aus dem Restaurant – lassen sich die Könige der Arktis gut beobachten. Daneben sind beispielsweise auch Seerobben, Moschusochsen und Arktische Füchse, aber auch Kängurus und Pandas zu erleben.

· *www.tourismwinnipeg.com*

152 Churchill – Hauptstadt der Eisbären

Mehr Sehnsucht geht wohl nicht. Während sich die Schwarzbären in manchen Regionen quasi die Tatze geben und selbst Grizzlys sich vergleichsweise einfach von Vancouver Island aus beobachten lassen, zählen Ausflüge zum König der Arktis zu den aufwendigsten Wildlife-Touren überhaupt. Der Ort Churchill an der Hudson Bay, mit nicht einmal 1000 Einwohnern, knapp unterhalb des Polarkreises gelegen, bietet beste Chancen.

Doch aller Aufwand und der tiefe Griff in die Reisekasse lohnen sich: Den Moment mit „seinem" ersten Eisbären vergisst wohl niemand. Wer die bedrohten Tiere in ihrem natürlichen Lebensraum erlebt, kann sich glücklich schätzen. Beste Jahreszeit dafür sind die Wochen zwischen Mitte Oktober und Mitte November: Dann sammeln sich die Eisbären am Ufer der Hudson Bay, um aufs gefrorene Eis zu ziehen. In Spezialbussen von nur zwei zugelassenen Anbietern können Besucher die größten Raubtiere an Land beobachten. Mal liegen sie faul auf dem Schnee, mal streifen sie durch die Landschaft. Zuweilen kommen sie ganz nah an die Fahrzeuge heran. Und spätestens wenn sich zwei Eisbären in einen Kampf wagen, stockt den Zuschauern im sicheren Busse der Atem – und die Fotoapparate klicken noch schneller an ohnehin. Auf den ganztägigen Touren zum Preis von rund 500 CAD sind regelmäßig auch andere Tiere wie etwa der *Arctic Fox* zu sehen. Nachts wiederum flackern zuweilen Nordlichter, wobei die beste Zeit für *Northern Lights* wiederum die Monate Februar und März sind.

Das im Jahr 1717 als Handelsposten gegründete Churchill ist aber auch im Sommer eine Reise wert. Auch dann besteht eine Chance auf Eisbären, allerdings ist die Erfolgswahrscheinlichkeit niedriger (und die Preise auch). Im Juli und August verzückt

die Tundra mit blühenden Wildblumen, Raubvögeln und Karibus. Parallel tummeln sich hunderte von Belugawalen im Churchill River und der Hudson Bay. Vom Kajak oder Motorboot lassen sich die weißen Meeresbewohnern gut beobachten. Die Erlebnisdichte im Sommer ist also sogar eher größer als im Sommer. Letztlich fällt aber eine Empfehlung schwer, welche Saison die bessere ist.

Churchill ist am einfachsten per Flugzeug ab Winnipeg zu erreichen. Die Bahnstrecke ist nach Überschwemmungen gesperrt. Eine Straßenverbindung existiert nicht. Tipp: Angesichts hoher Nachfrage und knapper Kapazitäten (Flugzeug, Hotel, Ausflüge) möglichst früh buchen (etwa ein Jahr vorher) – und besser als organisierte Gruppenreise ab/bis Winnipeg. Vermutlich keine 100 Deutsche starten jedes Jahr das Abenteuer.

· *everythingchurchill.com*
· *frontiersnorth.com*
· *www.calmair.com*
· *www.lazybearlodge.com*
· *www.greatwhitebeartours.com*

153 Riding Mountain National Park – Weite Wildnis

Vom internationalen Massentourismus noch weitgehend unberührt, glänzt der Riding Mountain National Park in Manitoba mit weiten Grasflächen, klaren Seen, Mooren und dichten Wäldern. Hinzu kommt eine Tierwelt, die so reichhaltig und vielfältig ist, dass Besucher fast schon eine Garantie fürs *Wildlife Spotting* haben. Schwarzbären, Pumas und Elche sind hier ebenso heimisch wie eine der größten Karibuherden Kanadas. Doch als Stars des Parks gelten Bisons: Am östlichen Ende des Nationalparks lebt dauerhaft eine Herde in einem großen Gehege – das Areal ist so weitläufig, dass Autos hindurch fahren können. Außerdem lassen sich die Bisons von einer großen Aussichtsplattform beobachten.

Die Landschaft mit den bis zu 800 Meter hohen Bergen kann komfortabel vom Auto aus erkundet werden. Drei Panoramarouten führen durch den Park. Ein intensiveres Naturerlebnis genießt aber der Besucher, der zu Fuß, auf dem Pferd oder im Kanu durch das Schutzgebiet zieht. Zudem werden auf dem Clear Lake regelmäßig Rundfahrten angeboten. Und auch im Winter lohnt der Riding Mountain National Park einen Besuch – vor allem für Schneeschuh-Wanderungen.

Der Nationalpark liegt fünf Autostunden von Winnipeg entfernt. Im Schutzgebiet finden sich im Ort Wasagaming Unterkünfte in verschiedenen Preisklassen sowie ein großer Campingplatz.

· *www.pc.gc.ca/en/pn-np/mb/riding*
· *www.theclearlakemarina.com*
· *discoverclearlake.com*

154 Grasslands National Park – Natur wie vor 100 Jahren

Von Bildblumen bis hin zu Antilopen bietet der Grasslands National Park in Saskatchewan alles, was den naturverbundenen Reisenden interessiert. Noch ist das Schutzgebiet weitgehend unberührt – die touristische Infrastruktur in einem der jüngsten Nationalparks ist noch überschaubar. Vielfach kommt das Gefühl auf, hier im Park sei die Zeit stehen geblieben.

Am besten lässt sich die weite Prärielandschaft an der Grenze zum US-Bundesstaat Montana auf längeren Wanderungen erkunden. Acht Wanderungen sind in einem speziellen Wanderführer, erhältlich im lokalen Besucherzentrum, explizit empfohlen. Vom 70 Mile Butte bietet sich aus gut 900 Metern Höhe ein schöner Blick auf die Umgebung. Ebenfalls einen halben Tag zieht sich der Rundwanderweg zum Rim Hike. Möglichkeiten zur Tierbeobachtung bieten ein Habitat für Präriehunde sowie ein Schutzgebiet für Bisons, die einst zu tausenden in der Prärie lebten und zwischenzeitlich nahezu ausgestorben waren.

Im Besucherzentrum findet sich eine große Ausstellung zur Geschichte der Region sowie zu Flora und Fauna. Im Park bestehen mehrere Campingplätze, feste Unterkünfte sind außerhalb gelegen.

· *www.pc.gc.ca/en/pn-np/sk/grasslands*

155 Saskatoon

Die zweitgrößte Stadt der Provinz Saskatchewan macht der Hauptstadt Regina zunehmend Konkurrenz. Neben der Innenstadt von Saskatoon lohnt ein Besuch des *Western Development Museum*: Es vermittelt das einstige Bild der Stadt. Landesweit zu den besten Ausstellungen zu den First Nations zählt der *Wanuskewin Heritage Park* (siehe „First Nations", Seite 314).

· *www.tourismsaskatoon.com*

156 Athabasca Sand Dunes Provincial Park

Bis zu 30 Meter hoch lässt der Sand die Dünen in Kanadas größter Wüstenlandschaft anwachsen. Der Athabasca Sand Dunes Provincial Park, gelegen am Lake Athabasca, zählt zu den abgelegensten Regionen des Landes und ist ausschließlich per Wasserflugzeug erreichbar. Geführte Campingtouren in die nördlichste Sandwüste der Welt sind buchbar.

· *www.tourismsaskatchewan.com/things-to-do/attractions/103712/athabasca-sand-dunes-provincial-park*

157 Moose Jaw

Als „Litte Chicago" wurde die Kleinstadt Moose Jaw während der Zeit der Prohibition in den USA bekannt: Alkoholschmuggler nutzen das unterirdische Tunnelsystem als Versteck – Touren sind buchbar. Große Wandgemälde an zahlreichen Gebäuden erzählen die Geschichte der Stadt. Lohnend ist auch ein Besuch des *Western Development Museum* mit seiner Schau zur Eisenbahntradition des Landes.

· *www.tourismmoosejaw.com*

158 Cypress Hills Interprovincial Park

Weitgehend unberührte Natur und wenige Besucher zeichnen den Cypress Hills Interprovincial Park aus – ebenso ein Paradies für Naturfreunde wie der Grasslands National Park. Durch den Park, der sich durch Saskatchewan und das benachbarte Alberta zieht, führen mehrere *Scenic Routes*. Zahlreiche Orchideenarten verleihen dem Park mit seinen bis zu 1400 Meter hohen Hügeln das besondere Etwas.
· *www.cypresshills.com*

159 Regina

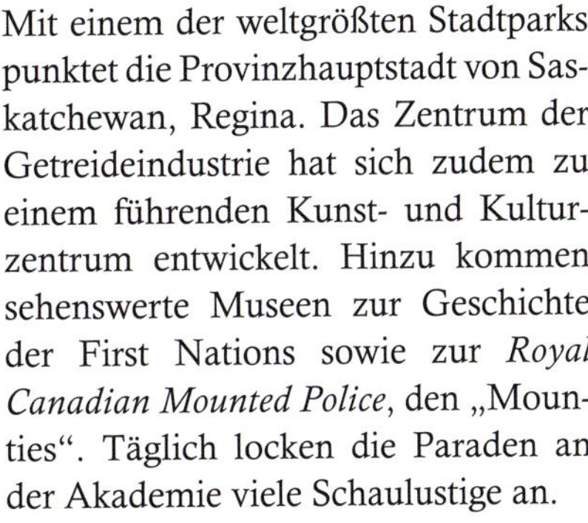

Mit einem der weltgrößten Stadtparks punktet die Provinzhauptstadt von Saskatchewan, Regina. Das Zentrum der Getreideindustrie hat sich zudem zu einem führenden Kunst- und Kulturzentrum entwickelt. Hinzu kommen sehenswerte Museen zur Geschichte der First Nations sowie zur *Royal Canadian Mounted Police*, den „Mounties“. Täglich locken die Paraden an der Akademie viele Schaulustige an.
· *tourismregina.com*

160 Lake Winnipeg

Eine ausgedehnte Ferienlandschaft hat sich an den Ufern des Lake Winnipeg etabliert. Mit seinen weiten Stränden und sonnenverwöhnten Stunden ist es kaum vorstellbar, dass es hier im Winter eisige Temperaturen und wahre Schneeberge gibt. Viele Arten von Wasservögeln lassen sich beobachten. Gute Infrastruktur für entspannte Urlaubstage ist vorhanden. Der See ist bei Anglern sehr beliebt.

Weltweit wohl einzigartig sind die Thousand Islands inmitten des Sankt-Lorenz-Stroms.

Ontario

Die bevölkerungsreichste Provinz Kanadas ist eine Region der Gegensätze. Die Großstadt Toronto trifft auf weitgehend noch unberührte Natur im Algonquin Provincial Park. Die liebliche Ferienregion Thousand Islands mit einer weltweit einzigartigen Insellandschaft steht im schroffen Kontrast zu den Touristenmassen an den Niagara Falls. Dazwischen finden sich immer wieder malerische Kleinstädte wie etwa Niagara-on-the-Lake oder die Urlaubsregion rund um die Muskoka Lakes. Nicht zu vergessen: Auf Manitoulin Island findet alljährlich das größte Pow Wow Nordamerikas statt, das Indianer aus allen Regionen anlockt.

Mit seiner großen Vielfalt und der vergleichsweise kurzen Fluganreise ab Deutschland ist Ontario oftmals der Einstieg in eine lange Liebe zum Ahornland. Eine zwei- oder dreiwöchige Rundreise verbindet die wichtigsten Sehenswürdigkeiten und lässt sogar Zeit für Abstecher in die Nachbarprovinz Québec.

- *www.ontariotravel.net/ger/home*
- *www.ontarioparks.com*

161 Thousand Islands – Inselglück

Inseln, nichts als Inseln. Wer im kleinen Städtchen Gananoque mit dem Helikopter startet, sieht nach wenigen Minuten nichts als Inseln. Doch welche ist die schönste? Mehr als 1700 Inseln umfasst die Wasserlandschaft Thousand Islands, jeweils drei Stunden östlich von Toronto bzw. westlich von Montréal. Geformt in der letzten Eiszeit, bildet diese einzigartige Landschaft zugleich die Grenze zwischen Kanada und den USA.

Die Inselwelt inmitten des mächtigen Sankt-Lorenz-Stroms erkunden Reisende am besten per Boot. Täglich starten Schiffsausflüge in Gananoque, Kingston sowie Rockford zu unterschiedlich langen Touren auf dem Fluss, der hier so gar nicht wie ein

Strom, sondern eher wie eine große Meeresbucht wirkt. Mit wenigen Ausnahmen sind alle Inseln im Privatbesitz, nachdem Ende des 19. Jahrhunderts die nordamerikanische Oberschicht die Region als Ferienziel für ihre „Sommerfrische" entdeckt hat. Gerade auf den größeren Inseln finden sich zuweilen luxuriöse Villen, die kleineren Eilande beherbergen im Kontrast dazu nur kleine Holzhäuser. Lediglich 21 Inseln stehen unter Naturschutz und zählen zum St. Lawrence Islands National Park.

Populärstes Ziel inmitten der Thousand Islands ist *Boldt Castle*: Das mächtige Schloss ließ der New Yorker Millionär George C. Boldt, unter anderem Inhaber des legendären New Yorker Hotels *Waldorf Astoria*, zu Ehren seiner Frau errichten. Als sie 1904 noch vor der Eröffnung verstarb, stoppte Boldt die Bauarbeiten und kehrte aus Trauer über seinen Verlust nicht mehr nach Heart Island zurück. Die Kapitäne der Ausflugsfahrten steuern im Regelfall die Insel an. Bei manch längeren Touren ist auch eine Besichtigung von *Boldt Castle* möglich – dafür müssen Besucher jedoch ihren Reisepass mitnehmen, da Heart Island zu den USA gehört.

Wer lieber aktiv sein möchte, kann das Paradies voller Inseln vom Kanu aus erkunden. Einen schönen Blick von oben erleben Reisende vom Helikopter aus oder vom 130 Meter hohen Aussichtsturm *1000 Islands Tower*. Die Städte Gananoque und Kingston laden zum Verweilen ein, die entspannte Stimmung der Thousand Islands prägt die kleinen Städte. Spezialität Nummer Eins in den hiesigen Restaurants ist das gleichnamige Salat-Dressing, das hier in der Region kreiert wurde.

· *www.visit1000islands.com*
· *www.ganboatline.com*
· *www.rockportcruises.com*
· *www.1000islandskayaking.com*
· *www.fly1000islands.ca*
· *www.1000islandstower.com*

162 Algonquin Provincial Park – Kanada in Reinkultur

Ob Elche oder Schwarzbären, Wanderungen oder Kanutrips: Keine Region in Ontario steht so symbolhaft als Sehnsuchtsziel für Kanadas Natur wie der Algonquin Provincial Park. Zwischen Toronto und Ottawa gelegen, finden Reisende hier alles, was die Fauna und Flora des Landes ausmacht.

Schon von der Panoramastraße, die sich von West nach Ost durch den 1893 gegründeten und damit ältesten Park Ontarios zieht, bekommen Besucher einen guten Eindruck. Mit Glück erspähen sie direkt von der einzigen Durchgangsstraße (Highway 60) Elche oder Biber. Zahlreiche Seen und Wasserarme, durchsetzt von Buchen, Birken und Ahornbäumen, prägen die Landschaft in einem der größten Schutzgebiete der Provinz.

Zahlreiche Wanderwege unterschiedlicher Länge führen durch den Park. Das bessere Erlebnis versprechen jedoch Touren mit dem Kanu: Unvergesslich bleibt für viele Besucher der Moment, sobald sie vom Wasser aus in die Augen eines Elchs schauen! Neben den typischen kanadischen Tieren sind Hirsche, Wölfe und Fischotter im Park heimisch. Schon halbtägige, geführte Touren versprechen viele Begegnungen mit Kanadas Tierwelt. Noch bessere Chancen zum *Wildlife Spotting* bieten natürlich mehrtägige Touren mit Boot und Zelt. Guter Ausgangspunkt für Ausflüge auf dem Wasser ist der Lake Opeongo, wo der traditionsreiche Anbieter *Algonquin Outfitters* eine seiner Basisstationen unterhält.

Als beste Reisezeit gilt natürlich der *Indian Summer.* Ende September und Anfang Oktober funkelt die Vegetation farbenfroh, Bäume erstrahlen in allen Farben und machen so das Klischee von Kanada hier im Park perfekt. Wer hingegen vor allem Elche beobachten möchte, sollte im Mai oder Juni auf Tour gehen – allerdings

sind dann viele Mücken unterwegs, so dass eine gute Vorsorge mit Sprays und Moskitonetzen gut tut.

Im Park stehen neben mehreren Campingplätzen nur wenige, zum Teil hochwertige und entsprechend teure Unterkünfte zur Verfügung. Eine größere und preiswertere Auswahl finden Reisende in Huntsville, wenige Kilometer vom westlichen Parkeingang entfernt. Natur und Ruhe pur bietet indes die *Algonquin Eco Lodge*: Sie liegt zwar im geschützten Bereich des Parks, allerdings rund 70 Minuten vom östlichen Eingang entfernt. Zudem müssen Besucher rund 30 Minuten vom Parkplatz zur Lodge wandern – doch die Mühe lohnt sich. Direkt am See, mit eigenem Wasserfall, gibt es kaum einen besseren Platz, die Atmosphäre sowie Fauna und Flora des beliebten Parks zu erleben.

· *www.algonquinpark.on.ca*
· *www.algonquinoutfitters.com*
· *www.algonquinparktours.com*
· *www.killarneylodge.com*
· *www.algonquinecolodge.com*

163 Niagara Falls – Die Topattraktion

Die rauschenden Wasserfälle sind wohl die bekannteste Sehenswürdigkeit Kanadas: Mehr als zehn Millionen Besucher bestaunen alljährlich die Niagara Falls. Durchaus bemerkenswert, sind doch schließlich die Iguazu Falls zwischen Argentinien und Brasilien sowie die Victoria Falls zwischen Sambia und Simbabwe höher und breiter.

Die viel fotografierten Wasserfälle des Niagara River entstanden bei der letzten Eiszeit vor rund 12.000 Jahren und verbinden den Lake Erie in den USA mit dem kanadischen Lake Ontario. Etwa 90 Prozent der Wassermassen ergießen sich über die 670 Meter breiten Horseshoe Falls auf der kanadischen Seite etwa 50 Meter tief, während die American Falls und die Bridal Veil Falls bei Weitem nicht so mächtig sind. Der beste Blick auf alle drei Wasserfälle bietet sich ebenfalls von der kanadischen Seite.

Doch während die Niagara Falls zweifelsohne zu dem Spektakulärsten zählt, was Mutter Natur geschaffen hat, verunstaltet der Mensch die Ufer. Hoteltürme, Spielcasinos und Restaurants erinnern eher an Las Vergas. Ebenso breit ist das Angebot an Attraktionen. Zu den Klassikern zählt die schaukelnde Fahrt mit einem Boot der *Hornblower*-Linie bis nah an die Gischt. Die Trips werden auch abends angeboten, wenn die Fälle farbenfroh illuminiert erstrahlen. Ähnlich beliebt sind Helikopter-Flüge. Zudem gibt es auf dem *Konica Minolta Tower* und auf dem *Skylon Tower* Restaurants in luftiger Höhe. Über den Tunnel von *Journey Behind the Falls* gelangen Mutige auf Aussichtsplattformen nahe der Abbruchkante.

· *www.niagaraparks.com*
· *www.niagarafallstourism.com*
· *www.niagaracruises.com*
· *www.niagarahelicopters.com*

164 Niagara-on-the-Lake – Ruhige Oase

Nach nur wenige Fahrminuten von den Niagara Falls stoßen Urlauber auf eine idyllische Kleinstadt. Obgleich das sehenswerte Niagara-on-the-Lake mittlerweile in der Besucher-Gunst deutlich zulegt, hat sich der Ort viel von seinem Charme bewahren können.

Ursprünglich war hier die erste Hauptstadt der britischen Kolonie in Kanada angesiedelt, ehe Toronto diese Aufgabe übernahm – und Niagara-on-the-Lake prompt im Jahr 1813 von den Amerikanern überfallen und zerstört wurde. Der historische Stadtkern der seinerzeit schnell wieder aufgebauten Stadt ist bis heute die Attraktion. Die Hauptstraße mit ihrem prägnanten Uhrenturm säumen zahlreiche kleine Restaurants, Cafés sowie Boutiquen und Trödelläden. In den herrschaftlichen Villen in den umliegenden Straßen finden sich viele gemütliche Bed&Breakfast-Unterkünfte. Wer den Stadtkern verlässt, kann vom Ufer des Niagara River auf die US-Seite blicken oder vom Strand des Lake Ontario die Hochhäuser von Toronto erkennen. Außerhalb der Innenstadt liegt das sehenswerte *Fort George*. Die Stadt ist zudem für das Theater-Festival zu Ehren von George Bernard Shaw sowie für die Weingüter im Umland bekannt.

Der *Niagara Parkway* verbindet Niagara-on-the-Lake mit den Wasserfällen und führt parallel zum Niagara River. Die Seilbahn *Whirlpool Aero Car* überquert schon seit 1916 einen kleinen Seitenarm. Eine Ziplining-Tour wird mittlerweile auch angeboten.

· *www.niagaraonthelake.com*
· *www.niagaraparks.com*

165 Bruce Peninsula National Park

Nordwestlich von Toronto am Rande des Lake Huron prägen eigenartige Kalksteinformationen sowie zahlreiche Orchideen-Arten die Bruce Peninsula. Ein Besuch im Frühling, wenn die Wildblumen blühen, bleibt unvergesslich. Wanderwege führen durch den Nationalpark, beispielsweise zur Felshöhle Grotto am Seeufer. Der Bruce Peninsula National Park ist als *Dark Sky Reserve* ausgezeichnet.

· *www.pc.gc.ca/fra/pn-np/on/bruce.aspx*

166 Manitoulin Island

An der Einfahrt in die Georgian Bay liegt mit Manitoulin Island eine der weltweit größten Süßwasserinseln. Rund ein Viertel der Bevölkerung sind Nachfahren von Indianern. Hier steigt alljährlich das größte *Pow Wow* Nordamerikas, dazu reisen Indianer aus allen Regionen an. Seen, Klippen und Wälder machen die Insel zu einem beliebten Ferienziel.

· *www.manitoulin-island.com*
· *www.norisle.com*

167 Lake Superior Provincial Park

Der Park am Lake Superior ist als eines von sechs Biosphärenreservaten Kanadas von der UNESCO ausgezeichnet worden und zählt so zu den besonders schützenwerten Lebensräumen. Er ist für seine Granitfelsen am Ufer und für seine üppige Fauna und Flora bekannt. Vor allem Elche und Biber sowie Zugvögel werden hier häufig gesichtet. Im Herbst leuchten die Ahorn- und Birkenbäume.

· *lakesuperiorpark.ca*

168 Muskoka Lakes

Die mehr als 1600 Seen der Muskoka Lakes gelten als älteste Ferienregion Ontarios. Noch heute haben viele Großstädter aus dem nur zwei Stunden entfernten Toronto hier ihre Wochenendhäuschen, die zuweilen als herrschaftliche Villen ausfallen. Von Gravenhurst starten Bootsfahrten, von Orillia aus Wasserflugzeuge. Die Infrastruktur ist perfekt auf den Tourismus ausgelegt.

· *www.discovermuskoka.ca*

169 Sainte-Marie among the Hurons

Das Missionsdorf wurde 1639 als erste nichtindianische Siedlung der Region gegründet. Nach einem Massaker, bei dem auch acht Angehörige des Jesuiten-Ordens starben, wurde der Ort aufgegeben. Seit den 1940er-Jahren läuft eine umfangreiche Rekonstruktion. Heute gilt das Freilichtmuseum mit 25 wieder aufgebauten Holzgebäuden als eine der bedeutendsten historischen Stätten des Landes.

· *www.saintemarieamongthehurons.on.ca*

170 Point Pelee National Park

An der südlichsten Spitze des kanadischen Festlandes liegt auf einer Landzunge der Point Pelee National Park. Die abgeschiedene und sonnenreiche Region ist berühmt für ihre dichten Laubwälder. Nur an wenigen Orten in Nordamerika lässt sich die einstige Flora so gut genießen wie hier. Vogelkundler kommen im Frühling und Herbst voll auf ihre Kosten.

· *www.pc.gc.ca/eng/pn-np/on/pelee/index.aspx*

Nathan Phillips Square ist der zentrale Platz Torontos.

Metropole der Superlative: Toronto ist Kanadas größte Stadt und zieht so viele Besucher an wie keine andere. Und mit dem *CN Tower* steht hier auch das höchste Gebäude des Lands, das über viele Jahre zugleich das höchste Bauwerk des Planeten war. Trotz seiner Größe von 2,5 Millionen Einwohnern im Stadtgebiet, weit über sechs Millionen im Großraum und seinen modernen Hochhäusern zwischen historischer Bausubstanz versprüht Toronto nicht das hektische Flair einer Großstadt. Die Lage am Lake Ontario sorgt stets für Entspannung. Und ein Ausflug mit der Fähre auf die vorgelagerten Toronto Islands lässt gar Urlaubsstimmung aufkommen. Auch die vielleicht beste Kulturszene Nordamerikas – von New York abgesehen – trägt zum mittlerweile guten Ruf der Metropole bei. Der legendäre Schauspieler *Peter Ustinov* urteilte einst pointiert: „Toronto ist New York – aber von Schweizern geführt."

· *www.seetorontonow.de*
· *web.toronto.ca*

171 CN Tower – Rund-um-Blick auf die Metropole

Er ist das Wahrzeichen der Stadt und gefühlt vom jedem Platz der Stadt zu erspähen: 553 Meter hoch erstreckt sich der *CN Tower*. Mit der Eröffnung 1976 avancierte er zum höchsten Bauwerk des Planeten – den Titel musste er erst im Jahr 2010 an den 828 Meter hohen Burj Khalifa in der Glitzermetropole Dubai abtreten. Einst als reiner Zweckbau geplant, ist der *CN Tower* heute mit mehr als zwei Millionen Besuchern die beliebteste Attraktion der Stadt.

Bei gutem Wetter reicht der Blick von der obersten Plattform *SkyPod* in 447 Metern Höhe rund 160 Kilometer weit – bis in den US-Bundesstaat

New York und zu den berühmten Niagara Fällen. Imposant ist der Blick auch hinab auf die Stadt, die Schiffe im Hafen und die Toronto Islands. Einen besseren Einstieg oder Abschluss einer Reise gibt es wohl nicht. Weitere Aussichtspunkte liegen auf rund 350 Meter. Dort dreht sich das *360 Restaurant* (Reservierung empfohlen) in 72 Minuten einmal um die Achse. Neben dem offenen *Outdoor Observation Deck* lockt der sogenannte *Glass Floor*: Dort genießen Besucher durch den gläsernen Boden einen direkten Blick in die Tiefe!

Wer es lieber abenteuerlich mag und nicht unter Höhenangst leidet, wagt zusätzlich den *EdgeWalk* auf einer schmalen Aussichtsplattform, die in 356 Metern Höhe außen rund um den Turm führt. Hier können Besucher ihren Mut beweisen und in luftiger Höhe einen Panoramablick in alle Richtungen genießen – gut gesichert in einem Spezialanzug und nur auf einer geführten Tour. Die 150 Zentimeter schmale Stahlkonstruktion hat weder links noch rechts Gitter. Der Spaziergang in luftiger Höhe dauert rund 30 Minuten – spektakuläre Fotos sind da garantiert. Ein ähnliches Angebot besteht in der neuseeländischen Metropole Auckland, doch die Plattform in Toronto liegt höher.

Am Fuße des *CN Tower* befindet sich das *Rogers Centre*. Die Sportarena (unter ihrem früheren Namen *SkyDome* bekannt geworden) mit ihrer strahlend weißen Dachkonstruktion fasst mehr als 50.000 Besucher. Die Heimspielstätte des Baseball-Teams *Blue Jays* und der Football-Profis der *Argonauts* kann während einstündiger Führungen besucht werden.

· *www.cntower.ca*
· *www.edgewalkcntower.ca*
· *www.rogerscentre.com*

172 Toronto Islands – Grüne Oase der Ruhe

Mit Stränden, weiten Parklandschaften und kleinen Kanälen sind die Toronto Islands ein einzigartiges Refugium und weltweit für Großstädte dieser Größenordnung wohl konkurrenzlos. Am ehesten lässt die entspannte Inselgruppe mit dem Stanley Park in Vancouver oder dem Botanischen Garten in Sydney – beide direkt am Wasser gelegen, anders als New Yorks Central Park – vergleichen. Und mit der Fähre ist die sechs Kilometer lange Oase der Ruhe innerhalb weniger Minuten vom sehenswerten Hafen in Torontos Innenstadt aus zu erreichen.

Urlauber wie Stadtmenschen schätzen die zahlreichen Freizeitmöglichkeiten; Kanus und Fahrräder können gemietet werden. Und wer nicht zu Fuß die Buchten und Grünflächen erkunden möchte, kann in der Hauptsaison auch eine kleine Bahn nutzen. An mehreren Sandstränden kommt im Sommer Urlaubsflair auf. Mittlerweile hat sich auch die einst schlechte Wasserqualität verbessert, so dass beispielsweise der Centre Island Beach mit einer „Blauen Flagge“ ausgezeichnet wurde. Die perfekte Infrastruktur für erholsame Stunden nach einer Sightseeingtour runden mehrere Restaurants und Café ab. Der Blick auf die beleuchtete Skyline zählt sicherlich zu den schönsten Erlebnissen in Kanadas größter Stadt.

Weiterer Pluspunkt der Inseln: Sie sind komplett autofrei! Auch wenn rund 600 Menschen die einstige Halbinsel, die 1878 bei einem Sturm die Verbindung zum Festland verlor, zu ihrer Heimat auserkoren haben, sind motorisierte Fahrzeuge nicht erlaubt. Handkarren und Golf-Carts sind hingegen weit verbreitet. Die Ruhe, nur wenige Minuten von der lärmenden Großstadt entfernt, stören nur die

regelmäßig landenden Flugzeuge auf *Billy Bishop Toronto City Airport* am westlichen Ende der Inselgruppe. Der ungewöhnliche Flugplatz ist per Tunnel und Fähre mit der Innenstadt verbunden. Regelmäßige Linienflüge gehen bis nach Newfoundland oder New York.

Wer keine Zeit für einen längeren Ausflug hat, sollte zumindest mit der Fähre einmal übersetzen und gleich wieder gen Hafen zurückkehren. Oder alternativ eine einstündige Bootsfahrt, gerade am späten Nachmittag, buchen – der Blick auf die Skyline ist schlicht umwerfend.

· *www.torontoisland.com*
· *www.paddletoronto.com*
· *www.torontoislandbicyclerental.com*
· *harbourtourstoronto.ca*

173 Distillery District – Ausgehviertel

Noch bis 1990 ist die einst größte Destillerie der Welt in Betrieb gewesen. Heute ist das Areal rund um die 1832 gegründete Brennerei ein pulsierendes Kultur- und Ausgehviertel – in einem historischen Rahmen. Der Distillery District gilt als eines der am besten erhaltenden Industrieareale im viktorianischen Stil Nordamerikas und wurde 1988 zu einer *National Historic Site* gekürt.

In den mehr als 40 Gebäuden aus roten Ziegelsteinen haben sich zahlreiche Galerien und Boutiquen angesiedelt. Hinzu kommen Restaurants und Cafés, abends ist das Quartier bekannt für gute Livemusik. Binnen weniger Jahren etablierte sich der *Distillery District*, nur wenige Fußminuten von der Innenstadt entfernt, als eines der Unterhaltungszentren Torontos. Mit den kleinen Gassen und Tischen vor den Häusern versprüht das historische Viertel so viel europäisches Flair wie kaum ein anderer Platz in der Metropole.

Und wer Glück hat, wird Augenzeuge und kann berühmte Schauspieler aus nächster Nähe erleben: Die einzigartige Architektur diente schon für viele Film- und Fernsehproduktionen als attraktive Kulisse – beispielsweise für die „X-Men"-Filme oder „Die Vögel" von *Alfred Hitchcock*.

· *www.thedistillerydistrict.com*

174 Eaton Centre – Shopping pur

Mehr als 200 Geschäfte und Restaurants ziehen jährlich mehr Besucher an als der Flughafen Torontos, immerhin der größte Airport des Landes. Das *Eaton Centre* ist aber nicht eines der üblichen, gesichtslosen Einkaufszentren: Die 244 Meter lange Passage ist einarchitektonisches Highlight der Stadt. Besonders sehenswert ist das gläserne Dach. Brunnen und Kanäle verschönern die vier Ebenen des großen Komplexes, der 1977 eröffnet wurde und zu den größten Einkaufspalästen Kanadas gehört. Die Ursprünge reichen bis ins Jahr 1869 zurück, als der Händler *Timothy Eaton* ein kleines Geschäft übernahm und über die Jahre einen der führenden Warenhaus-Konzerne formte – mittlerweile übernahm die *Sears*-Kette das bankrotte Unternehmen und betreibt hier eine ihrer größten Filialen.

Das *Eaton Centre* mit seiner zentralen Lage ist ein guter Ausgangspunkt für eine Sightseeingtour durch die Innenstadt: Der *Nathan Phillips Square* mit dem berühmten Schriftzug der Stadt liegt gleich um die Ecke. Auf der Wasserfläche kann man im Winter Schlittschuh fahren. Das historische Rathaus und die moderne *City Hall* gruppieren sich um den Platz.

· *www.cfshops.com/toronto-eaton-centre.html*

175 Toronto Beaches

Gleich mehrere Strände laden zum Verweilen am Ufer oder Baden am großen Lake Ontario ein. Zu den beliebtesten Sandbuchten zählt Bluffer's Beach nah der gleichnamigen Marina. Ebenso populär ist der Woodbine Beach, der zudem einen großen Pool zum Schwimmen bietet. Besonders leicht zu erreichen sind die Strände auf Toronto Islands.

· *www.toronto.com/things-to-do/best-toronto-beaches*

176 Kensington Market

Nur wenige Minuten von den Hochhäusern der Innenstadt entfernt, präsentiert sich *Kensington Market* als multikultureller und lebendiger Stadtteil. Einst das jüdische Viertel Torontos, prägen heute Einwanderer aus allen Teilen der Erde die Straßen mit ihren modernisierungsbedürftigen, aber farbenfrohen Häusern. Kulinarische Genüsse aus aller Welt lassen sich hier genießen.

· *www.kensington-market.ca*

177 Royal Ontario Museum

Am Rande der Innenstadt liegt das größte Museum des Landes: Mehr als sechs Millionen Exponate umfasst das *Royal Ontario Museum*. Breiten Raum nimmt die Geschichte Kanadas samt Flora und Fauna ein. Gelobt werden die Ausstellung über Chinas Kunstschätze sowie die umfangreiche Dinosaurier-Schau. Das 1914 eröffnete Museum wurde 2007 vom Architekten *Daniel Liebeskind* umgebaut.

· *www.rom.on.ca*

178 Hudson's Bay Company

Die Geschichte Kanadas ist eng mit dem 1670 gegründeten Handelsunternehmen verknüpft. Die *Hudson's Bay Company* kontrollierte viele Jahre den Pelzhandel und trieb die Erschließung der entlegenen Landesteile voran. Heute betreibt der Konzern zahlreiche Warenhäuser wie die Vorzeigefiliale in Toronto und ist seit 2015 Eigentümer der deutschen Kette Galeria Kaufhof.

· *www.hbc.com*

179 Toronto Zoo

Der Zoologische Garten am Rande der Metropole zählt zu den größten Anlagen weltweit und umfasst mehr als 5000 Tiere von über 460 verschiedenen Arten. Besucher bekommen einen guten Überblick über die einheimische Tierwelt, beispielsweise mit Eisbären, Schneeeulen und Elchen. Weitere Highlights: Pandabären, Schneeleoparden und Weiße Löwen. Viel Zeit für die Anreise einplanen.

· *www.torontozoo.com*

180 Art Gallery of Ontario

Zweites herausragendes Museum der Stadt ist die *Art Gallery of Ontario*, die dank Star-Architekt *Frank Gehry* in neuem Glanz erstrahlt. Sehenswert ist die große Inuit-Schau. Eine große Sammlung mit Werken europäischer und kanadische Künstler zählt zu den Hauptattraktionen. Dem bedeutenden kanadischen Künstlerkollektiv *Group of Seven* ist eine eigene Ausstellung gewidmet.

· *www.ago.net*

Blick vom *Rideau Canal* auf *Parliament Hill* und das Luxus-Hotel *Fairmont Château Laurier*

Ottawa

Mit den wohl besten Museen des Landes, dem gemütlichen Ambiente und seinem pulsierenden Nachtleben ist Kanadas Hauptstadt mittlerweile ein attraktives Reiseziel. Ottawa lohnt heute wahrlich einen längeren Aufenthalt und entspricht gar nicht mehr dem weitverbreiteten Klischee eines langweilen Regierungssitzes.

Vermutlich beruht das negative Bild auf den enttäuschten Bürgern von Toronto, Kingston und Montréal: Sie hatten sich vergeblich Hoffnung gemacht, Hauptstadt zu werden. Doch die Wahl von Queen Victoria im Jahr 1857 fiel auf das kleine und damals noch weitgehend unbedeutende Städtchen Ottawa. Damit nahm nicht nur ein ungeahnter Aufschwung seinen Anfang. Zugleich schuf die Monarchin ein Bindeglied zwischen den englisch- und den französischsprachigen Landesteilen: Bis heute wird in kaum einer Region die Zweisprachigkeit so ausgelebt wie in der *Capital Region*, die neben dem Regierungssitz auch die lebenswerte Stadt Gatineau auf der anderen Seite des Ottawa River umfasst. Ontario und Québec sind nur durch den Fluss voneinander getrennt.

Die Hauptstadt des zweitgrößten Landes unseres Planeten lässt sich stressfrei erkunden: Die wichtigsten Sehenswürdigkeiten wie der *Peace Tower* und die *National Gallery of Canada* sind zu Fuß vom zentralen *Confederation Square* gut erreichbar. Ebenso: der quirlige *ByWard Market* mit vielen Restaurants und Pubs sowie der entspannende *Major's Hill Park*. Und auch im Winter lockt das *Winterlude Festival*.

· *de.ottawatourism.ca/entdecken*
· *de-keepexploring.canada.travel/places-to-go/ottawa*
· *ncc-ccn.gc.ca*

181 Parliament Hill – Herz des Landes

Die Empfehlung ist eindeutig: „Besucht den *Peace Tower*“, antworten Einheimische auf die Frage internationaler Besucher, welche Sehenswürdigkeit auf jeden Fall auf dem Programm stehen sollte. Und der Tipp dürfte wohl jeden zufriedenstellen: Vom 92 Meter hohen *Peace Tower* – Teil des kanadischen Parlamentssitzes auf dem *Parliament Hill* – genießen Besucher einen fabelhaften Blick auf die schmucke Innenstadt Ottawas.

Richtung Osten sind zunächst das UNESCO-Welterbe *Rideau Canal* (siehe Seite 231) und das bekannte Hotel *Fairmont Château Laurier* sowie der *Major's Hills Park* zu sehen. Weiter im Uhrzeigersinn fällt der Blick auf den *Confederation Square* – das Zentrum der 900.000-Einwohner-Metropole. Direkt unterhalb des *Peace Tower* befindet sich die *Centennial Flame*. Gen Westen folgen die kleine Insel Victoria Island und der futuristische

Bau des *Canadian War Museum*. Highlight zum Abschluss: das *Canadian Museum of History*. Ebenfalls nördlich und auf der anderen Seite des Ottawa River liegt der *Park Gatineau*.

Aber nicht nur der *Peace Tower*, sondern weite Teile des Parlamentsgebäudes stehen Besuchern offen. Während der 360-Grad-Rundum-Blick jederzeit individuell möglich ist, ist der *Centre Block* mit den edel anmutenden Sitzungssälen von Senat und Unterhaus nur auf geführten Touren zugänglich. Dabei wird auch die sehenswerte Bibliothek mit zahlreichen Schnitzereien besucht – dieser Gebäudeteil überstand als einziger das Großfeuer von 1916. Der Ostflügel mit historischen Räumen vergangener Regierungen kann hingegen nur während der sitzungsfreien Zeit im Sommer besichtigt werden.

Der Parlamentskomplex auf einem Hügel am Rande des Ottawa River im neugotischen Stil wurde 1967 pünktlich zur Gründung der *Kanadischen Konföderation* eingeweiht. Die Wiedereröffnung nach dem verheerenden Brand 1916 erfolgte 1920. Trotz der nunmehr verdoppelten Größe erinnert das Gebäude mit seinen Türmchen und Giebeln noch immer an Westminster Palace im britischen Mutterland. Der *Peace Tower* folgte erst 1927 in Gedenken an die Toten des Ersten Weltkrieges. Ebenfalls sehenswert auf dem *Parliament Hill*: der tägliche Wachwechsel der Parlamentsgarde sowie die abendlichen Lichtershows, beides nur im Sommer.

Wichtig: Kostenlose Tickets sind immer nur für den gleichen Tag an einem Verkaufsstand gegenüber des Parlamentsgebäudes erhältlich. Im Sommer, speziell an den Wochenenden, bilden sich schon weit vor Öffnung des Ticketschalters lange Schlangen. Frühes Aufstehen lohnt.

· *visit.parl.ca*

182 Canadian Museum of History – Reise in die Vergangenh

Schon der erste Blick in die *Grand Hall* ist beeindruckend: Gewaltige Totempfähle ziehen Besucher in ihren Bann, ebenso die angrenzenden Holzhäuser von Indianern an der kanadischen Pazifikküste. Die riesige Halle, die sich über mehrere Stockwerke in die Höhe erstreckt, ist das zentrale Wahrzeichen des *Canadian Museum of History*. Das Nationalmuseum, früher als Canadian Museum of Civilization bekannt, ist eines der Wahrzeichen der *Capital Region*. Der prächtige Bau wurde 1989 eröffnet und liegt pittoresk am Ufer des Ottawa River – aber nicht in der Hauptstadt selbst, sondern gegenüber vom *Parliament Hill* in der Schwesterstadt Gatineau.

Im Fokus der umfangreichen Sammlung steht die Besiedlung des Landes, dessen heutiger Staat gerade einmal seit rund 150 Jahr besteht. So können Besucher in der *Grand Hall* direkt in die Wohnhäuser der First Nations hinein spazieren und beispielsweise den Spirit der Bewohner von Haida Gwaii nachempfinden. An diese prächtige Ausstellung schließt sich eine Schau zeitgenössischer Kunst an – ebenso ein Überblick von Ausgrabungen zwischen 1966 und 1978 in der Region rund um Prince Rupert, der Einblick in das Volk der *Tsimshian*-Volkes bietet.

Die ebenfalls sehenswerte *History Hall* zeigt das Leben der vergangenen 15.000 Jahre. Diese Ausstellung wurde erst kürzlich neu konzipiert und umfasst mehr als 1500 Exponate. Daher nimmt das Museum für sich in Anspruch, das reale Leben der früheren Bewohner so lebendig darzustellen wie landesweit keine andere Schau. Gegliedert in drei Galerien, werden 18 ausgewählte Geschichten erzählt: aus der Zeit des frühen Kanada, der

Kolonialisierung von 1763 bis 1914 und aus dem modernen Kanada.

Zusätzlich zu den beiden zentralen Sammlungen sind kontinuierlich weitere Ausstellungen zu sehen. Sie beleuchten Aspekte der kanadischen Kultur und Lebensart. So gab es bereits Sonderschauen rund ums Eishockey, den Nationalsport des Landes, oder den Goldrausch am Klondike River im hohen Norden im 19. Jahrhundert. Überdies schließt sich an das *Canadian Museum of History* noch das *Canadian Children's Museum* an. Es gibt Einblick in viele spannende Kulturen der Welt – von Indien bis Mexiko.

· *www.historymuseum.ca*

183 ByWard Market – Lebendiges Zentrum

Bis zu 50.000 Besucher an einem einzigen Sommer-Wochenende – *ByWard Market* ist heute der zentrale Treffpunkt der Einheimischen. Der schon im Jahr 1826 gegründete Markt mit zwischenzeitlich mehreren Dutzend Ständen umfasst heute mehr als 250 Angebote. Lebensmittel, einst die Keimzelle des Markts, macht heute mit 22 Shops nur noch einen kleinen Teil der Vielfalt aus. Darüber hinaus werben mehr als 50 Modegeschäfte sowie beispielsweise Buchläden und Schönheitssalons um die Gunst der Besucher.

Vor allem aber ist *ByWard Market*, etwa 15 Fußminuten vom *Parliament Hill* entfernt, heute mehr als ein Shopping-Paradies: Mehr als 100 Restaurants und Pubs machen das Areal zum zentralen Unterhaltungs-Eldordoa. Wer hier unterwegs ist, bleibt nicht hungrig – egal, welche Spezialität oder landestypische Küche es auch sein soll.

Besonders sehenswert: Das *Chateau Lafayette* („The Laff") als ältestes Pub der Hauptstadt und bereits 1849 gegründet. Hier wie in anderen Etablissements sorgen Live-Künstler dafür, dass Einheimische wie Touristen erst spät ins Bett kommen. Nach der Liberalisierung der Sperrstunde kann Ottawa an dieser Stelle locker mit Gatineau mithalten, das in der Capital Region früher in Sachen Nachtleben die Nase vorn hatte.

· *byward-market.com/en/home*
· *www.thelaff.ca*

184 Rideau Canal – Längste Eisbahn der Welt

Die 202 Kilometer lange Wasserstraße ist vor allem im Winter eine Top-Attraktionen: Dann mutiert der zugefrorene *Rideau Canal* zur wohl längsten Eisbahn der Welt. Gut sechs Kilometer des Wasserlaufs, der sich insgesamt acht Kilometer durch die Hauptstadt schlängelt, werden dann offiziell für Eisläufer freigegeben. Die Strecke verläuft von den *Hartwell*-Schleusen durch den breiten Dow Lake bis zum *Confederation Square* in der Innenstadt.

Bekannt zu jeder Jahreszeit ist der *Rideau Canal* für seine wuchtigen Schleusen an der Mündung in den Ottawa River, wo sie 25 Meter Höhenunterschied überwinden. Die noch immer handbetriebenen Schleusen liegen fotogen zwischen *Parliament Hill* und dem ursprünglich von der Eisenbahngesellschaft errichteten Hotel *Château Laurier*. Seine Ufer sind ein beliebtes Terrain für Jogger, Wanderer und Radfahrer. Im Stadtgebiet werden regelmäßig Bootsfahrten angeboten. Wer mehr Zeit, mietet für mehrere Tage ein Hausboot.

Der Kanal wurde 1832 eröffnet und verbindet die Hauptstadt mit dem Lake Ontario, wo die Wasserstraße bei Kingston in den See mündet. Nur auf knapp 20 Kilometern wurde der *Rideau Canal* künstlich angelegt. Seit 2007 zählt er dank seines einzigartigen Schleusensystems zum UNESCO-Weltkulturerbe. Schon 1925 wurde er zur *National Historic Site* erklärt.

· *rcs.ncc-ccn.ca*
· *rideaucanalcruises.ca/en*

185 Gatineau Park

Nur wenige Autominuten von Ottawas Innenstadt liegt ein Refugium der Natur. Manche der 165 Kilometer langen Wanderwege im rund 360 Quadratkilometer großen *Gatineau Park* folgen alten Indianerpfaden. Kanutouren sind besonders im *Indian Summer* beeindruckend. Und mit dem *Mackenzie King Estate* lässt sich überdies der Amtssitz eines früheren Premierministers besichtigen.

· *ncc-ccn.gc.ca/places-to-visit/gatineau-park*

186 Bytown Museum

Die Geschichte der kanadischen Hauptstadt beleuchtet das *Bytown Museum*. Es beschreibt den Aufstieg nach der Ankunft der Siedler über das Zentrum der Holzwirtschaft bis zur Ernennung als Kapitale. Und welcher Ort könnte für das Museum besser geeignet sein als das älteste Steinhaus der Stadt? Das *Commissariat Building* stammt aus dem Jahr 1824 und liegt an exponierter Stelle unterhalb des *Parliament Hill*.

· *bytownmuseum.com*

187 National Art Gallery

Kanadische Künstler bilden das Herz der Sammlung der *National Art Gallery*. Besonders sehenswert: bedeutende Werke der legendären Künstlergruppe *Group of Seven*. Hinzu kommen Exponate weiterer nationaler wie internationaler Künstler. Gelobt wird zudem die Ausstellung von Inuit-Kunst sowie anderer indigener Völker. Das Museum ist mit seiner Glasfassade selbst ein Hingucker.

· *www.gallery.ca*

188 Notre-Dame Cathedral

Am Anfang der Prachtstraße *Sussex Drive* mit bedeutenden Einrichtungen wie beispielsweise dem Regierungssitz steht die Kathedrale *Notre-Dame*. Nach dem Baubeginn 1841 wurde sie 1846 geweiht und ist damit das älteste Gotteshaus der Hauptstadt. Sehenswert sind vor allem die vergoldete Madonna zwischen den beiden silberglänzenden Türmen sowie die Mosaikfenster und Schnitzereien aus Mahagoni.

· *notredameottawa.com*

189 Nepean Point und Major's Hill Park

Ein schöner Blick auf die Nachbarstadt Gatineau lässt sich vom *Nepean Point* genießen. Ein gemütlicher Spazierweg verbindet den Glaskasten der *National Art Gallery* mit der kleinen Landspitze am Ottawa River. Die Grünanlage grenzt an den *Major's Hill Park*. Dieser lädt zu einer entspannenden Pause ein – gepaart mit Aussicht auf den *Parliament Hill*.

· *ncc-ccn.gc.ca/places-to-visit/parks-paths-and-parkways/nepean-point*

190 Canadian War Museum

Der Militärgeschichte des Landes widmet sich das *Canadian War Museum*. Schon 1880 gegründet, bezog es 2005 seinen modernen Bau am Ottawa River. Die Ausstellungen zeigen nicht nur die Rolle des kanadischen Militärs etwa im Zweiten Weltkrieg. Es spart auch nicht die kriegerischen Auseinandersetzungen zwischen den First Nations und der Armee in der Zeit der Kolonialisierung aus.

· *www.warmuseum.ca*

Maritimes Flair wird im Osten der Provinz Québec spürbar.

Québec

Wale, Wein und wilde Landschaften prägen das Gesicht von Québec. Die zweitgrößte Provinz des Landes – gemessen an der Zahl der Einwohner von rund acht Millionen – gönnt sich zugleich eine Besonderheit: In Québec ist Französisch ausschließliche Amtssprache, während in allen übrigen Provinzen Englisch und Französisch gleichberechtigt gelten.

Québec erstreckt sich im östlichen Teil Kanadas vom hohen Norden an der Hudson Bay bis an die Grenze zu den USA im Süden, im Westen angrenzend an Ontario und im Osten an New Brunswick. Und an der Mündung des mächtigen Sankt-Lorenz-Stroms, entlang der Halbinsel Gaspésie, macht ein Stück Atlantikküste die Vielzahl an Landschaftsformen komplett. Während hier Wale und maritimes Leben dominieren, prägen dichte und bunt strahlende Wälder die Region der Laurentides östlich von Montréal. Die größte Stadt in Québec ist wirtschaftliches und kulturelles Zentrum, die Politik der Provinz wird jedoch in Québec (Stadt), weiter nördlich gelegen, gemacht. Und obwohl die ganze Region frankophon geprägt ist, lässt sich das Savoir-vivre nirgends so gut erleben wie in der gleichnamigen Provinzhauptstadt (siehe Seite 244).

· *www.quebecregion.com/en*
· *de-keepexploring.canada.travel/places-to-go/quebec*

191 Parc marin du Saguenay–Saint-Laurent – Zu Gast bei Walen

Perfektes *Wildlife Spotting* erleben Besucher im Parc marin du Saguenay–Saint-Laurent: Belugawale und Blauwale sind die Superstars, orchestriert von weiteren Arten wie Mink- und Finnwalen. An der Mündung des Fjord du Saguenay in den Sankt-Lorenz-Strom finden sie ideale Lebensbedingungen. Hier vermischt sich Süßwasser aus dem Fjord mit dem nährstoffreichen kalten Wasser aus dem Norden – eine gute und kaum versiegende Futterquelle für Wale, dutzende Arten von Seevögeln sowie Robben und Seehunde. Das maritime Schutzgebiet gilt daher als einer der weltweit besten Orte, um Wale zu beobachten. Hinzu kommt: Nirgendwo anders können Naturfreude die seltenen, weiß glänzenden

Belugawale so einfach vor Auge und Linse bekommen. Andere Reviere wie etwa die Hudson Bay (siehe Seite 370) sind abgelegener und nicht so einfach zu erreichen. Als beste Zeit fürs *Whale Watching* in Québec gelten die Monate Mai bis Oktober – und im Regelfall werden auch nur in dieser Zeit regelmäßig Bootstouren angeboten.

Neben den Meeresbewohnern ist der Fjord du Saguenay selbst einen Blick wert: Es gilt als südlichster Fjord der nördlichen Hemisphäre und zählt mit einer Länge von mehr als 100 Kilometern zu den längsten Fjorden überhaupt. Während der letzten Eiszeit schufen Gletscher eine sehenswerte Landschaft. Die Wände aus Granitgestein erreichen eine Höhe von rund 500 Meter – je zur Hälfte ober- und unterhalb der Wasserlinie.

Als gute Ausgangspunkte für Walbeobachtungen oder Fahrten in den Fjord gelten die hübschen Städtchen Tadoussac, rund 200 Kilometer nordöstlich von Québec (Stadt) und Sitz der Parkverwaltung, und Baie-Sainte-Cathérine. Aber nicht nur von Schiffen und kleinen Zodiacs lassen sich die Meeresbewohner beobachten. Auch per Kajak (ab Baie Éternité) oder von Land aus bestehen gute Chancen fürs *Wildlife Spotting*, beispielsweise am Baie Sainte-Marguerite und in Pointe-Noire. Dort lohnt ein Besuch des informativen *Centre d'interprétation et d'observation de Pointe-Noire*. Auch Schnorchel- und Tauchgänge werden zuweilen angeboten. Zudem machen zahlreiche Wanderwege den Parc marin du Saguenay–Saint-Laurent zu einem der schönsten in Québec. Wichtiger Verkehrsknotenpunkt auf dem Weg zwischen dem maritimen Park und der Gaspésie-Halbinsel ist Rivière-du-Loup.

- *www.pc.gc.ca/en/amnc-nmca/qc/saguenay*
- *www.quebecmaritime.ca/en/company/saguenay-st-lawrence-marine-park/activities*
- *tadoussac.com/en/culture-tourism*

192 Gaspésie – Ruhige Schönheit

Gewaltig ragt der Fels aus dem Atlantik: 90 Meter hoch und 438 Meter lang misst der *Rocher Percé*. Der Kalksteinfelsen direkt vor dem Hafenort Percé ist wohl das Wahrzeichen schlechthin der Halbinsel Gaspésie im Nordwesten der Provinz Québec. Manche bezeichnen den Felsen mit seinem markanten Loch, der einst mit dem Festland verbunden war, als meistfotografierte Attraktion Ostkanadas – freilich nach den Niagara Falls. Bei Ebbe können Besucher den Felsen zu Fuß erreichen. Percé selbst ist ein hübscher Küstenort, der zum Verweilen einlädt. Seit Kurzem bietet sich von einer neuen Aussichtsplattform ein schöner Blick auf Stadt und Felsen.

Zugleich lässt sich von hier aus die Île Bonaventure zu erreichen: Im Vogelschutzgebiet leben weit mehr als hunderttausend Seevögel, rund 300 Arten wurden bislang identifiziert. Allein mehr als 50.000 Basstölpel machen die Insel zur größten Kolonie Nordamerikas.

Doch es würde der ruhigen, einsamen Schönheit der Halbinsel nicht gerecht werden, würde man sie nur auf den sehenswerten *Rocher Percé* reduzieren. Als ebenso beachtenswert gelten die beiden Naturparks der Halbinsel, die sich zwischen Sankt-Lorenz-Strom, Atlantik und der Provinz New Brunswick ausbreitet. Der Parc national Forillon besticht mit einer eigenwillig geformten Steilküste, weiten Wiesen voller Wildblumen und dichten Wäldern – es sind mehrheitlich arktische oder alpine Arten, die hier im rauen Meeresklima gedeihen können. Die Schönheit der Natur, in der meist nur wenige andere Menschen anzutreffen sind, wird auch unterstrichen durch die vielfältige Tierwelt. Angefangen von Elch und Schwarzbär bis hin zu Delfin, Seehund und Wal lässt hier viel erleben, was Kanadas Wildnis ausmacht. Bekannt ist der Forillon-Park auch für den höchs-

ten Leuchtturm Kanadas. Der Parc national de la Gaspésie wiederum lockt mit einer großen Karibuherde und subarktischer Landschaft. Ein beliebtes Wanderziel innerhalb des Provinzparks ist der 1268 Meter hohe Mont Jacques-Cartier, der höchste Gipfel der Halbinsel.

Kleine Ortschaften wie beispielsweise Rivière-du-Loup, Rimouski oder New Richmond mit einem Museumsdorf komplettieren eine mehrtägige Rundreise über die abgelegene, rund zehn Autostunden von Québec (Stadt) entfernte Halbinsel. Während sich Einheimische aus wirtschaftlichen Gründen sicherlich über mehr Tourismus freuen würden, begeistern sich Besucher an der Einsamkeit und dadurch unberührten Natur.

- *www.tourisme-gaspesie.com/en/forfaits.html*
- *www.pc.gc.ca/en/pn-np/qc/forillon*
- *www.sepaq.com/pq/gas/index.dot?language_id=1*
- *www.sepaq.com/pq/bon/index.dot?language_id=1*

193 Mont Tremblant – Mehr als nur eine Skipiste

Bekannt ist der 968 Meter hohe Mont Tremblant vor allem als beliebtestes Skigebiet Ostkanadas. Das Skiressort steht dem Trubel des Olympia-Ortes Whistler auf der anderen Seite des Landes in nichts nach – hat es doch den gleichen Eigentümer. Doch die Region rund um den höchsten Berg der Laurentides, der mittelgebirgsähnlichen Landschaft drei Stunden nördlich von Montréal, bietet ganzjährig viel Natur – und ist außerhalb des Winters und abseits des Urlaubsressorts viel ruhiger.

Der berühmte *Indian Summer* verzaubert alljährlich im Herbst, wenn sich die Blätter in den Wäldern des Parc national du Mont-Tremblant verfärben und für ein Spektakel von Mutter Natur sorgen. Im Park liegen mehrere Campingplätze, auch feststehende Zelte können gemietet werden. Der morgendliche Weg ist dann entsprechend kurz: Auf Wanderungen und vor allem vom Kanu aus lässt sich der älteste Provinzpark Québecs gut erkunden. Die mehr als 500 Seen, größtenteils miteinander verbunden, gelten als eines der schönsten Wassersportreviere Ostkanadas und sind für Einsteiger geeignet. Auch Bären und Elche werden oft gesichtet.

· *www.sepaq.com/pq/mot/index.dot?language_id=1*

194 Îles de la Madeleine – Sommerfrische

Ein sonnenverwöhntes Inselparadies im Sankt-Lorenz-Golf lässt Urlauberherzen höher schlagen. Hier im Norden, wo der Atlantik nicht weit entfernt ist, zählen die Kanadier angeblich die meisten Sonnentage innerhalb der ganzen Provinz Québec. Ein Dutzend Inseln bilden die Erholungsoase Îles de la Madeleine. Landschaftliche Höhepunkte: weite Strände, umrahmt von roten Sandsteinfelsen.

Das Meer ist auf der bizarr geformten Inselgruppe immer präsent. Sei es auf ausgedehnten Strandspaziergängen, Wanderungen zu Aussichtspunkten wie dem 174 Meter hohen Big Hill und der Butte du Vent oder beim Abendessen. Frischer Hummer ist während der Saison praktisch auf jeder Speisekarte zu finden. Dank der hohen Qualität ist die Meeresgabe ein beliebtes Exportgut für Restaurants an der nordamerikanischen Ostküste und wichtige Einnahmequelle für die Einheimischen.

Neben der Bilderbuchküste samt Seehunden und Papageitauchern erwartet Besucher eine liebliche Landschaft mit kleinen Hügeln, bunten Häusern und stillen Fischerörtchen. Kleine Pensionen und gute Restaurants machen die Inselgruppe zu einem perfekten Ziel für Erholungssuchende – durchaus vergleichbar mit einem Urlaub auf einer Hallig in der deutschen Nordsee. Dank regelmäßiger Schiffs- und Flugverbindungen ist die Inselgruppe trotz der abgeschiedenen Lage einigermaßen gut erreichbar.

· *tourismeilesdelamadeleine.com/en*

195 Saint-Sauveur-des-Monts

Einen Mix aus Künstlerdorf und quirligen Skiort stellt der kleine Ort Saint-Sauveur-des-Monts dar, gelegen zwischen Montréal und dem Wintersportziel Mont-Tremblant. Im Winter bevölkern tausende Besucher die Skipisten und machen abends die Nacht zum Tage. Das restliche Jahr dominieren Konzerte mit herausragenden Jazzkünstlern und Kunsthandwerker das Stadtleben.

· *www.ville.saint-sauveur.qc.ca*

196 Magog

Als perfekter Ferienort gilt das kleine Magog: im Sommer für Wanderer und Radfahrer, im Winter für Skifahrer. Auch Wassersportler kommen am angrenzenden Lac Memphrémagog auf ihre Kosten. Lohnendes Ausflugsziel in der Nähe ist die *Abbaye de Saint-Benoît-du-Lac*. Die Abtei wurde 1912 von französischen Benediktinermönchen gegründet.

· *www.ville.magog.qc.ca*

197 Parc national de la Mauricie

In der Mitte zwischen Montréal und Québec (Stadt) liegt der gut zugängliche Parc national de la Mauricie. Eine Hauptstraße führt quer durch den Naturpark, der wohl für jeden Besucher etwas bietet: kurze und mehrtägige Wanderungen, Kanutouren, gemütliche Strandaufenthalten und Besuche an Wasserfällen. Auch Tierbeobachtungen inklusive Elche und Schwarzbären sind möglich.

· *www.pc.gc.ca/en/pn-np/qc/mauricie*

198 Trois-Rivières

Den Mittelpunkt der zweitältesten Stadt der Provinz bildet die neugotische *Cathédrale de l'Assomption*. Rund um den markanten Kirchenbau erstreckt sich die gemütliche Innenstadt Trois-Rivières mit Cafés und einladenden Straßen. Weitere Attraktion in der Altstadt ist das ehemalige Kloster *Monastère des Ursulines*. Wirtschaftlich wird die Stadt von der Papierindustrie getragen.

· *www.tourismetroisrivieres.com/en*

199 Parc national de l'Archipel-de-Mingan

Bizarre Steinformationen sind das Markenzeichen des Nationalparks mit mehr als 1000 Inseln an der Mündung des Sankt-Lorenz-Stroms. Die sehenswerten Monolithen wurden durch Erdbewegungen geformt. Die Inseln lassen sich auf Schiffsfahrten oder geführten Kajaktouren entdecken. Übernachtungen sind möglich auf 42 Campingplätzen – oder im Leuchtturmwärterhaus auf der Île aux Perroquets.

· *www.pc.gc.ca/en/pn-np/qc/mingan*

200 Parc national des Grands-Jardins

Zu den schönsten Landschaften zählt die Charlevoix nordöstlich von Québec (Stadt). Wichtigste Sehenswürdigkeit ist der seit 1988 als UNESCO-Biosphärenreservat geltende Parc national des Grands-Jardins: Dort lebt die südlichste Karibuherde der Welt sowie Elche und Schwarzbären. Hübsche Orte und malerische Berge machen die Region zu einem beliebten Erholungsziel.

· *www.sepaq.com/pq/grj/index.dot?language_id=1*

Wahrzeichen der Stadt: das Luxushotel *Château Frontenac*

Québec (Stadt)

Savoir-vivre! Mit den kleinen Gassen, vielen einladenden Restaurants und einer ausgesprochen entspannten Lebensart kommt hier so viel französische Lebensart auf wie an wohl kaum einem anderen Ort Kanadas. Québec strahlt Lebensfreude pur aus und gilt als frankofone Hauptstadt Nordamerikas. Selbst um Mitternacht sind Cafés und Bars rund um den *Place d'Armes* gut besucht – und es macht nicht den Eindruck, als würde der Wirt gleich zusperren und dem munteren Treiben seiner Gäste ein Ende bereiten.

Nicht nur die ausgesprochen ausgeprägte französische Lebensart macht die Stadt mit ihren rund 700.000 Einwohnern (Metropolregion) so einzigartig. Québec bietet eine Altstadt nach bester europäischer Ausprägung und besitzt als einzige Stadt des nordamerikanischen Kontinents eine knapp fünf Kilometer lange Stadtmauer, die einmal rund um die vielen, Kopfsteinpflaster-gesäumten Gassen und romantischen Gebäuden der Altstadt führt. 1985 zum UNESCO-Weltkulturerbe geadelt, verteilt sich die sehenswerte Altstadt in die *Haute-Ville*, die hoch auf einem Felsen thront, und die *Basse-Ville* unten am Sankt-Lorenz-Strom mit dem Hafen, die als Wiege der Stadt gilt. Erstmals besiedelt 1608, strahlt Québec den beschaulichen Charme der Hauptstadt der gleichnamigen Provinz aus – und gibt sich zudem noch mondän und so gar nicht provinziell. Savor-vivre eben!

· *www.quebecregion.com*

201 Château Frontenac – Schloss der Loire

Es ist mehr als nur *das* Wahrzeichen der Stadt: Das stattliche *Château Frontenac* ist eines der Symbole der gesamten Region und eines der meistfotografierten Hotels der Welt – in einem Atemzug beispielsweise mit dem Chateau Lake Louise in Alberta, dem Burj Al Arab in Dubai und dem Marina Bay Sands in Singapur zu nennen.

Bis heute ist es eines der luxuriösesten Herbergen des ganzen Landes. Staatsoberhäupter, Schauspieler und VIPs jeder Art sind regelmäßig zu Gast. Sie alle locken die außergewöhnliche Architektur und der grandiose Blick. Das Hotel wurde 1893 errichtet und erinnert an die Schlösser der Loire, deren Anblick seinerzeit viele Architekten weltweit beeinflusste. Der rote

Backstein und das grünliche Kupferdach sorgen für einen unvergesslichen Anblick. Bauherr war die legendäre Eisenbahngesellschaft *Canadian Pacific Railway*, die im ganzen Land Luxushotels finanzierte. Ziel war es, den Tourismus zu fördern – und vor allem Fahrgäste für die eigenen Züge anzulocken.

Für diesen Anspruch konnte es in Québec nur einen einzigen guten Standort geben: hoch oben auf Cap Diamant, der felsigen Landspitze, unweit der *Citadelle*. Und vor allem mit dem besten Blick über die Altstadt und den Sankt-Lorenz-Strom, den mächtigen kanadischen Fluss. Das Klicken der Fotoapparate bestimmt auf dem *Place d'Armes* und der *Terrasse Dufferin* vor dem Hotel die Geräuschkulisse – in beide Richtungen kommen Fotografen und Urlauber ins Schwärmen. Auch wenn das Hotel schon 1893 eröffnete wurde, der Bau des imposanten Hauptturms folgte erst in den 1920er-Jahren.

Auch wer nicht das nötige Kleingeld für eine Übernachtung in einem der 611 Zimmer aufbringen kann oder möchte, dem steht das Haus offen: Regelmäßig bietet das *Château Frontenac* kostenpflichtige Führungen an. Alternativ lohnt auch ein Besuch der verschiedenen Restaurants.

Weltgeschichte schrieben hier einst der britische Premierminister *Churchill* und der damalige US-Präsident *Roosevelt*: Im August 1943 beschlossen sie unter Moderation des kanadischen Staatschefs *King* die Invasion der Alliierten an der französischen Atlantikküste. Auch für Filmgeschichte sorgte das Hotel, das heute zur internationalen *Fairmont*-Kette gehört: Mehrere Szenen des *Hitchcock*-Thrillers „Ich beichte" wurden hier gedreht.

· *www.fairmont.com/frontenac-quebec*

202 Chute Montmorency – Ausflugsziel Nummer eins

Zumindest in der Höhe überragt der Wasserfall Chute Montmorency seinen ungleich berühmteren Konkurrenten Niagara Falls um einiges: 83 Meter tief stürzt der Rivière Montmorency in die Tiefe, ehe er in den breiten Sankt-Lorenz-Strom mündet. Auch wenn der höchste Wasserfall der Provinz im Vergleich weit weniger imposant ist, ist er einer der beliebtesten Ausflugsziele im Umland von Québec (Stadt).

Schon vom kostenpflichtigen Parkplatz an der Hauptstraße bietet sich ein erster guter Blick auf die Wasserspiele. Mehrere Wanderwege, teils inklusive steiler Treppen, und Aussichtspunkte ermöglichen Besuchern eine noch viel direktere Sicht. Wer zu Fuß zum Besucherzentrum samt Restaurant möchte, muss sich auf 487 Treppenstufen einstellen. Alternativ steht eine kostenpflichtige Seilbahn zur Verfügung. Wer schwindelfrei ist, genießt von der Hängebrücke direkt über den Fällen einen atemberaubenden Blick auf das Schauspiel der Natur.

Besonders beeindruckend ist ein Besuch des Chute Montmorency im Winter: Da gefrieren die Wasserfälle teilweise, so dass sich die sonst bis zu 20 Meter hohe Gischt in einen kleinen Schneeberg verwandelt. Das hübsche Fotomotiv wird dann zum Paradies für Eiskletterer, während unten im Becken die Eisläufer ihren Runden ziehen.

Die Wasserfälle markieren das östliche Ende des *Kanadischen Schilds*, der den halben nordamerikanischen Kontinent umfasst und hier rund 100 Meter hohe Steilklippen aufweist. 1542 war der Franzose *Jean Fonteneau* der erste Europäer, der die Wasserfälle entdeckte. Später errichteten britischen Soldaten ganz in der Nähe ein

befestigtes Lager. Erbitterte Kämpfe zwischen beiden Nationen folgten und forderten hunderte Tote, ehe die Briten schließlich den gesamten Großraum erobern konnten.

Die Wasserfälle liegen rund 13 Kilometer nördlich der Innenstadt, gegenüber der Südwestspitze der Île d'Orléans (siehe Seite 253). Von der Provinzhauptstadt aus fahren regelmäßig Busse zu den Wasserfällen. Ansonsten ist der Chute Montmorency ein guter Fotostopp auf der Weiterfahrt in Richtung Norden, beispielsweise nach Tadoussac.

- *www.sepaq.com/ct/pcm/information.dot?language_id=1*
- *www.quebecregion.com/fr/entreprises/attraits-touristiques/sites-touristiques/parc-de-la-chute-montmorency/*

203 La Citadelle – Höchster Punkt der Stadt

Aus Angst vor einer Invasion der USA wurden ab 1820 mächtige Befestigungsanlagen errichtet, um die Stadt zu schützen und Eindringlinge vor dem Überqueren des Sankt-Lorenz-Stroms abzuhalten. Vom höchsten Punkt auf Cap Diamant hatten die Soldaten eine gute Übersicht, um Angreifer frühzeitig zu erkennen und entsprechend attackieren zu können. Doch die Sorgen der Briten waren unbegründet: Bis heute kam es zu keinem Angriff durch die Amerikaner.

Heute ist die Zitadelle – das Herzstück der Festung – eine beliebte Touristenattraktion. Denn obwohl noch das 22. Regiment des kanadischen Militärs Teile des Areals nutzt, werden regelmäßig Führungen angeboten. Je nach Uhrzeit und Wochentag können Besucher dem Wachwechsel, dem Zapfenstreich oder militärischen Vorführungen beiwohnen. Gerade der Schlag der Kanone ist beeindruckend und weit über die dicken Mauern der *Citadelle* zu hören. Regelmäßig im Sommer verwandelt sich das Areal auch in ein lebendes Freilichtmuseum, wenn Schauspieler längst vergangene Zeiten wieder aufleben lassen. Auf dem Gelände der *Citadelle* hat zudem der Generalgouverneur von Kanada seinen Nebensitz. Dessen Räumlichkeiten können auf gesonderten Führungen ebenfalls besichtigt werden.

Direkt neben der Zitadelle erstreckt sich der *Parc des Champs-de-Bataille.* Einst ein Schlachtfeld, auf dem die Briten im Jahr 1759 die Franzosen entscheidend besiegten, ist es heute eine idyllische Parkanlage, die sommers wie winters von Freizeitsportlern und Erholungssuchenden frequentiert wird.

· *www.ccbn-nbc.gc.ca*
· *www.lacitadelle.qc.ca*

204 Place Royale – Herz der Stadt

Nur wenige Meter vom Sankt-Lorenz-Strom entfernt, hat der französische Forscher *Samuel de Champlain* im Jahr 1608 einen befestigten Handelsposten errichtet – und damit die Keimzelle für Québec und die französische Kultur auf dem nordamerikanischen Kontinent gelegt. Bis heute ist der *Place Royale* das Herz der *Basse-Ville*. Eine kleine Seilbahn verbindet den Stadtteil mit der *Terrasse Dufferin*. Seinen heutigen Namen erhielt der Platz erst 1686, als eine Büste von *König Ludwig XIV.* aufgestellt wurde.

Vom zentralen Platz aus durchziehen viele kleine Gassen die Unterstadt. Brasserien und Geschäfte laden zum Verweilen und Bummeln ein, der wohlige Geruch von Milchkaffee und frischen Croissants liegt in der Luft. Nach umfassenden Restaurierungsarbeiten erstrahlt das Viertel mit seinen herrschaftlichen Häusern heute wieder im alten Glanz. Die angrenzende *Eglise Notre-Dames-des-Victoires* gilt als älteste Steinkirche Nordamerikas. Das *Musée de la Place Royale* erzählt die Geschichte des Platzes, während das *Musée Naval de Québec* die lange Geschichte der Stadt als Handelsposten beleuchtet. Die Geschichte der Stadt wiederum steht im Mittelpunkt des *Musée de la Civilisation*.

Zum Hafen ist es ebenfalls nicht weit. Hier starten regelmäßig Ausflugsboote. Und wer die paar Minuten Fahrzeit mit der Fähre nach Lévis auf der gegenüberliegenden Flussseite in Kauf nimmt, genießt den schönsten Blick auf die Altstadt. Gerade am Abend ein besonderes Erlebnis und ein guter Foto-Stopp. Die Fähren fahren auch spätabends.

· *www.mcq.org*
· *www.navalmuseumofquebec.com/*
· *www.croisieresaml.com/en/plan-your-cruise/quebec/tout*
· *www.traversiers.com/en/our-ferries/quebec-city-levis-ferry/home*

205 Terrasse Dufferin

Auch wenn sie nur wenige hundert Meter lang ist, ist die *Terrasse Dufferin* so etwas wie die Prachtmeile der Stadt. Direkt an der Kante des Cap Diamant gelegen, verbindet sie die *Citadelle* mit dem *Château Frontenac*. Eine schöne Aussicht auf die Top-Attraktionen von Québec ist hier garantiert – für Touristen ein absolutes Must-See. Zudem findet sich hier die Bergstation der Standseilbahn, um den unteren Stadtteil zu erreichen.

206 Maison Jacquet

Das kleine Häuschen könnte auch irgendwo im Elsass stehen – so sehr erinnern die roten Fensterrahmen und das ebenfalls rot gestrichene Dach an Frankreich. Und der Vergleich ist gar nicht so weit hergeholt: Das *Maison Jaquet* wurde schon 1674 errichtet und ist das älteste noch erhaltene Gebäude der Stadt. Heute ist es die Heimstatt des vorzüglichen Restaurants „Aux Anciens Canadiens".
· *www.auxancienscanadiens.qc.ca*

207 Monastère des Ursulines

Seit dem 17. Jahrhundert besteht das Kloster der Ursulinen-Schwestern, die 1639 aus Italien hierher auswanderten. Heute leben noch rund 60 Ordensschwestern im *Monastère des Ursulines*, die einst die erste Mädchenschule Nordamerikas gründeten. Über die Geschichte des Klosters und die sozial Benachteiligten in der Kolonialzeit informiert das *Musée des Ursulines*.
· *www.museedesursulines.com*

208 Basilique-Cathédrale Notre-Dame de Québec

Das imposante Gotteshaus im neoklassischen Stil ist Heimat der ältesten Kirchengemeinde Nordamerikas. Die *Basilique-Cathédrale Notre-Dame de Québec* wurde mehrfach zerstört und jeweils größer und schöner neu errichtet. Im Inneren beeindruckt neben den drei Orgeln der Baldachin über dem goldenen Altar, der wiederum eine Replik aus dem Petersdom im Vatikan ist.

· *www.hbscenictours.co.nz*

209 Grande Allée

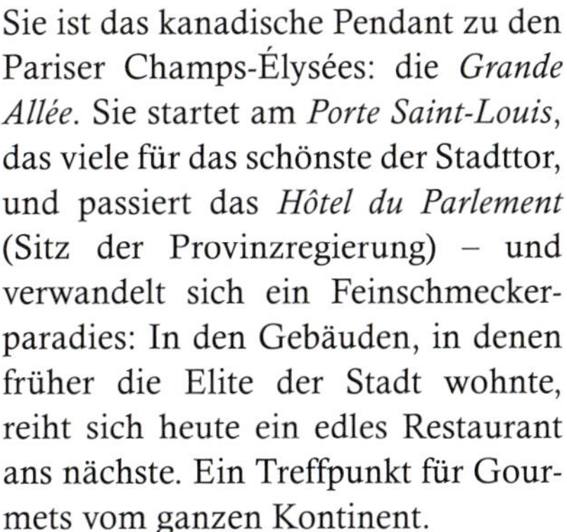

Sie ist das kanadische Pendant zu den Pariser Champs-Élysées: die *Grande Allée*. Sie startet am *Porte Saint-Louis*, das viele für das schönste der Stadttor, und passiert das *Hôtel du Parlement* (Sitz der Provinzregierung) – und verwandelt sich ein Feinschmeckerparadies: In den Gebäuden, in denen früher die Elite der Stadt wohnte, reiht sich heute ein edles Restaurant ans nächste. Ein Treffpunkt für Gourmets vom ganzen Kontinent.

210 Île d'Orléans

Einen Tageausflug lohnt die Île d'Orléans inmitten des Sankt-Lorenz-Stroms. Die Insel wurde vom französischen Forscher *Jacques Cartier* im Jahr 1535 als erstem Europäer betreten. Mit der Gründung der Stadt Québec wurde die Île d'Orléans schnell besiedelt. Von der Südwestspitze lässt sich ein schöner Blick auf die Skyline der Provinzhauptstadt genießen. Idyllische Orte laden zum Verweilen ein.

· *www.tourisme.iledorleans.com*

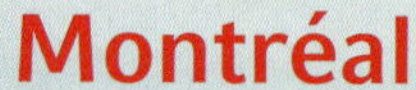

Montréal

Bonjour! Hier bekommen Besucher ein Extra-Lächeln, wenn sie zumindest einige Wörter französisch sprechen. Montréal ist nicht nur die zweitgrößte Stadt Kanadas, sondern gilt als größte frankophone Metropole der Welt nach Paris. Malerisch am Ufer des Sankt-Lorenz-Stroms gelegen, ist die Stadt ein bunter Mix aus französischer Altstadt und prächtigen Kirchen sowie modernen nordamerikanischen Wolkenkratzern und Einkaufszentren. Zuweilen geht eines sogar ins andere über: Die im Boden einsinkende *Cathédrale Christ Church* hat dank des darunter liegenden Shoppingcenters neuen Halt gefunden. Das Einkaufsparadies ist Teil der *Ville Souterraine* (*Unterground City*): Um den harten Wintern zu entgehen, wurden unterirdisch auf einer Länge von 30 Kilometern Promenaden mit Lokalen und Geschäften angelegt, die Bahnhöfe, Hotels und Einkaufszentren verbinden. Weltweit bekannt wurde die Stadt als Austragungsort der Weltausstellung 1967 sowie der Olympischen Spiele 1976.

Lebensqualität und Lebensfreude stehen in der größten Stadt der Provinz Québec hoch im Kurs: Die hiesige Kulturszene gilt als avantgardistisch, Museen bieten nicht nur an Schlechtwettertagen viel Abwechslung. Und so viele gute Restaurants und Pubs wie hier finden sich wohl nirgends im Land. Die Einwohner Montréals sind bekannt für ihre Leidenschaft für gutes Essen. Bon Appetit!

· *www.tourisme-montreal.org*
· *www.ville.montreal.qc.ca*
· *www.vieux.montreal.qc.ca*

Blick vom Mont Royal auf Montréal – auch an trüben Tagen ein lohnendes Ausflugsziel

211 Mont Royal – Wahrzeichen der Metropole

Als „Königlichen Berg“ hat ihn 1535 der französische Seefahrer *Jacques Cartier* als erster Europäer in diesem Teil der Erde geadelt: Der Mont Royal ist heute die grüne Lunge und der größte Park der Millionen-Stadt. Ein Besuch Montréals wäre ohne einen Abstecher hierher nicht vollkommen. Damit der Blick auf den – oder herunter vom – 223 Meter hohen Hausberg der Stadt nicht verschandelt wird, gilt seit vielen Jahren ein Erlass, dass kein Gebäude höher als der Mont Royal gebaut werden darf. Der Berg gab zugleich der Metropole ihren Namen, nachdem hier die ersten Siedler rasteten.

Von der Aussichtsterrasse fällt der Blick direkt auf das Stadtzentrum, die Kuppel der *Cathédrale Marie-Reine-du-Monde* markiert von hier oben

gefühlt die Mitte. Auch bei schlechter Sicht noch gut zu erkennen: der 165 Meter hohe, 45 Grad schiefe Turm auf dem Olympia-Areal. Der Sankt-Lorenz-Strom durchschneidet den Horizont. Gerade zum Sonnenuntergang treffen sich die Einwohner auf ein Schwätzchen oder Picknick zum Feierabend. Alternativ locken 56 Kilometer markierte Wege die Jogger an, während im Winter 20 Kilometer Piste auf Wintersportler mit Skiern und Schneeschuhen warten und der Lac aux Castors von Schlittschuhläufern bevölkert wird. Entlang des Berges erstrecken sich neben den Parkanlagen zwei große Friedhöfe. Inmitten der prächtigen Alleen liegen auch einige Opfer der Titanic-Schiffskatastrophe begraben.

Nachdem der knapp 200 Hektar große Park zunächst im Privatbesitz war, erwarb die Stadt das Areal im Jahr 1875. Als Landschaftsarchitekten verpflichtete die Stadtverwaltung den legendären Planer *Frederick Law Olmsted*, der schon den Central Park in New York und den Golden Gate Park in San Francisco gestaltet hatte.

Der Mont Royal ist sowohl mit dem Auto als auch mit öffentlichen Verkehrsmitteln gut erreichbar. Wer besonders sportlich ist, erklimmt das Wahrzeichen direkt von der Innenstadt zu Fuß. Allerdings sollten Wanderer ausreichend Wasser mitnehmen, da der steile Anstieg über viele Stufe gerade im Sommer sehr anstrengend sein kann.

Ein entspannender Spaziergang am Mont Royal lässt sich zudem mit einen Kirchenbesuch verbinden: Das mächtige *Oratoire Saint-Joseph* westlich gelegen vom Berg, mit jährlich mehr als zwei Millionen Pilgern gilt als eine der größten Kirchen der Welt. Ihre Kuppel wird angeblich nur von der im Petersdom in Rom übertroffen.

· *www.montreal.com/parks/mtroyal.html*
· *www.saint-joseph.org*

212 Basilique Notre-Dame – Herz der Altstadt

Mit ihrem beeindruckenden Altar ist die römisch-katholische *Basilique Notre-Dame* die wohl beliebteste Attraktion der Stadt und zählt zu den schönsten Kirchen in ganz Nordamerika. Die zwei mächtigen, 69 Meter hohen Türme weisen schon von Weitem den Weg, zuweilen auch die Warteschlangen am Eingang.

Vor allem der vergoldete Altar bringt die Besucher zum Staunen. Daneben erstrahlt auch der Kirchenraum golden, während das Dach mit ungezählten Sternen verziert ist. Feine Holzschnitzarbeiten tragen zum erhabenen Ambiente des Gotteshauses bei, das in Sachen Schönheit keinen Vergleich mit Kirchen auf dem alten Kontinent zu scheuen braucht. Zugleich ist die Akustik so vorzüglich, dass die örtlichen Philharmoniker regelmäßig zu Gast sind. Für passende Kirchenmusik sorgt indes eine der weltgrößten Orgeln mit mehr als 6500 Pfeifen. Berühmt ist das Kirchenhaus auch für seine farbenfrohen, aus Frankreich importierten Fenster, die die Geschichte der Stadt darstellen.

Die neugotische Kirche wurde 1829 eingeweiht, nachdem ihr Bau bereits 1824 begonnen hatte. Ihr Architekt, der irisch-stämmige Protestant *James O'Donnell*, konvertierte eigens zum Katholizismus, um unterhalb des Kirchenschiffs begraben werden zu können. Der Bau in der Altstadt Montréals ersetzte eine frühere Kirche, die zu klein geworden war.

Die *Basilique Notre-Dame* bildet das Zentrum des alten Montréal. Der angrenzende *Place d'Armes* gehört zu den schönsten Plätzen der Stadt, mit dem *Maisonneuve*-Denkmal in der Mitte. Viele alte Gebäude in der Umgebung sorgen für ein schönes Stadtbild. Dazu zählt beispielsweise die *Banque de Montréal* – mit ihrer Zentrale im

klassizistischen Stil eine wahre Kathedrale der Finanzwelt. Vom Platz geht links und rechts mit der *Rue Notre-Dame* die erste Straße Montréals ab. Von der mächtigen alten Stadtmauer ist leider nichts mehr zu sehen.

Einige Fußminuten entfernt liegt mit dem *Hôtel du Ville* das sehenswerte Rathaus. Direkt unterhalb verbindet der lebhafte *Place Jacques Cartier* die Altstadt mit dem etwas unterhalb liegenden Hafenareal. Der Platz mit seinen Straßenkünstlern und Cafés sowie einer Filiale der städtischen Touristeninformation gilt heute als touristisches Zentrum Montréals, am ehesten vergleichbar mit dem Markusplatz in Venedig.

· *www.basiliquenotredame.ca*
· *www.vieux.montreal.qc.ca*

213 Vieux-Port – Tor zum Strom

Einst der zweitwichtigste Hafen Nordamerikas, gleicht der *Vieux-Port* unterhalb der *Basilique Notre-Dame* heute eher einer Freizeitoase am Sankt-Lorenz-Strom. Mittlerweile prägen Grünanlagen und Joggingstrecken das Areal, die Werften und Hafenanlagen wurden aus dem Stadtkern umgesiedelt. Ein schöner Blick bietet sich vom Uhrenturm: 192 Stufen führen zur Spitze des *Tour de l'Horloge*. Beliebteste Attraktion ist das *Centre des Scienes de Montréal* mit naturwissenschaftlichen Ausstellungen sowie Unterhaltungsangeboten, darunter auch ein IMAX-Kino. Und nicht zu vergessen: Hier ist auch die örtliche Dependance des *Cirque du Solei*. Der mittlerweile weltberühmte Zirkus hatte in Québec seine Wurzeln und hat mit seinen Shows in Zeltkuppeln die Profession komplett verändert.

Von den Kais starten unterdessen regelmäßig Bootsfahrten. Beliebt sind vor allem die gemütlichen Touren mit *Bateau Mouche*, deren Boote mit großem Glasdach ausgestattet sind. Die Trips führen entlang der Inseln Île Sainte-Hélène und Île Notre-Dame – Heimat des örtlichen Casinos und der Formel-1-Rennstrecke – inmitten des mächtigen Stroms gen Olympia-Gelände sowie auf dem Rückweg bis zur eigenwilligen Wohnsiedlung *Habitat67*, deren Architektur an Lego-Bausteine erinnert. Alternativ geht es auf stark motorisierten Speedbooten durch den Hafen.

- *www.montrealsciencecentre.com*
- *www.cirquedusoleil.com/canada/montreal/shows*
- *www.bateaumouche.ca*
- *www.jetboatingmontreal.com*

214 Quartier Latin und des Spectacles – Lebensart

Boutiquen, Hausbrauereien sowie Restaurants aus allen Ländern und jeglicher Preislage: Das *Quartier Latin* ist wohl das wildeste Viertel der Stadt. An der einstigen Nahtstelle zwischen dem frankophonen und dem angelsächsischen Teil Montréals siedelten sich viele Einwanderer aus anderen Regionen an und begründeten so den multikulturellen Mix. Die Lebensfreude spiegelt sich heute in einer ungeahnten Vielzahl wider. So grenzt mitunter ein Café, das bevorzugt die lokalen Intellektuellen und Studenten der nahen Universität anzieht, an edle Boutiquen und Fastfood-Restaurants. Hier dauern die Abende lang – länger als in den meisten anderen Städten Nordamerika.

Nur wenige Fußminuten vom Zentrum des Nachtlebens entfernt, schlägt das kulturelle Herz der Stadt. Der Place des Festivals ist eine moderne Piazza mit Springbrunnen, Gärten und Bänken zum Verweilen – und mit Blick auf das *Musée d'art contemporain de Montréal*, das für seine umfangreiche Sammlung zeitgenössischer Kunst bekannt ist. Gleich nebenan liegt das bedeutende Kulturzentrum *Place des Arts*. Mit 30 Sälen und 28.000 Sitzplätzen sind hier beispielsweise die *Opéra de Montréal* sowie das über die Grenzen Kanadas hinaus bekannte Jazz-Festival zu Hause. Der Gebäudekomplex wurde 1963 eröffnet und seitdem mehrfach erweitert.

- *www.quartierlatin.ca*
- *www.quartierdesspectacles.com*
- *www.macm.org*
- *www.placedesarts.com*
- *www.operademontreal.com*

215 Centre d'histoire de Montréal

In einer ehemaligen Feuerwehrwache können sich Besucher über die Geschichte der Stadt informieren. Bekannt ist das *Centre d'histoire de Montréal* für seine Multimedia-Schau. Das Museum steht an historischer Stätte, so dass unterirdische Ausgrabungsstätten integriert wurden. Erste Spuren menschlicher Besiedlung datieren Wissenschaftler auf die Zeit vor etwa 4000 Jahren.

· *www.museesmontreal.org/en/museums/centre-d-histoire-de-montreal*

216 Cathédrale Marie-Reine-du-Monde

Der Eindruck täuscht nicht: *Die Cathédrale Marie-Reine-du-Monde* am Rande des Geschäftszentrums ist ein Nachbau des Petersdoms in Rom. Bischof *Ignace Bourget* war von seinem Besuch im Vatikan so beeindruckt, dass er 1875 den Bau einer kleineren Kopie in Auftrag gab. Neben der Darstellung der Apostel beeindrucken die mächtigen Säulen.

· *www.diocesemontreal.org/blogues/cathedralecatholiquedemontreal*

217 Marché Jean-Talon

Kulinarische Genüsse an sieben Tagen in der Woche offeriert der *Marché Jean-Talon*. Eröffnet im Jahr 1933, zählt er zu den ältesten Märkten der Stadt. Das ganze Jahr über bieten Händler an zahlreichen Stände ihre Waren feil. Feinkostläden und Restaurants mit Speisen aus aller Welt runden das Angebot ab. Der Markt liegt außerhalb des Zentrums.

· *www.marchespublics-mtl.com/marches/jean-talon*

218 Westmount

Zwischen Wolkenkratzern und Einkaufszentren auf der einen Seite und dem Hausberg Mont Royal liegt eines der exklusivsten Wohnviertel Montréals. Westmount ist Heimat der Upper Class mit ihren prächtigen Villen im viktorianischen Stil. Im scharfen Kontrast zu den Gebäuden aus der Zeit um 1900 wirkt der in schwarz gehaltene Bürokomplex *Square Westmount* des berühmten Baumeisters *Mies van der Rohe*.

219 Musée des beaux-arts

Montréals Ruf als Kulturmetropole gründet auch auf dem *Musée des beaux-arts*, dem ältesten Museum des Landes. Neben einheimischen Künstlern wie der *Group of Seven* stehen in den Ausstellungen vor allem europäische Maler wie *Dalí*, *Picasso* und *Rembrandt* im Mittelpunkt. Mit seinen imposanten griechischen Säulen ist das Gebäude selbst ein Hingucker.

· *www.mbam.qc.ca*

220 Biodôme und Parc Olympique

Ins *Vélodrome* der Olympischen Spiele ist ein Naturkundemuseum eingezogen. Besucher können vier Klimazonen und Ökosysteme erkunden: die Polarregion, tropischen Regenwald sowie r einheimischen Wald und die Lebewesen des Sankt-Lorenz-Stroms. Ein Abstecher in den *Biodôme* kann gut mit einer Besichtigung des Olympia-Geländes kombiniert werden.

· *www.espacepourlavie.ca*

· *www.parcolympique.qc.ca*

Newfoundland & Labrador

Unberührte Natur trifft in Newfoundland & Labrador auf raues maritimes Klima. Kanadas nordöstlichste Provinz fasziniert mit einer ganz eigenen Atmosphäre. Hier sind Einheimische und Reisende den vier Elementen besonders nah. Im Gros Morne National Park an der Westküste von Newfoundland beispielsweise ist die Erde nach oben gekommen. Natur pur gilt auch für die übrigen Schutzgebiete der Provinz. Der einsame Terra Nova National Park gilt als einer besten Plätze, um kanadisches Wildlife wie Elche zu beobachten. Vor den Küsten wiederum leben Wale und Puffins (Papageitaucher). Weitere Highlights im Frühjahr: Eisberge aus der Arktis, bequem vom Strand zu bestaunen. Wer auf dieses Erlebnis verzichten kann, sollte im Herbst zum Indian Summer als farblichen Höhepunkt reisen. Die Einheimischen hingegen schwören auf den Winter als beste Reisezeit, wenn über Labrador die Nordlichter funkeln und allerorts Pisten auf Langläufer warten.

Doch die Provinz mit gerade einmal rund 500.000 Bewohnern bietet noch viel mehr: In Cape Spear, dem östlichsten Punkt des Kontinents, beginnt jeden Morgen der neue Tag für Nordamerika, wenn die Sonne über der Landzunge aufgeht. Geschichte schrieben hingegen die Wikinger in L'Anse aux Meadows, wo sie die erste europäische Siedlung in der „Neuen Welt" errichteten. Bis heute ist die Provinz Newfoundland & Labrador prädestiniert für Individualurlauber und Naturliebhaber.

· *de-keepexploring.canada.travel/places-to-go/newfoundland-and-labrador*
· *www.newfoundlandlabrador.com*

Noch lässt sich die Ruhe der Natur genießen, doch die Zahl der Besucher steigt stetig.

221 Gros Morne National Park – Geologische Wunder

Allein die Schönheit des Gros Morne National Park ist Grund für einen Trip nach Newfoundland. Sanft geschwungene Strände, schneebedeckte Gipfel, malerische Fischerorte und langgestreckte Meeresarme machen einen Besuch zu einem unvergesslichen Erlebnis. Aufgrund seiner einzigartigen Geologie zählt der Park seit 1987 zum UNESCO-Weltnaturerbe: Die *Tablelands* innerhalb des Schutzgebiets sind einer von nur wenigen Orte weltweit, wo durch tektonische Verschiebungen die Erdkruste tatsächlich bis an die Oberfläche kam. Die hier gewonnenen Einblicke in die Erdgeschichte halfen Wissenschaftlern, die Theorie von der Bewegung der Kontinentalplatten zu bestätigen. Und Urlauber können sich freuen, dass die wüstenartige Landschaft mit ihrem rötlichen Gestein einer der wenigen Orte weltweit ist, wo diese Spuren der Erdgeschichte so einfach und so anschaulich zu erleben sind. Einheimische schwärmen gern davon,

dass der Gros Morne National Park für Geologen so bedeutsam sei wie die Galapagos-Inseln im Pazifik für Biologen.

Für die meisten Besucher wiederum ist der Western Brook Pond das Topziel bei einem Trip in den zweitgrößten Nationalpark in Atlantik-Kanada: Eine gut zweistündige Bootstour führt über den früheren Fjord, der nach der letzten Eiszeit vom Meer abgetrennt wurde. Heute liegt der seeartige Western Brook Pond rund drei Kilometer entfernt und zugleich einige Meter über dem Meeresspiegel. Mit seiner beeindruckenden Szenerie sollte sich kein Reisender dieses Schauspiel entgehen lassen: Den 16 Kilometer langen Wasserarm überragen an seiner Spitze mächtige, etwa eine Milliarde alte Granitfelsen, von denen sich die 350 Meter hohen Pissing Mare Falls – sie gehören zu den höchsten Wasserfällen in Ostkanada – stürzen. Vom Anleger an einer lieblichen Bucht ist diese fotogene, monumentale Landschaft kaum zu erahnen. Gut zu wissen: Die Tour lohnt auch an einem der nicht seltenen Schlechtwettertagen. Und wer Neuseeland oder Norwegen kennt, mag sich an den einen oder anderen Sound oder Fjord erinnert fühlen.

Einen Abstecher in den Nationalpark komplettieren Wanderungen, beispielsweise auf die Spitze des 800 Meter hohen Gros Morne Mountain. Elche, Karibus und Schwarzbären sind hier regelmäßig zu beobachten. Und Wassersportler kommen nicht nur auf Kanutouren in der Bonne Bay mit ihren vielen Buchten auf ihre Kosten, alternativ werden auch Bootsfahrten angeboten. Wer die grandiose Natur gepaart mit schmucken Örtchen wie Rocky Harbour und Norris Point in vollen Zügen genießen möchte, bleibt mindestens drei Nächte.

- *www.pc.gc.ca/en/pn-np/nl/grosmorne*
- *www.rockyharbour.ca*
- *www.norrispoint.ca*
- *www.bontours.ca*

222 St. John's – Älteste Stadt Nordamerikas

Rund um den eindrucksvollen Naturhafen gruppiert sich die Provinzhauptstadt: St. Johns gilt als älteste Stadt Nordamerikas und war einst einer der wichtigsten Häfen an der Ostküste des Kontinents. Heute regieren den Hafen die Versorgungsschiffe der vorgelagerten Ölplattformen statt wie einst Fischerboote und Passagierdampfer. Doch das maritime Flair prägt natürlich die Stadt mit ihren gut 100.000 Einwohnern. Weltweit berühmt wurde St. John's, als hier am 12. Dezember 1901 das erste Funksignal über den Atlantik empfangen wurde und so die „Neue Welt" näher an Europa rückte.

Der schönsten Blick – ob bei Tag oder Nacht – eröffnet sich vom rund 180 Meter hohen *Signal Hill*. Er bildet quasi das Eingangstor vom Atlantik in den Hafen. Von der heutigen *National Historic Site* wurde gemeldet, ob sich freundlich oder feindlich gestimmte Schiffe der Stadt näherten. Die hohe historische Bedeutung des Hügels rührt auch von einer Schlacht zwischen Franzosen und Briten im Jahr 1762 her – damit endete der Siebenjährige Krieg in Nordamerika. Von der Spitze mit dem *Cabot Tower* sind sowohl die von Hügeln umgebene Stadt rund um die Bucht als auch die ferne Landzunge Cape Spear (siehe Seite 272) gut zu sehen. Bei einem Abstecher auf den *Signal Hill* sollte auch Zeit für einen Besuch im *Johnson Geo Centre* bleiben: Das in den Jahrmillionen alten Stein hinein gehauene Museum vermittelt einen Überblick über die geologische Geschichte unseres Planeten.

In der Stadt stehen farbenfrohe Wohnhäuser, oftmals aus Holz, in einem sehenswerten Kontrast zu einigen historischen Gebäuden wie der *St. Thomas' Anglican Church*. Ebenso ein Foto wert sind die *Basilica of St. John the Baptist*, der frühere Militärposten *Commissariat House* und

das *Government Building*. Unbedingt ein Besuch lohnt das Museum *The Rooms*: Der futuristische Bau enthält große Sammlungen zur Geschichte der Provinz Newfoundland & Labrador. Berühmt ist das 2005 eröffnete Haus für seine Ausstellungen zu den indigenen Völkern in der Region.

Für viele überraschend: Das Nachtleben von St. John's gehört zum besten von ganz Nordamerika. In der *George Street* grenzt ein Pub ans nächste, Livemusik ist in der Region mit ihren berühmten Folkmusik-Festivals natürlich selbstverständlich. Und ausgeschenkt wird vorzugsweise das lokale *Quidi Vidi*-Bier: Es wird aus Eisbergwasser gebraut, in einer kleinen Brauerei im gleichnamigen Vorort. Eine echte Spezialität aus Newfoundland.

- *destinationstjohns.com*
- *www.pc.gc.ca/en/lhn-nhs/nl/signalhill*
- *www.geocentre.ca*
- *www.therooms.ca*
- *www.quidividibrewery.ca*

223 Torngat Mountains National Park – Expedition in die Nat

Mehr Abenteuer geht kaum: Der Torngat Mountains National Park zählt zu den abgelegensten Regionen im ganzen Land und ist das Prunkstück von Labrador. Als Geschenk der Inuit an die Regierung entstand das Schutzgebiet, das nur per Charterflug oder per Boot zu erreichen ist.

Die subarktische Landschaft, an deren steiler Atlantikküste zuweilen weiß-bläulich leuchtende Eisberge vorbeiziehen, ist ein Paradies für Naturliebhaber und Tierfotografen: Eine der weltweit größten Karibuherden ist im Park heimisch, ebenso die einzige Schwarzbärenart, die in der Tundra lebt. In den bis zu 1600 Meter hohen, teils von Gletschern bedeckten Bergen sind zudem Wanderfalken und Polarfüchse heimisch. Hinzu kommt: Eisbären sind im Torngat Mountains National Park ebenfalls häufig anzutreffen. Daher sind Sicherheitseinweisungen für alle Besucher Pflicht. Neben Flora und Fauna besticht der Park auch mit jahrtausendealten archäologischen Stätten der Inuit.

Wer die Region besuchen möchte, bucht am besten eine organisierte Tour. Denn im weitgehend unberührten Torngat Mountains National Park besteht nur eine sehr eingeschränkte Infrastruktur. Außerdem sind Maßnahmen zum Schutz vor Angriffen durch Eisbären vorgeschrieben.

· *www.pc.gc.ca/en/pn-np/nl/torngats*

224 Fogo Island – Schönste Unterkunft im Land?

Sowohl die Landschaft als auch ein exquisites Hotel wetteifern auf Fogo Island um den Titel der schönsten Attraktion. Vielleicht ist es aber auch die Symbiose, die den Reiz ausmacht? In jedem Fall ist die kleine Insel in der Notre Dame Bay vor der Nordküste Newfoundlands einen Abstecher wert.

Entlang der kleinen Buchten an der felsigen verlaufen viele Wanderwege mit sehenswerter Aussicht. Besonders fotogen: der Blick vom 128 Meter hohen Aussichtspunkt *Lane's Lookout* direkt am Hafen. Noch immer ist der Fischfang, vor allem von Kabeljau, eine wichtige Einnahmequelle, wenngleich die besten Zeiten angesichts des überfischten Meeres längst vorbei sind. Dafür gewinnt der Tourismus zunehmend an Bedeutung. Dazu tragen auch hübsche Museen wie das *Bleak House Museum* bei, das über die Tradition der Insel informiert.

Hauptanziehungspunkt für viele Besucher dürfte jedoch das Luxus-Hotel *Fogo Island Inn* sein (ab 1200 Euro aufwärts). Jedes Zimmer bietet einen Panoramablick auf die maritime Landschaft. Den exklusiven Charakter runden das exzellente Restaurant sowie das Spa mit Dachterrasse ab. Betreiberin ist eine Einheimische, die nach finanziell erfolgreicher Karriere in der Industrie ihrer Heimat eine neue Perspektive bieten wollte. Daneben können Urlauber unter weiteren edlen wie auch rustikalen Unterkünften auf Fogo Island wählen.

· *www.townoffogoisland.ca*
· *www.fogoislandinn.ca*

225 Twillingate

Eisberge, zuweilen sogar direkt im Hafen, sind die Attraktion von Twillingate. Von hier aus lassen sich die Giganten aus Eis direkt vom Strand oder alternativ vom Boot aus gut beobachten. Von März bis Juli treiben Eisberge aus Grönland rund um Newfoundland. Twillingate gilt dank seiner Nähe zur sogenannten „Iceberg Alley" als idealer Ausgangspunkt. Waltouren sind ebenfalls möglich.

· *www.twillingate.com*

226 Cape St. Mary's Ecological Reserve

Eines der größten und besonders leicht zugänglichen Vogelschutzgebiete Nordamerikas findet sich an der Südwestspitze der Avalon Peninsula. Auf dem 100 Meter hohen *Bird Rock* leben mehr als 50.000 Vögel, darunter die zweitgrößte Tölpelkolonie des Kontinents. Auch bei schlechtem Wetter lohnt der mühevolle Abstecher (gut drei Stunden ab St. John's).

· *www.flr.gov.nl.ca/natural_areas/wer/r_csme/*

227 Cape Spear

Hier erwacht der Tag in Nordamerika: Cape Spear ist der östlichste Punkt des Kontinents. Newfoundlands zweitältester Leuchtturm (erbaut 1835) sowie angrenzende Befestigungsanlagen aus dem Zweiten Weltkrieg können besichtigt werden. Von der *Cape Spear Lighthouse National Historic Site* auf der einer felsigen Steilklippe lässt sich ein schöner Blick gen St. John's und auf den Atlantik genießen.

· *www.pc.gc.ca/en/lhn-nhs/nl/spear*

228 L'Anse aux Meadows

Sie gilt als erste europäische Siedlung in Nordamerika: Um das Jahr 1000 haben Wikinger den Ort gegründet, so vermuten Wissenschaftler. Sie gruben in den 1960er-Jahren die Überreste mehrerer Grassodenhäusern aus. Allerdings bestand die Siedlung nur wenige Jahre. Von Mai bis Oktober kann die *National Historic Site* und UNESCO-Welterbestätte, 433 Kilometer ab Deer Lake, besichtigt werden.
· *www.pc.gc.ca/en/lhn-nhs/nl/meadows*

229 Battle Harbour

Der ehemalige Fischerort ist heute ein lebendes Museum und gilt als besterhaltener historischer Außenposten. Battle Harbour ist im Sommer als Ausflugsziel (auch über Nacht) zugänglich. Früher hingegen ankerten hier stets dutzende Fischerboote. Mit dem Niedergang der Kabeljau-Bestände begann der Abstieg des Ortes. Heute ist Battle Harbour als *National Historic Site* geschützt.
· *battleharbour.com*

230 Witless Bay Ecological Reserve

Mehr als 500.000 Puffins bevölkern die Inseln vor der Witless Bay. Boote steuern nah an die Kolonien und ermöglichen einen guten Blick auf die Vogelschwärme. Wale und Eisberge können ebenfalls gesichtet werden. Eine Bootstour ab Bay Bulls lässt sich gut mit einem Abstecher nach Cape Spear kombinieren.
· *www.flr.gov.nl.ca/natural_areas/wer/r_wbe*
· *www.obriensboattours.com*

New Brunswick und Prince Edward Island

Wer jenseits der touristischen Hauptstrecken reisen möchte, wird sich hier wohl fühlen: Die beiden Atlantikprovinzen stehen im Schatten des an Attraktionen so reichen Landes – zu Unrecht. Und doch schaffen es selbst Newfoundland & Labrador und Nova Scotia eher auf die Bucketlist der Reisenden als New Brunswick und Prince Edward Island.

Viele 100 Kilometer Küste prägen New Brunswick, das den US-Bundesstaat Maine mit den kanadischen Provinzen Nova Scotia und Québec verbindet. Das Meer hat auch die beliebteste Attraktion geschaffen: die bizarre Felsformation an Cape Hopewell in der Bay of Fundy. Hier in der weiten Bucht mit New Brunswick im Westen und Nova Scotia im Osten steigt das Meer zwischen Ebbe und Flut so stark wie an keinem Ort sonst auf der Welt. Über die Hopewell Rocks hinaus locken die Wälder des Bay of Fundy National Park sowie die Küstenstädtchen und Strände im Norden.

Prince Edward Island besticht mit maritimen Flair sowie viel Charme und Kultur der Akadier, den Nachfahren französischer Siedler. Seit 1997 verbindet die gewaltige, 14 Kilometer lange *Confederation Bridge* Kanadas kleinste Provinz mit dem Festland. Die Insel ist größtenteils landwirtschaftlich geprägt und hat sich so ihren ursprünglichen Charakter bewahrt. Die wenigen Touristen sind der große Dank, angelockt vor allem durch den Prince Edward Island National Park.

- *de-keepexploring.canada.travel/places-to-go/new-brunswick*
- *www.tourismnewbrunswick.ca*
- *de-keepexploring.canada.travel/places-to-go/prince-edward-island*
- *www.tourismpei.com/besucher-guide*

New Brunswick und Price Edward Island punkten mit maritimen Flair und entspanntem Lifestyle.

231 Hopewell Rocks – Bizarre Schönheit

Sie wirken wie eine Laune der Natur: die braunstrahlenden Felsen, die sich bei Ebbe bis zu 20 Meter empor strecken und bei Flut fast vom Wasser verschluckt werden. In Millionen von Jahren haben Wassermassen und Wind an Hopewell Cape eine Landschaft geformt, die im ganzen Land einzigartig sein dürfte.

An der Küste der Bay of Fundy, wo täglich zwei Mal die Flut den weltweit gewaltigsten Gezeitenunterschied hinlegt, lässt sich die impo-

sante Landschaft sowohl zu Fuß als auch vom Kajak gut erleben. Bei Ebbe lohnt ein Spaziergang am Strand zwischen der Steilküste und den Felsen, die oftmals auch als *Flowerpots* (Blumentöpfe) bezeichnet werden, da Blumen und kleine Bäumchen auf ihnen wuchern. In den gut zwei Stunden, die der Strand zwischen Ebbe und Flut geöffnet ist, haben Besucher ausreichend Zeit für eine gemütliche Tour zu Fuß. Davor und danach lässt sich von Aussichtsplattformen gut beobachten, wie hereinströmendes und herausfließendes Wasser die Landschaft verändert und so die bizarre Schönheit geschaffen hat.

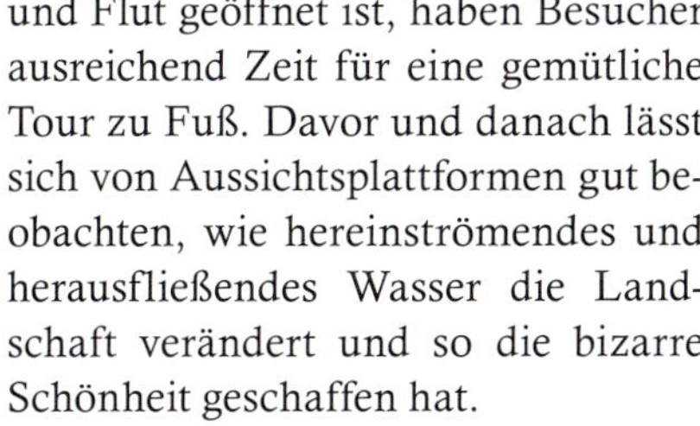

Noch eindrucksvoller ist der Anblick des Küstenstreifens vom Wasser aus. Mit dem Kajak lässt es sich gut entlang der Steilküste und zwischen den Felsen entlang paddeln. Und gerade dann fragen sich Reisende wohl: Wann stürzt der nächste *Flowerpot* ein und verändert die Silhouette. Manch einer der gewaltigen Steine ist unten vom Meer bereits so ausgewaschen, dass er nach oben breiter wird. Somit scheint der nächste Felssturz vorprogrammiert zu sein. Die vergleichsweise preiswerten Touren von *Baymount Outdoor Adventures* starten regelmäßig direkt im Park. Angesichts der teils hohen Wellen wird Sicherheit hoch geschrieben – immer zwei Besucher teilen sich ein Kajak.

Mehrere Spazierwege und Picknickplätze sowie zwei Cafés und ein schöner Souvenirshop machen Hopewell Cape zu einem idealen Ganztagesausflug. Der Park ist zwischen Mitte Mai und Mitte Oktober geöffnet. Obwohl der Zugang offiziell nur tagsüber geöffnet ist, tummeln sich gerade Fotofans hier zum Sonnenaufgang oder -untergang.

· *www.thehopewellrocks.ca*
· *www.baymountadventures.com*

232 Fundy National Park – Inmitten von Rotfichten

Geradezu lieblich präsentiert sich der Fundy National Park, obwohl zumindest seine Küstensektion von der mächtigen Flutwelle des Gezeitenwechsels in der Bay of Fundy geprägt ist. Weite Mischwälder, sanfte Hügel, pittoreske Wasserfälle sowie ausgedehnte Moorfelder wechseln sich im beliebtesten Nationalpark der Provinz ab. Markenzeichen des Parks ist die amerikanische Rotfichte. Die farbenfrohen, kräftigen Bäume sind ausschließlich im östlichen Nordamerika zu Hause

Besucher können auf rund 40 markierten Wegen das Schutzgebiet in New Brunswick erkunden. Schon kürzere Wanderungen und Spaziergänge bringen einem die Schönheit des Nationalparks näher. Besonders beliebt ist die etwa zwei Kilometer lange Schleife *Caribou Plain* durch Mischwald und Feuchtgebiete. Zu den erlebnisreichsten Touren zählt auch der nur 30 Minuten lange *Herring Cove Beach Trail*, der zu einem sehenswerten Aussichtspunkt an der Küste führt. Bei Ebbe können Besucher einen ausgiebigen Strandspaziergang anschließen, wenn sich das Wasser zurückgezogen hat. Wer mehr Zeit und Kondition mitbringt, lässt sich vom *Coastal Walk* gen Osten (4 Stunden) oder gen Western (6 Stunden) begeistern. Über mehrere Tage erstreckt sich der *Fundy Circuit*: Auf 48 Kilometer vereint er mit Flussläufen, Stränden, kleinen Seen und Küstenwäldern alle Facetten des Parks.

Neben Wanderungen werden auch Kajaktouren und Reitausflüge angeboten. Als Alternative zum Bad im Meer bei meist frischen Temperaturen steht ein beheiztes Meerwasserschwimmbecken zur Verfügung. Überdies lockt alljährlich im

September ein besonderes Abenteuer: Schwimmen und Schnorcheln mit Lachsen. Die organisierten Touren werden immer samstags angeboten.

Bester Ausgangspunkt ist der kleine Ort Alma. Rund um den Hafen finden sich zahlreiche Restaurants und Unterkünfte. Zudem ist hier das große Besucherzentrum angesiedelt, ebenso ein Golfplatz und Tenniscourts. Wer lieber in der Natur übernachten will, kann unter mehreren Campingplätzen im Fundy National Park wählen.

- *www.pc.gc.ca/en/pn-np/nb/fundy*
- *www.villageofalma.ca*
- *freshairadventure.com*

233 PEI National Park – Prunkstück der Insel

Ob Standup-Paddling, Drachenfliegen am Strand oder Spaziergänge durch Dünen: Der Prince Edward Island National Park steht für perfekten Urlaubsspaß am Meer. Und das Gute ist: Durch das milde Klima erwärmt sich das Meer stärker als in anderen Regionen Ostkanadas und macht sogar Badespaß im Sankt-Lorenz-Golf möglich. Durch den Park führt der sehenswerte *Blue Heron Coastal Drive*, der insgesamt gut 200 Kilometer über die Insel verläuft.

Auch wenn sich der Nationalpark nur vergleichsweise wenige Kilometer die Küste entlang schlängelt, lohnt auch ein längerer Aufenthalt von drei bis vier Nächten – gerade auch wegen der weiten Anreise nach Prince Edward Island. Noch zu den weniger bekannten Plätzen zählt die Region rund um Greenwich im Osten des Schutzgebietes. Zu den Attraktionen gehören Wanderungen durch die Dünen und zu traumhaften Stränden, wenn gleich nicht alle zum Baden geeignet sind. Das *Greenwich Interpretation Centre* mit Erläuterungen zur vielfältigen Fauna und Flora sowie zur langen Historie der örtlichen First Nations gilt als lohnenswert. Zu den interessantesten Plätzen im Park zählen überdies das Vogelschutzgebiet *Covehead Wharf*, wo sich etliche Vogelarten beobachten lassen, sowie der Leuchtturm von Covehead. Gefühlt ist ohnehin jeder der kleinen Fischerorte einen Fotostopp wert.

Für Literaturfans dürfte das Wohnhaus der Schriftstellerin *Lucy Maud Montgomery* (1874-1942) interessant sein, deren Jugendbuch *Anne of Green Gables* sehr populär ist.

· *pc.gc.ca/en/pn-np/pe/pei-ipe*
· *www.peisland.com/lmm*

234 Charlottetown – Gründungsstätte der Nation

Benannt nach Queen Charlotte, Gemahlin von König George III, hat sich die Hauptstadt von Prince Edward Island viel von ihrem viktorianischen Charme bis heute bewahrt. Vor allem das *Province House* als Sitz der Provinzregierung und einige Herrenhäuser erinnern in ihrer Bauweise noch an frühere Zeiten. Ganz in der Nähe erstrahlt die neugotische *St. Pauls Church*. Sehenswert sind im weitgehend erhaltenen Stadtkern auch die *Great George Street*, deren historische Gebäude als *National Historic Site* ausgezeichnet wurden, sowie die Uferfront am Hafen. Kulturell bedeutsam – architektonisch leider nicht – ist das Veranstaltungszentrum *Confederation Centre of the Arts* mit Theater, Konzertsaal und Ausstellungen. Im Sommer wird hier regelmäßig das Musical zum beliebten Jugendbuch *Anne of Green Gables* aufgeführt, deren Autorin Lucy Maud Montgomery auf Prince Edward Island lebte.

Auch wenn die Briten bis heute die Stadt prägen: Gegründet wurde sie 1720 von französischen Einwanderern. Nach mehreren Auseinandersetzungen und dem Zerstören der Stadt wurde Charlottetown 1764 endgültig britisch und erhielt den heutigen Namen. Geschichte schrieb die Stadt 1864, als eine große Konferenz die Gründung des Staates Kanadas für das Jahr 1887 vorbereitete. Daran erinnert bis heute der *Confederation Landing Park*, wo die Teilnehmer an Land gingen.

235 East Point

Malerisch liegt der Leuchtturm zwischen roter Steilküste und grünen Wiesen. Das 1867 errichtete East Point Lighthouse zählt zu den ältesten von Prince Edward Island, um die gefürchtete Küsten mit vielen Unglücken sicherer machen. Zwischen Juni und September kann der 20 Meter hohe Leuchtturm besichtigt werden. Ein Ausflug dorthin lässt sich mit einem gemütlichen Picknick verbinden.

· *www.eastpointlighthouse.com*

236 North Cape Coastal Drive

Der östliche Teil von PEI erkundet sich am besten über den *North Cape Coastal Drive*. Die Küstenstraße startet 20 Autominuten von der *Confederation Bridge* entfernt. Sie führt über 350 Kilometer an Summerside, der zweitgrößten Stadt, vorbei und entlang der roten Sandstrände und Dünen bis zum *West Point Lighthouse*, dem westlichsten Punkt der Insel.

· *www.tourismpei.com/north-cape-drive*

237 St. Andrews by-the-Sea

Zu den schönsten Orten am Atlantik zählt St. Andrews by-the-Sea im Süden von New Brunswick. Im Stadtkern haben viele Anwesen die Zeit seit der Gründung im 19. Jahrhundert überdauert. Berühmt ist das Küstenstädtchen für das *Algonquin Resort*, eines der zahlreichen legendären Eisenbahnhotels Kanadas. Der Ferienort lockt mit Touren zum *Whale Watching* sowie einem Aquarium.

· *standrewsbythesea.ca*

238 Saint John

Wie auch in anderen Orten am Atlantik bestimmt die Architektur des 19. Jahrhunderts das Stadtbild von Saint Johns. Unbedingt einen Besuch wert sind *Loyalist Plaza*, *Harbour Boardwalk*, *King Street* sowie der *Market Square* – alles hübsch restauriert. Das *New Brunswick Museum* gilt als eines der ältesten Heimatmuseen Kanadas. Von Saint John verkehrt eine Fähre nach Digby in Nova Scotia.
· *www.discoversaintjohn.com*

239 Fredericton

Auf dem Areal der Hauptstadt der Provinz New Brunswick siedelten schon lange vorher die Indianer des Maliseet-Stammes. Als erste westliche Siedler kamen im 17. Jahrhundert die Franzosen. Fredericton rühmt sich sowohl der ältesten Universität als auch der ältesten Kathedrale Nordamerikas. An die hübsche Innenstadt schließt die Parkanlage *Historic Garrison District* an.
· *www.tourismfredericton.ca/en*

240 Cape Enrage

Am Cape Enrage findet sich der älteste Leuchtturm von New Brunswick. Die Besucher aber werden vor allem vom einzigartigen Blick auf die Bay of Fundy und das Sandsteinkliff angelockt. Wer es abenteuerlich mag, bucht eine *Ziplining*-Tour (200 Meter) oder einen Ausflug zum Abseilen an der 43 Meter hohen Küste. Das dortige Restaurant genießt einen guten Ruf, schöne Aussicht inklusive.
· *www.capeenrage.ca/en*

Der Fischerhafen von Peggy's Cove ist nur wenige Minuten vom berühmten Leuchtturm entfernt.

Nova Scotia

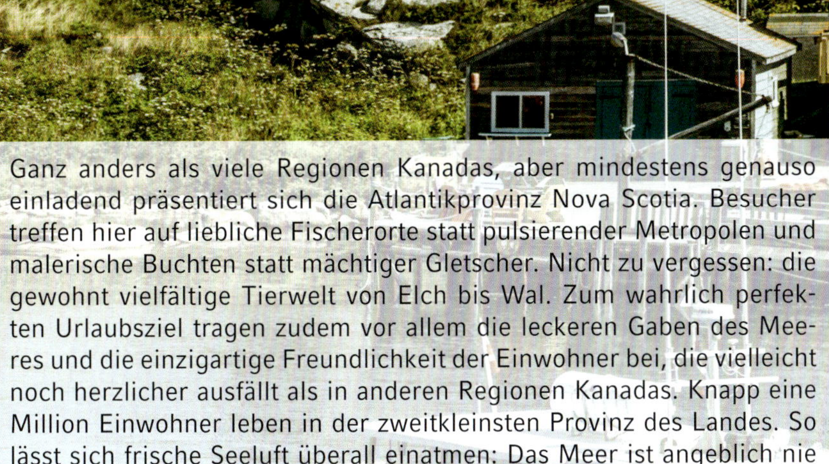

Ganz anders als viele Regionen Kanadas, aber mindestens genauso einladend präsentiert sich die Atlantikprovinz Nova Scotia. Besucher treffen hier auf liebliche Fischerorte statt pulsierender Metropolen und malerische Buchten statt mächtiger Gletscher. Nicht zu vergessen: die gewohnt vielfältige Tierwelt von Elch bis Wal. Zum wahrlich perfekten Urlaubsziel tragen zudem vor allem die leckeren Gaben des Meeres und die einzigartige Freundlichkeit der Einwohner bei, die vielleicht noch herzlicher ausfällt als in anderen Regionen Kanadas. Knapp eine Million Einwohner leben in der zweitkleinsten Provinz des Landes. So lässt sich frische Seeluft überall einatmen: Das Meer ist angeblich nie mehr als 56 Kilometer von jedem Punkt entfernt, sei es der Atlantik im Osten oder die weite Bay of Fundy im Westen.

Zugleich ist Nova Scotia das ideale Gateway in die weiteren Atlantikprovinzen: Eine Tour nach Nova Scotia lässt sich dank vieler Fährverbindungen und zahlreicher Inlandsflüge gut mit Abstechern nach New Brunswick und Prince Edward Island sowie Newfoundland & Labrador verbinden. Gut zu wissen: In den Sommermonaten gibt es Direktflüge zwischen Frankfurt und der Provinzhauptstadt Halifax.

· *www.novascotia.com/deutsch/willkommen-in-nova-scotia*
· *www.novascotia.com*
· *parks.novascotia.ca*

241 Cape Breton Highlands National Park – Vielfalt für alle Sinne

Die Insel im Norden von Nova Scotia, zwischen dem Sankt-Lorenz-Golf und dem Atlantik gelegen, ist das beliebteste Ziel der Provinz. Wale und Wanderwege, Seen und Sightseeing – das alles lässt sich im und rund um den Cape Breton Highlands National Park auf kleinster Fläche in wenigen Tagen erleben. Komfortabel dazu: Der *Cabot Trail*, eine der schönsten Routen des gesamten Landes (siehe „Traumstraßen“, Seite 312), verbindet die Highlights im Norden der Halbinsel Cape Breton Island.

Landschaftlich fühlen sich viele Reisende an die Hochebenen Schottlands erinnert. Auch historisch verbindet der Norden – aber auch die übrige Provinz – dank der Einwanderer aus Schottland und Frankreich vieles mit europäischen Atlantikregionen.

Die zerklüfte Küste mit abwechselnd rauen und malerischen Buchten sollte sich kein Besucher Nova Scotias entgehen lassen.

Als Hauptorte haben sich Ingonish, Pleasant Bay und Chéticamp etabliert, alle mit großer Vielfalt an Unterkünften, Restaurants sowie sehenswerten Kirchen und kleinen Museen. Trotz der Besucher haben sich die Fischerorte ihren gemütlichen Charme bewahren können. Hier dauert es nicht lang, bis Urlauber „entschleunigt" sind. Dabei punktet Ingonish mit einem der schönsten Strände, in dessen geschützter Bucht das Baden im Atlantik im August eine echte Wohltat ist. Zudem liegt hier – malerisch auf einer massiven Felszunge – mit der *Keltic Lodge* eine der schönsten Unterkünfte Kanadas. An der Westküste wiederum profitieren Cheticamp und Pleasant Bay von ihrer Nähe zu Wanderwegen und Walen. Eine Bootstour zu den mächtigen Meeresbewohnern sollte sich niemand entgehen lassen: Von Mai bis Oktober bestehen gute Chancen, insbesondere Buckelwale zu beobachten. Den Nationalpark erschließen zahlreiche Touren, wobei der *Skyline Trail* (siehe „Wanderungen", Seite 76) nicht nur ein Aushängeschild für das Schutzgebiet sondern das ganze Land ist. Einen Abstecher mit dem Auto ist Cape North wert, vor allem der wellenumtoste Strand des Cabot Landing Provincial Park, wo der Entdecker John Cabot 1497 angeblich Nordamerika erreichte.

Gut zu wissen: Das Wetter kann schnell umschlagen. So müssen Besucher selbst im August, die mittags am Ingonish Beach noch im Atlantik schwimmen waren, zuweilen nachmittags die Wanderung am *Skyline Trail* wegen Sturm abbrechen. Cape Breton Island ist über eine Brücke mit der übrigen Provinz verbunden. Vom Nationalpark bis nach Halifax dauert die Autofahrt gut fünf Stunden.

· *www.cbisland.com*
· *www. pc.gc.ca/en/pn-np/ns/cbreton*

242 Peggy's Cove – Berühmtester Leuchtturm der Welt?

Diesen Leuchtturm hat wohl schon jeder Kanadafreund gesehen: *Peggy's Point Lighthouse* zählt zu den meistfotografierten Attraktionen des Landes. Viele halten das 1915 errichtete Bauwerk – der erste Leuchtturm stammt von 1868 – gar für den berühmtesten und schönsten der Welt.

Und in der Tat liegt der nur 15 Meter hohe Turm fotogen auf einem kleinen Vorsprung aus Granitfelsen im Atlantik. Hier ließe sich das Meer gemütlich genießen, nur vom Gebrüll der Wellen und Möwen gestört. Eigentlich ein idealer Ort zum Innehalten – wären da nicht die Besuchermassen aus aller Welt. Denn als Symbol für Atlantik-Kanada und angesichts seiner legendären Schönheit lässt wohl kaum ein Reisender einen Stopp in Peggy's Cove aus. Da die Innenstadt von Halifax nur gut 50 Autominuten entfernt ist, ist ein Abstecher auch problemlos möglich, so dass selbst Reisebusse mit Kreuzfahrtpassagieren eher die Regel als die Ausnahme sind. Natürlich ist neben dem Leuchtturm auch der kleine Fischerort zwar wirklich sehenswert – von seinem ursprünglichen Charme ist den Augen vieler aber nicht mehr viel übrig. Mehr Ruhe und vor allem einen tollen Blick verspricht hingegen eine Bootsfahrt rund um Peggy's Cove. Dabei lassen sich zudem oftmals Puffins und Seals beobachten.

Wer die Atlantikküste südlich von Halifax individuell mit Mietwagen oder Wohnmobil erkundet, sollte sich viel Zeit für die sogenannte Leuchtturm-Route nehmen, die sich über Lunenburg (siehe Seite 290) bis Yarmouth im Südwesten zieht. Entlang des *Scenic Drive* laden viele weitere Buchten und Dörfer zum Erkunden ein. Gerade die Mahone Bay (zwischen Peggy's Cove und Lunenburg)

zählt zu den beliebtesten Plätzen, der Ort umschließt die weitläufige, U-förmige Bucht. Drei nebeneinander stehende Kirchen sind ein bekanntes Fotomotiv, während Cafés und kleine Geschäfte zum Relaxen und Bummeln animieren.

Traurige Berühmtheit erhielt die Region im Oktober 1998, als Swissair Flug 111 hier in den Atlantik stürzte. 229 Menschen in der MD-11 fanden dabei ihren Tod. An das Unglück, das mit zum Ende der Airline beitrug, erinnert ein Gedenkstein, einige Autominuten von Peggy's Cove entfernt.

- *www.peggyscove.ca*
- *www.peggyscoveboattours.com*
- *www.mahonebay.com*
- *www.novascotia.com/explore/road-trips/lighthouses*

243 Lunenburg – Schönster Ort von Nova Scotia

Farbenfrohe, sorgfältig gepflegte Holzhäuser an einem langgezogenen Hafen prägen das Stadtbild von Lunenburg. Kaum ein Ort in Nova Scotia, vielleicht sogar im ganzen Land, besteht aus so einem durchgängigen Gebäudeensemble wie die kleine Siedlung am Atlantik. Am besten erschließt sich der Charme bei einem gemütlichen Spaziergang, mit vielen Stopps an verzückenden Holzhäusern, die mal mit Terrassen und mal mit Säulen oder Türmchen verschnörkelt sind. Schwer fällt die Entscheidung, welches Haus – in der Vergangenheit oftmals Heimat stolzer Kapitäne – das schönste am Platze ist. Dank seiner einzigartigen und stringenten Architektur aus Holz zählt der einst von Auswanderern aus Deutschland und der Schweiz gegründete Ort mittlerweile zum UNESCO-Weltkulturerbe. Damit löste der Tourismus zugleich den Fischfang als wichtigste Einnahmequelle ab. Doch noch immer lässt sich frischer Hummer in den zahlreichen Restaurants genießen, an einem warmen Tag im Sommer kommt schnell mediterranes Flair auf.

An die goldenen maritimen Zeiten erinnern bis heute die Segelschiffe im Hafen – allen voran die 1963 gebaute *Bluenose II*. Wenn das Schiff nicht wie so oft auf Tour zu anderen Häfen Nordamerikas ist, glänzt die *Bluenose II* als das Schmuckstück schlechthin in Lunenburg. Touren sind sehr beliebt und sollten frühzeitig gebucht werden, wobei glücklicherweise auch andere Segelboote Alternativen bieten.

· *www.explorelunenburg.ca*
· *bluenose.novascotia.ca*

244 Halifax – Zentrum der Provinz

Auch wenn der große Hafen damals wie heute die Stadt prägt, wird Halifax gern als „City of Trees“ benannt angesichts der vielen Parks und Grünanlagen. Eine von ihnen ist zugleich das Wahrzeichen der Stadt: die *Citadel*. Einen Besuch der Zitadelle, aus der nie ein Kanonenschuss zur Verteidigung abgefeuert wurde, ist morgens ein guter Start für eine Sightseeingtour. Wer sich von der *Citadel* dann der Innenstadt nähert, stößt gleich auf das zweite bekannte Wahrzeichen: den sehenswerten *Clock Tower*.

Die *City Hall* und die *St. Paul's Church* zählen zu den wichtigsten weiteren Sehenswürdigkeiten, ebenso das *Nova Scotia Museum of Natural History*, die moderne Bibliothek und das *Maritime Museum of the Atlantic*. Einen Bummel entlang der historischen Hafenanlagen kann eine eintägige Stadtbesichtigung gut abschließen.

Wer weniger Zeit oder Lust auf Sightseeing hat, unternimmt in einem eigentümlichen Amphibienfahrzeug eine einstündige Rundfahrt am Land und im Wasser. Mehr an Erwachsene richtet sich die Traditionsbrauerei *Alexander Keith's*, die eines der beliebtesten einheimischen Biere produziert (Besichtigungen möglich). Abends lockt ein großes Angebot von Restaurants und Pubs (oft mit Livemusik).

· *www.destinationhalifax.com*
· *www.pc.gc.ca/en/lhn-nhs/ns/halifax*
· *www.mtcw.ca*
· *keiths.ca*

245 Bras d'Or Lake

Das Binnenmeer ist eines der Highlights von Cape Breton Island. Dank des ruhigen Wassers und des milden Klimas gilt Bras d'Or Lake als eines der besten Segelreviere Nordamerikas. Rund um den See führt die gleichnamige Panoramastraße. Seeadler sind häufig zu sehen in der Region, die schon seit Jahrhunderten von den First Nations besiedelt wurde.

· *www.novascotia.com/boating/bras-dor-lake-itineraries*

246 Kejimkujik National Park

Hier lässt sich die kanadische Natur erleben. Vor allem für Kanu-Fans ist der Kejimkujik National Park ein ideales Ziel – so erleben Besucher die Seen besser als auf einem der Wanderwege. Ahornbäume prägen die Landschaft, ebenso Schwarzbären und Hirsche. Dank seiner Lage ist der Park als *Dark Sky Preserve* ausgewiesen – ideal zum Sterne gucken.

· *www.pc.gc.ca/en/pn-np/ns/kejimkujik*

247 Annapolis Royal

Der Hauptort der Region Annapolis Valley ist ein gemütliches 600-Einwohner-Dorf. Wichtigste Attraktionen sind die Festungsanlagen der *Fort Anne National Historic Site* sowie der pittoreske *Annapolis Royal Historic Garden*. Vor allem aber ist Annapolis Royal Ausgangsort zu den Weingütern und Obstplantagen im Umland. Dank der fruchtbaren Böden ist das Tal ein Zentrum der Landwirtschaft.

· *www.exploreannapolisroyal.com*

248 Cape Split

Einen der schönsten Blicke auf die Bay of Fundy verspricht eine Wanderung zum Cape Split. Rund fünf Stunden sollten Wanderer für die zwölf Kilometer lange Tour einplanen. Umschlossen wird die Bucht mit dem weltweit wohl höchsten Tidenhub von New Brunswick im Westen und Nova Scotia im Osten. Interessant ist ein Abstecher in die Universitätsstadt Wolfville.

· *www.parks.novascotia.ca/content/cape-split*

249 Fortress of Louisbourg

An der Ostküste von Cape Breton Island findet sich ein eindrucksvolles Zeugnis der Eroberung Nordamerikas. Errichtet von Frankreich ab 1719, wurde das mächtige *Fortress of Louisbourg* zwei Mal von der britischen Armee angegriffen und schließlich 1760 zerstört. Die Festungsstadt mit mehr als 50 historischen Gebäuden wurde teils wieder aufgebaut.

· *www.pc.gc.ca/en/lhn-nhs/ns/louisbourg*
· *www.fortressoflouisbourg.ca*

250 Brier Island

Die kleine Insel vor der weit in die Bay of Fundy hineinragenden Landzunge Digby Neck ist ein Paradies für Tierfreunde und -fotografen. Hier lassen sich gerade im Herbst Vogelschwärme entlang der atlantischen Migrationsroute zwischen Sommer- und Winterrevieren beobachten. Zugleich ist der kleine Hafen von Westport ein idealer Ausgangspunkt für Bootstouren zum *Whale Watching*.

· *www.brierisland.org*

Mein Kanada

Holger Bergold

Inhaber Bergold Promotions · bergoldpromotions.wordpress.com

Seit fast vierzig Jahren bin ich sowohl beruflich als auch privat eng mit Kanada verbunden. Angefangen hat es mit meiner Arbeit als regionaler Marketing- und Verkaufschef der Canadian Pacific Hotels & Resorts, die später dann in die Fairmont Kette übergingen. Dieser Job brachte es mit sich, dass ich mit Kunden ganz Kanada bereiste und nicht nur viele kanadische Sehenswürdigkeiten sehen, sondern sogar in vielen auch wohnen konnte. Das Land mit seinen unglaublichen Landschaften und seiner freundlichen und hilfsbereiten Menschen hat mich dann so begeistert, dass ich kurzerhand in Banff ein Haus erwarb. Noch heute ziehe ich mich dorthin gerne zurück. Später dann, ich hatte damals meinen Hotel-Job an den Nagel gehängt und meine eigene PR- und Marketing-Agentur aufgemacht, war ich Teil des „Weltenbummler"-Filmteams mit Schauspieler Hardy Krüger. Er war es dann auch, der mich zur Recherche eines Films in den Yukon schickte. Lange Rede, kurzer Sinn – es war ein toller Dreh und das Yukon Territory mit seiner wilden Natur, seinem unglaublichen Wildlife, seinen gigantischen Gebirgs- und Wassermassen und seinen großartigen Naturschauspielen hat mich völlig in seinen Bann gezogen. Wenig später habe ich dann die touristische Repräsentanz dieser kanadischen Region für Kontinentaleuropa übernommen und mache das jetzt bereits seit 24 Jahren. Und noch immer fasziniert mich der kanaische Norden.

Nebenher habe ich dann auch noch diverse First Nation-Projekte für die kanadische Regierung bearbeitet und so einen interessanten Zugang zu den Ureinwohnern des Landes erhalten.

Natürlich bin ich im Laufe meines Berufslebens durch alle Kontinente gereist und habe viel Interressantes sehen und erleben dürfen. Aber letztendlich war und ist es ein Land, das mich bislang am meisten faszinierte, und das ist Kanada. Und zwar „from Coast to Coast to Coast".

Lieblingsplatz

Einen Lieblingsplatz in Kanada zu benennen ist für mich wahrlich schwer. Es gibt da ja so viele tolle. Letztendlich würde ich irgendeinen der endlosen Seen oder Flüsse im Yukon Territory benennen, auf dem ich beim Fischen oder Fotografieren mit dem Boot ausspannen oder auf dem ich mit dem Wassserflugzeug landen kann. Die dortige Natur-, Tier- und Pflanzenvielfalt in diesem nordwestlichsten Teil Kanadas hat einen unheimlich beruhigenden Effekt auf mich. Die Tatsache, dass mich dort nicht überall das Handy aus meiner persönlichen Idylle klingeln kann, weil es dort nur in den Städten und kleinen Gemeinden ein Funknetz gibt, erhöht den Wohlfühlfaktor immens. Dort, in der einsamen Wildnis des Yukon und begleitet vom harmonischen Spiel der Mitternachtssonne und des Polarlichts, entkomme ich regelmäßig den europäischen Menschenmassen und werde wieder runderneuert und geerdet.

Mein Kanada

Bernadette Calonego

Freie Auslandskorrespondentin und Schriftstellerin · www.bernadettecalonego.com

Meine Liebe zu Kanada drücke ich am besten in Farben aus: Orange wie die Flechte auf Steinen in der Arktis. Grau wie die Haut des Buckelwals, der neben meinem Boot auftaucht. Grün wie der Regenwald an der Pazifikküste. Weiß wie die Eisberge in Newfoundland. Golden wie das Präriegras und braun wie die Bisons und Grizzlybären. Türkis wie die Bergseen in den Rocky Mountains. Blau wie der Blauhäher, der die Körner aus meiner Hand pickt. Ockerrot wie die Holzscheunen und Ställe im Süden Albertas und die Ahornblätter in Ontario im Oktober. Gelb wie mein Kajak in der Salish Sea. Rosafarben wie die Erdbeerbäume an der Westküste, die sich häuten wie Schlangen und unter der Rinde ganz glatt sind. Silbern wie die Heringschwärme im Nordatlantik. Schwarz wie die erstarrten Lavaströme im Nass Valley, dem Land der Nisga`a-Indianer in British Columbia. Rötlich wie die Sandstrände im Süden Labradors und der Provinz Prince Edward Island.

Weiß wie das flauschige Baumwollgras der Inuit-Region Nunavik. Hellgrün wie das Moos nahe der Gletscher in den Selkirk Mountains in British Columbia. Buttergelb wie das Fell der Eisbären in der Nordwestpassage von Nunavut. Hellbeige wie die Rentierflechte an der Sunshine Coast in British Columbia. Rot-Grün-Schwarz wie die Totempfähle in Alert Bay auf der Cormorant-Insel. Pinkfarben wie der Cameron-Wasserfall im Waterton Lakes National Park in Alberta, der diese Farbe annimmt, wenn heftiger Regenfall Sedimente aufwühlt. Lila wie die Seesterne auf Haida Gwaii. Lachsfarben wie der Fisch auf dem Markt von Granville Island in Vancouver. Tintenblau wie der Kratersee im Pingualuit National Park im Norden Québecs. Gelb wie die Klauen des Weißkopfadlers. Rosa wie die blühenden Kirschbäume in Vancouver. Anthrazit wie die steil abfallenden Klippen und himbeerfarben wie die wilden Blumen in Newfoundland. Gelb wie die Rapsfelder in Manitoba. Lavendelblau wie die Heidelbeeren in Nova Scotia. Und vielfarbig wie die Ethnien in Kanada.

Lieblingsplatz

Ich hätte mir früher nie träumen lassen, dass es einen Ort in Kanada gibt, der Sunshine Coast heißt. Als ich vor achtzehn Jahren zum ersten Mal mit der Fähre von Horseshoe Bay nach Langdale fuhr, war es um mich geschehen. Die kleinen, bildhübschen Dörfer, die sich der Meeresküste entlang reihen, manche versteckt hinter hohen Bäumen, die wildromantischen Strände, die einsamen Waldstraßen, die Boote, die zu den vorgelagerten Inseln fahren – all das hat mich bezaubert. Bald mietete ich mein erstes Haus mit einem großen Garten, den auch die Bären liebten. Zwischenzeitlich bin ich mit dem Kajak der Küste entlang oder auf einem der schönen Seen gepaddelt, bin zu den Berghütten im Tetrahedron Provincial Park hochgestiegen und habe mit einer Wandergruppe viele verborgene Ecken und uralte Mammutzedern entdeckt. Ich teile die Natur mit Robben, Walen, Pumas, Schwarzbären, Waschbären, Seeadlern und anderen wilden Tieren. Das Klima ist so mild hier, dass die ersten Blümchen im Februar blühen.

Mein Kanada

Reisejournalist und Blogger
· out-of-canada.olehelmhausen.de

Wann ist die richtige Zeit für eine Liebeserklärung? Jetzt? Nach 25 Jahren in diesem Land? Ich versuch's mal. Zumindest kann man mir nicht vorwerfen, es mir nicht gründlich überlegt zu haben. Also: Ich liebe Kanada, weil

... Einwandern Teil der kanadischen Kultur ist. Viele meiner Freunde hier in Montréal sind unter Einwanderern aufgewachsen. Deshalb verstehen sie kulturelle Unterschiede nicht nur, sie sind auch völlig farbenblind. Bei einer Unterhaltung über den Nachbarn im Süden sagte ein Freund kürzlich: „Wir müssen aufgeschlossen bleiben, denn Einwanderung macht uns stark."

... Kanadier mit Nationalhelden ein Problem haben. Bisher konnten sie sich nur auf einen einzigen einigen: den 22-jährigen, krebskranken Terry Fox, der auf einem Bein durch halb Kanada lief, um Geld für die Krebsforschung zu sammeln. Das, finde ich, sagt viel aus.

... Kanadier stolz darauf sind, nicht stolz zu sein und sich immer wieder hinterfragen. Viele mochten beispielsweise beim 150. nicht mitfeiern. Wegen der Missetaten ihrer Regierung den Ureinwohnern gegenüber. Das gefällt mir. Da passt es auch irgendwie, dass Kanada ein ulkiges Nagetier mit nacktem Schwanz als Nationaltier hat und keinen edlen Adler.

... Justin Trudeau unser Präsident ist. Nicht dass ich ihn über alles verehre. Inzwischen ist ja auch bei ihm der Lack ab. Aber wie er vor zwei Jahren nach seinem Wahlsieg die Frage eines Reporters, warum er ein je zur Hälfte aus Männern und Frauen bestehendes Kabinett habe, wie selbstverständlich mit „Because it´s 2015" beantwortete, ist bei mir hängen geblieben.

... hier die letzte Grizzlypopulation Nordamerikas lebt, und zwar in BC. Und weil dort die Jagd auf diese herrlichen Tiere endgültig verboten wurde.

... das kanadischste aller Verkehrsmittel für mich nicht nur das ästhetischste überhaupt ist, sondern weil es auch „den Kanadier" auf humorige Weise erklären hilft. Ein Kanadier, heißt es, ist nämlich jemand, der in einem Kanu Sex haben kann, ohne dabei umzukippen ...

... und, na klar, weil ich hier wandern, paddeln, Skilaufen und vor allem Auto fahren kann bis zum Abwinken. Auf einem 10 Millionen Quadratkilometer großen Abenteuerspielplatz, der von höflichen, zuvorkommenden Menschen bewohnt wird, die mich nicht gleich fragen, woher ich komme und was ich so mache. Weil das nicht wichtig für sie ist. Ich freue mich schon heute sehr auf meine Kanadareisen in kommenden Jahren!

Lieblingsplatz

Ich mag die Berge, aber ich liebe den Blick in die Weite. Mein Lieblingsplatz ist deshalb der Davis Coulee Viewpoint im Writing-on-Stone Provincial Park. Der kleine Park ist zwar nur drei, vier Autostunden von Calgary entfernt, doch hier im völlig untouristischen Süden von Alberta bin ich in einer anderen Welt. Hier kann ich stundenlang ungestört im Präriegras liegen und unverbaute Aussicht genießen – auf den tief unter mir in schön geschwungenen Kurven friedlich durch die gelbgrüne Endlosigkeit fließenden Milk River, auf die runden, 2000 Meter hohen Sweetgrass Hills drüben im US-Bundesstaat Montana, die den Blackfoot First Nations heilig sind und die wie Inseln aus diesem Meer aus Gras aufragen. Und ich denke: Vielleicht ganz gut, dass alles nach Banff und Jasper fährt. So haben kanadische Parks wie dieser ihre Ruhe.

Kanada ist einfach zu bereisen – auch in abgelegener Natur liegen Hotels oder Campingplätze.

Reisen & Übernachten

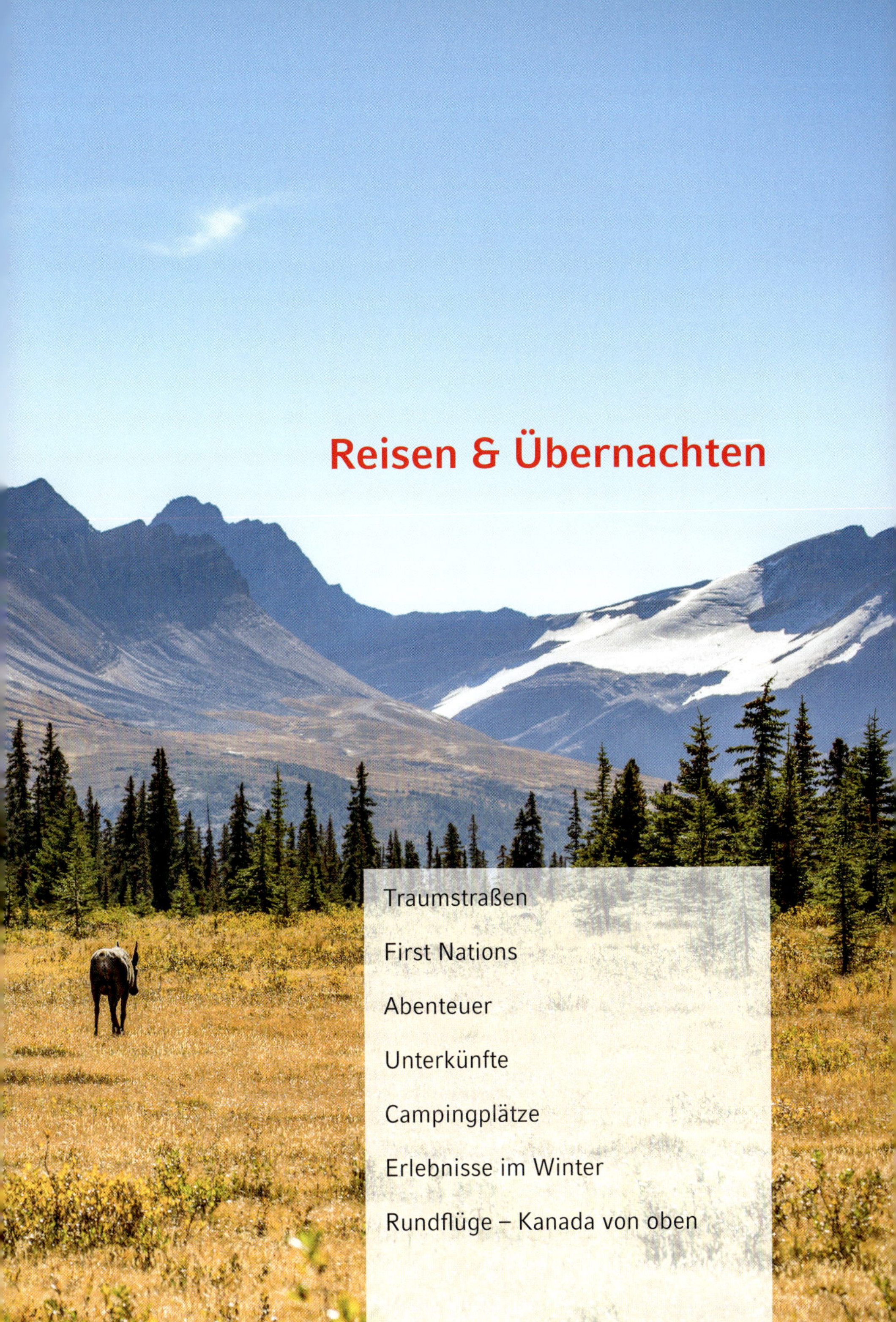

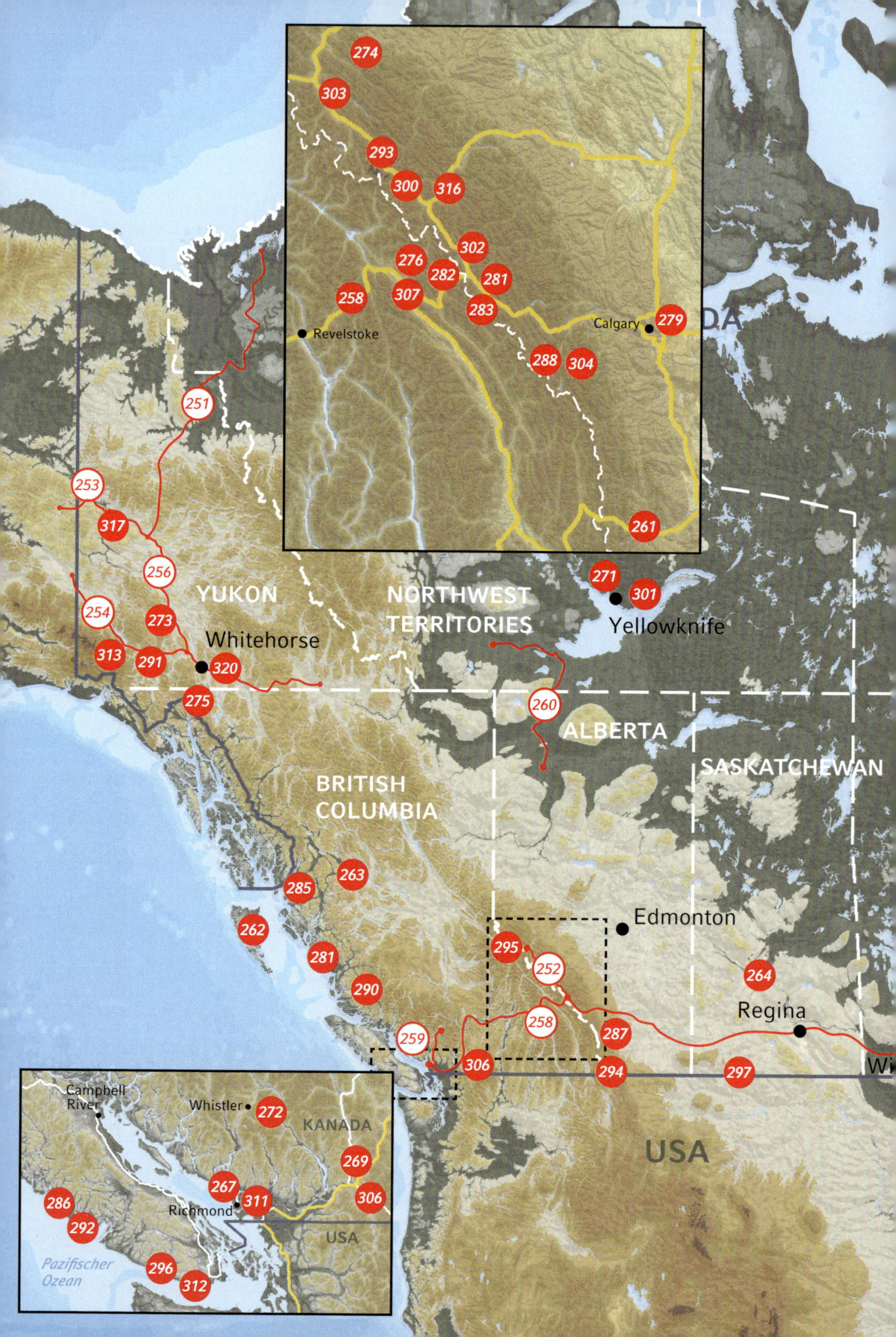

274
303
293
300
316
302
276
282
281
258
307
283
Revelstoke
Calgary
279
288
304
261
271
301
Yellowknife
251
253
317
256
254
273
YUKON
NORTHWEST TERRITORIES
313
291
Whitehorse
320
275
260
ALBERTA
SASKATCHEWAN
BRITISH COLUMBIA
263
285
262
281
290
Edmonton
295
252
264
258
Regina
259
287
306
294
297
Campbell River
Whistler
272
KANADA
269
267
311
306
Richmond
286
292
USA
Pazifischer Ozean
296
312
USA

Baffin Bay
NUNAVUT
284
278
298
Charlottetown
Halifax
268
270
Iqaluit
Hudson Bay
280
289
315
ANITOBA
266
309
318
299
305
310
Ottawa
277
319
314
USA
287
255
ONTARIO
QUÉBEC
257
St. John's
Lake Superior
Ottawa
Fredericton
308
Halifax
Atlantischer Ozean

Traumstraßen

Die längste geteerte Straße der Welt führt einmal von Ost nach West durchs zweitgrößte Land des Planeten: Der *Trans-Canada Highway* verbindet über rund 8000 Kilometer die Hauptstadt von Newfoundland & Labrador, St. John's, mit dem Verwaltungssitz von British Columbia, Victoria auf Vancouver Island. Doch der gigantische Highway ist noch nicht einmal das Prachtstück des Straßennetzes von über 400.000 Kilometern – entsprechend der zehnfachen Länge des Äquators.

Der wohl schönste *Scenic Drive* der Landes schlängelt sich bis hoch zum Polarkreis: Der *Dempster Highway* im Yukon Territory ist eine der Traumstraßen schlechthin für Offroad-Fans, ebenso wie der nahe *Top of the World Highway*. Durch die gewaltige Landschaft der Rocky Mountains führt der *Icefields Parkway*, für viele Globetrotter die beeindruckendste Straße der Welt überhaupt. Geradezu lieblich erscheinen dagegen der *Cabot Trail* oder die *Lighthouse Route*, beide in Nova Scotia.

Legendär sind natürlich die sogenannten *Ice Roads* – diese Straßen existieren nur im Winter und ermöglichen die Versorgung abgelegener Gemeinden. Doch die vielleicht bekannteste Eisstraße wurde 2017 durch einen neuen Highway ersetzt: Tuktoyaktuk an der Küste des Arctic Ocean ist nun mit einer ungeteerten Piste ganzjährig mit Inuvik, der wichtigsten Stadt im Norden der Northwest Territories, verbunden. Der Mythos des gut 130 Kilometer langen *Ice Highway* wurde auch die populäre TV-Serie „Ice Road Truckers" befördert.

- *us-keepexploring.canada.travel/things-to-do/6-scenic-routes-ont*
- *us-keepexploring.canada.travel/things-to-do/7-scenic-drives-through-quebec*
- *blog.hellobc.com/top-5-scenic-drives-bc-just-150-kilometres/ario*
- *www.newfoundlandlabrador.com/trip-ideas/road-trips*
- *www.travelalberta.com/us/places-to-go/road-trips*
- *www.spectacularnwt.de/traumrouten*

Das Ahornland ist ein Paradies für Selbstfahrer.

251 Dempster Highway – Abenteuer pur

Der Name weckt Reiselust bei Geländewagen-Fans: Die 736 Kilometer lange Schotterpiste des *Dempster Highway* gilt als eine der schönsten Offroad-Strecken weltweit. Vom Yukon Territory führt sie bis hoch an die Küste des Arctic Ocean nach Inuvik in den Northwest Territories (siehe „Yukon“, Seite 174 und „Northwest Territories“, Seite 164). Wer das Abenteuer wagt, erlebt eine der schönsten und ursprünglichsten Wildnislandschaften Nordamerikas. Und auch wenn die unbefestigte Strecke immer beliebter wird: Angesichts der abgelegenen Lage und der hohen Kosten für Geländefahrzeuge lässt sich die Natur weitgehend ungestört genießen. Für den Trip sollten sich Reisende eine gute Woche Zeit nehmen.

Bester Ausgangspunkt für die unbefestigte, aber ganzjährige befahrbare Straße ist das Goldgräberstädtchen Dawson City im nördlichen Yukon.

Hier sollten Reisende nochmals die Vorräte auffüllen und das Fahrzeug durchchecken, ehe die abenteuerliche Tour beginnt. 40 Kilometer südlich zweigt der *Dempster Highway* schließlich vom *Klondike Highway* ab. Hier existiert mittlerweile sogar eine Tankstelle, mindestens ebenso wichtig wie der Fotostopp beim Kilometerschild Null des legendären Highway.

Erstes Highlight schon nach gut 70 Kilometern ist der Tombstone Provincial Park. Wanderwege durch die zerklüftete Berglandschaft und ein Campingplatz rechtfertigen einen Übernachtungsstopp. Mit dem 1289 Meter hohen North Fork Pass – sehenswerter Blick auf den Tombstone Mountain inklusive – ist die Baumgrenze erreicht. Die Route führt weiter durch alpine Landschaften, ehe schließlich nach 370 Kilometer das Örtchen Eagle Plains folgt. Von dort sind es nur wenige Kilometer, ehe der Polarkreis überschritten wird. Jetzt ist das Reich der Mitternachtssonne erreicht. Bei Kilometer 550 liegt der Versorgungspunkt Fort McPherson, bereits in den Northwest Territories. Dann sind es nur rund 180 Kilometer bis zum Ziel Inuvik, den Gwich'in Territorial Park sollten Besucher nicht auslassen. Noch abenteuerlicher als eine Fahrt in der Mitternachtssonne ist zweifelsohne eine Tour durch die verschneite Winterlandschaft (empfohlen zwischen Februar und April).

Reisen über den *Dempster Highway* sollten gut vorbereitet sein, die Planung auch Puffertage enthalten. Das Wetter kann hier schnell umschlagen und die beiden kurzen Fährpassagen, beispielsweise am Mackenzie River, für einige Tage unpassierbar werden lassen. Entlang der Strecke liegen mehrere Campingplätze. Unterkünfte und Tankstellen finden sich nur in Eagle Plains, Fort McPherson und Inuvik.

- *www.spectacularnwt.de/traumrouten/dempster-highway*
- *www.dempsterhighway.com*

252 Icefields Parkway – Ab durch die Berge

Die Schaffenskraft der Natur erscheint überschwänglich. Türkisfarbene Bergseen, weite Gletscher (so massiv wie der Eifelturm hoch) und schneebedeckte, 3000 Meter hohe Gipfel säumen den *Icefields Parkway* (Highway 93), der 232 Kilometer durch das Herz der kanadischen Rocky Mountains führt. Wer die zahlreichen Attraktionen entlang der Strecke zwischen Lake Louise und Jasper genießen will, plant am besten eine ganze Woche ein. Mehr als eine Million Besucher lassen sich alljährlich vom *Scenic Drive* begeistern. Immerhin zählt der *Icefields Parkway* zu den schönsten Panoramastraßen der Welt und verbindet zwei der beliebtesten Schutzgebiete Kanadas, den Banff und den Jasper National Park (siehe „Icefields Parkway", Seite 154, „Nationalparks", Seite 26, „Seen", Seite 46 und „Wanderungen", Seite 76).

Wer im Süden von Calgary an Banff vorbei das Erlebnis angeht, den erwarten zwei Top-Attraktionen gleich zu Beginn: die Bergseen Lake Louise und Moraine Lake. Die Parade der Seen geht weiter – Bow Lake folgt nach rund 39 Kilometern, Peyto Lake nach 44 Kilometern (von Lake Louise aus gerechnet). Nach der Fahrt durch schmale Täler öffnen sich die Rocky Mountains beim Saskatchewan River Crossing (Kilometer 79). Zu den höchsten Wasserfällen entlang des *Icefields Parkway* zählen die Teardrop Falls an der steilen Weeping Wall (Kilometer 106), während Big Hill & Big Bend (Kilometer 115) einen eindrucksvollen Blick auf die Traumstraße inmitten der Berge bietet. Anschließend folgt eine beliebtesten Wanderungen: Der Parker Ridge Trail (Kilometer 120) führt über 250 Höhenmeter hoch zu einem Aussichtspunkt über den Saskatchewan Glacier. Einen Besuch des gigantischen Columbia Icefields

(Kilometer 128) lässt sich wohl niemand entgehen – entweder individuell zu Fuß oder organisiert mit Spezialbussen. Der gleiche Anbieter betreibt auch den nahen, erst vor wenigen Jahren eröffneten *Glacier Sky Walk* (Kilometer 135). Am Ende schließlich locken die Sunwapta Falls (Kilometer 177) und Athabasca Falls (Kilometer 200).

Auf seinem Weg durch die Rocky Mountains überquert der 1940 eröffnete *Icefields Parkway* zwei der höchsten Pässe des Landes: Bow Pass (2067 Meter) und Sunwapta Pass (2030 Meter). Entlang der Strecke liegen mehrere Hotels und Hostels sowie Campingplätze. Wichtig: Zwischen Lake Louise und Jasper befindet sich nur eine Tankstelle.

- *www.pc.gc.ca/en/pn-np/ab/banff/visit/les10-top10/glaciers-icefields*
- *icefieldsparkway.com*

253 Top of the World Highway – Sehnsuchtsziel

Schon der Name verspricht Großes: Der gerade einmal 130 Kilometer lange *Top of the World Highway* führt durch grandiose Berglandschaft und oft mit sehenswertem Blick auf den Yukon River an der Grenze zwischen dem Yukon Territory und Alaska. Zusammen mit dem *Taylor Highway* auf der amerikanischem Seite verbindet die Traumstraße Dawson City (Yukon) mit dem 300 Kilometer entfernten Tok (Alaska). Für die Fahrt sollten Reisende einen ganzen Tag einplanen, da sich die teils unbefestigte Piste mit etlichen Kurven und Anstiegen durch weite Täler und über Berge zieht. Allerdings ist die sandige Straße nur im Sommer befahrbar, Schnee und Eis machen sie im Winter unpassierbar. Und auch im Hochsommer kann starker Regen die sandige Trasse schnell in eine rutschige Piste verwandeln.

Neben vielen Aussichtspunkten, vor allem am Yukon River, lohnt ein Stopp im kleinen Bergbau-Ort Chicken. Hier sind meist mehr Touristen als Einheimische anzutreffen. Wichtigste Attraktion neben Campingplatz, Unterkünften und dem außergewöhnlich großen Souvenirshop: Besucher können sich im Goldwaschen versuchen! Entlang der Piste treffen Reisende ebenfalls immer wieder auf Goldsucher, mal zum Zeitvertreib und mal als Erwerbsquelle.

254 Alaska Highway – Quer durch den Yukon

Auch wenn der Name zunächst irreführend klingt: Der *Alaska Highway* ist neben dem *Klondike Highway* die wichtigste Verbindungsstraße innerhalb des Yukon Territory. Angelegt im Zweiten Weltkrieg zur Versorgung des Militärs, führt die durchweg geteerte Straße über 2400 Kilometer von Dawson Creek (600 Kilometer nördlich von Edmonton in der Provinz British Columbia) bis nach Delta Junction in Alaska. Rund 300.000 Urlauber sind alljährlich hier unterwegs. Eine Woche dauert die Fahrt, die Versorgung ist dank der zahlreichen Orte stets gewährleistet.

Zu den landschaftlich schönsten Abschnitten zählt die Fahrt durch den Kluane National Park mit Panoramablick auf die mächtigen Gipfel und den Kluane Lake (bei Kilometer 1710 gen Norden). Weitere sehenswerte Orte sind die Hängebrücke am Liard River (Kilometer 760), Watson Lake (Kilometer 980) und Whitehorse (Kilometer 1420). Nach knapp 2000 Kilometer ist die Grenze zu den USA erreicht. Vom Endpunkt in Delta Junction führt der Highway weiter nach Fairbanks.

Eine Fahrt über den *Alaska Highway* zählt zu den beliebtesten Roadtrips in Nordamerika. In den USA hat die Straße eine ähnlich legendäre Bedeutung wie die Route 66 von Chicago nach Los Angeles.

255 Trans-Canada-Highway

Eine eindrucksvolle Reise durch viele Landesteile ermöglicht der 8000 Kilometer lange *Trans-Canada Highway*. Vom maritimen Atlantik über das frankophone Québec und weiter durch die Prärie-Provinzen führt die Trasse durch die Rocky Mountains bis nach Vancouver. Die letzten Kilometer bis nach Victoria auf Vancouver Island sind, ebenso wie die ersten Abschnitte auf Newfoundland, per Fähre angebunden.

256 Klondike Highway

Die Top 4 der Traumstraßen im Yukon komplettiert der *Klondike Highway* entlang der Route der früheren Goldsucher von Skagway (Alaska) nach Dawson City. Als landschaftlich reizvoll gilt besonders der Abschnitt zwischen dem Pazifik über den White Pass und die Carcross Desert bis nach Whitehorse. Von dort ist es eine Tagesreise entlang am Yukon River bis nach Dawson City. Einen Fotostopp wert sind die *Five Finger Rapids*.

257 Cabot Trail

Die schönsten Plätze im Cape Breton Highlands National Park verbindet der 300 Kilometer lange *Cabot Trail* (siehe „Nova Scotia", Seite 284). Gefühlt wartet nach jeder zweiten Kurve ein Fotostopp. Die 300 Kilometer lange Küstenstraße entlang an malerischen Stränden und schönen Wanderungen lässt sich gut an einem Tag erleben.

· *de-keepexploring.canada.travel/things-to-do/incomparable-cabot-trail*

258 Rogers Pass

Zu den spektakulärsten Abschnitten des *Trans-Canada Highway* gehört der 1330 Meter Rogers Pass zwischen Golden und Revelstoke. Aufgrund seiner großen Bedeutung beim Bau der Eisenbahn Ende des 19. Jahrhunderts ist der Ort im Glacier National Park heute als *National Historic Site* ausgewiesen. Angesichts der massiven Schneefälle werden im Winter kontrolliert Lawinen ausgelöst.
· *www.pc.gc.ca/en/lhn-nhs/bc/rogers*

259 Sea-to-Sky Highway

Den Pazifik und einen Wintersportort der Extraklasse verbindet der *Sea-to-Sky Highway*: Er führt auf rund 120 Kilometern von Vancouver ins auf 670 Meter hochgelegene Whistler. Unterwegs lohnen viele Stopps und Wanderungen, so dass sich Reisende am besten einen Tag Zeit nehmen. Zu den populärsten Attraktionen zählt die *Sea-to-Sky* Gondola mit einer Aussichtsplattform auf rund 1000 Metern.
· *www.seatoskygondola.com*

260 Waterfalls Route

Zu einigen der schönsten Wasserfälle des Landes führt die *Waterfalls Route* in den Northwest Territories (NWT Highway 1, weiter südlich Alberta Highway 35). Auf wenigen Kilometern verteilen sich die Sambaa Deh Falls, Lady Evelyn Falls, Louise Falls und Alexandra Falls. Entlang der 413 Kilometer langen Strecke liegen mehrere Campingplätze und feste Unterkünfte.
· *nwtparks.ca/explore/waterfalls-route*

Pow Wow

First Nations

Ganz selbstbewusst bezeichnen sich die ursprünglichen Bewohner Kanadas seit einigen Jahrzehnten als First Nations. Nur die indigenen Völker im Norden nennen sich weiterhin Inuit, und auch die Métis als Nachkommen der Cree und der Europäer sehen sich nicht als First Nations. Alle zusammen – insgesamt mehr als 600 Stämme – werden oftmals auch als First Nations People bezeichnet, um den negativ belasteten Begriff des „Indianer" zu vermeiden.

Vermutlich seit mehr als 15.000 Jahren bevölkern die First Nations People den Teil der Erde, den wir nunmehr als Kanada kennen. Sie kamen einst über die damals noch bestehende Landbrücke aus Asien ins heutige Nordamerika. Als erste Europäer gelten die Wikinger, die rund um das Jahr 1000 die Atlantikküste erreichten. Offiziell dokumentiert ist die Ankunft des italienischen Entdeckers und Seefahrer Giovanni Caboto (John Cabot) am 24. Juni 1497 an der Ostküste. Daran erinnert bis heute der Cabots Landing Provincial Park samt kleinem Denkmal an der Nordspitze von Cape Breton Island (siehe „Nova Scotia", Seite 284), auch wenn bis heute der genaue Ankunftsort ungeklärt ist.

Begegnungen mit den First Nations und Besuche alter Traditionsstätten zählen sicherlich zu den kulturellen Höhepunkten einer Reise ins Land des Ahorns. Angebot und Nachfrage steigen kontinuierlich an – immer mehr Urlauber wollen nicht mehr nur Metropolen und Natur kennenlernen, sondern auch die Jahrtausende alte Geschichte der First Nations People. Weltweit bekannt ist beispielsweise auch das jährlich stattfindende *Pow Wow* auf Manitoulin Island (siehe „Ontario", Seite 204).

Hinweis: Aus Gründen der Verständlichkeit und Lesbarkeit wird in diesem Buch auch der Begriff Indianer verwendet. Damit verbunden ist in keinster Weise eine Klassifizierung. Verlag und Autor präferieren an sich die Begriffe First Nations, First Nations People und indigene Völker.

261 Head-Smashed-In Buffalo Jump – Traditioneller Jagdplatz

Schon vor 6000 Jahren nutzten die örtlichen First Nations die Klippen des Head-Smashed-In Buffalo Jump, um Bisons zu erlegen. Aus heutiger Sicht kaum vorstellbar, jagten die Indianer – selbst verkleidet als Raubtiere – die Tiere über die Abbruchkante, wo die Bisons etwa zehn Meter in die Tiefe stürzten. An der darunter liegenden, sogenannten *Kill Site*, wo die Tiere dann geschlachtet wurden, fanden Wissenschaftler Spuren der Beute noch in zehn Meter Tiefe – ein Beleg für eine effiziente Vorgehensweise.

Bis zur Ankunft der Europäer und damit moderner Waffen hielt sich diese Art des Jagens. So grausam die Technik auch war, so war sie dennoch fester Bestandteil der Kultur der Blackfoot-Indianer.

Bevor die meist jungen Männer auf ihr gefährliches Abenteuer entsandt wurden, fanden große spirituelle Zeremonien statt. Darin beteten Frauen und Männer gemeinsam für eine erfolgreiche und sichere Jagd. Erste Funde weisen auf eine menschliche Besiedlung schon vor rund 9000 Jahren hin.

Bis heute ist der Ort in den Porcupine Hills, unweit von Fort Macleod in der Provinz Alberta (siehe „Alberta", Seite 134) die bekannteste Stelle der bestialischen, aber überlebensnotwendigen Bison-Jagd. Seit 1981 zählt Head-Smashed-In Buffalo Jump zum UNESCO-Weltkulturerbe, nachdem der Ort schon 1968 zur *National Historic Site* erklärt wurde.

Im Jahr 1987 eröffnete Prinz Andrew, zweiter Sohn von Queen Elisabeth II., das eindrucksvolle Besucherzentrum. Der zehn Millionen Kanada-Dollar teure Bau wurde teils direkt im Fels errichtet und erstreckt sich mit mehreren Ausstellungen über insgesamt sieben Ebenen. Rund um das Gebäude ziehen sich zwei Kilometer lange Spazierwege, wo sich Reisende ebenfalls über die beeindruckende Geschichte der Stätte informieren können. Während das Besucherzentrum ganzjährig geöffnet ist, können die angeschlossenen Tipis nur im Sommer zum Übernachten gebucht werden. Zusammen mit abendlichen Kulturvorführungen wird der Trip in die spannende Geschichte der First Nations People so abgerundet.

· *www.head-smashed-in.com*
· *history.alberta.ca/headsmashedin*

262 Haida Gwaii – Kultur und Natur

Eine Reise auf die Haida Gwaii, ehemals Queen Charlotte Islands, vor der Küste von British Columbia zählt zu den eindrucksvollsten Touren, um der Kultur der First Nations näherzukommen. Die hier lebenden Haida gelten als die wohl stolzesten Völker der Westküstenindianer und sind seit Jahrhunderten als erfolgreiche Seefahrer und filigrane Künstler bekannt. Auf den mehr als 200 Inseln der Haida Gwaii hat sich eine einzigartige Fauna und Flora bis heute erhalten, da die Region weniger von der letzten Eiszeit betroffen war und seit rund 8000 Jahren vom Festland getrennt ist (siehe „British Columbia", Seite 104).

Zu den landesweit schönsten Museen zur Kultur der First Nations zählt das *Haida Heritage Centre* auf der Hauptinsel Graham Island. Die erst im Jahr 2007 eröffnete Anlage besteht aus mehreren Gebäuden, von Weitem schon am sehenswerten Totempfahl erkennbar. In den Ausstellungen, die beispielsweise viele filigrane Holzarbeiten und Fotos umfasst, können Besucher die Geschichte der Haida als auch der Inseln nacherleben. Beeindruckend ist auch das große Holzkanu, mit dem die Stammesangehörigen einst auf dem Pazifik unterwegs waren. Lebendig wird die Geschichte auf Touren, die das Zentrum regelmäßig veranstaltet – beispielsweise Rundgänge zu verschiedenen Totempfählen oder organisierte Kanuausflüge. Zum Kulturzentrum zählt auch das bereits 1976 eröffnete *Haida Gwaii Museum*, das für seine große Kunstsammlung berühmt ist.

Haida Gwaii ist neben seiner Kunst- und Kulturszene auch für seine Landschaft und Tierwelt bekannt. Braunbären sind weit verbreitet, und

in der richtigen Jahreszeit lassen sich Wale vom Land aus beobachten. Trotz des reichhaltigen Angebots zählt ein Besuch der Inselgruppe noch immer eher in die Kategorie Geheimtipp – für die Besucher sicherlich kein Nachteil, dass die Inseln mit ihren etwa 7000 Bewohnern, davon die Hälfte Angehörige der First Nations, noch nicht so überlaufen sind wie andere Touristenorte. Haida Gwaii wird regelmäßig von den Fähren der *BC Ferries* angesteuert. Außerdem gibt es täglich verschiedene Flugverbindungen nach Vancouver.

· *haidaheritagecentre.com*
· *haidagwaiimuseum.ca*
· *www.gohaidagwaii.ca*
· *www.bcferries.com*

263 Ksan Historical Village – Museumsdorf

Im Norden von British Columbia lohnt der Besuch des Freilichtmuseums *Ksan Historical Village*. Das Indianerdorf wurde originalgetreu an traditioneller Stätte der Gitxsans, den örtlichen First Nations, aufgebaut und besteht aus sieben Langhäusern, die ursprünglich von jeweils einem Clan bewohnt wurden. Das bereits 1960 eröffnete *Ksan Museum* beinhaltet 600 Exponate unterschiedlichster Art, darunter Masken und Jagdutensilien. Auch mehrere Totempfähle sind ausgestellt. Regelmäßig finden in der Sommerzeit Tanzvorführungen statt (immer freitags).

Das *Ksan Historical Village* liegt unweit der Kleinstadt Hazelton, gut drei Stunden mit dem Auto östlich von Prince Rupert. Zur Anlage zählt auch ein komfortabel ausgestatteter Campingplatz (inkl. WLAN), direkt am Zusammenfluss von Skeena und Bulkley River mit guten Angelmöglichkeiten.

Ein Aufenthalt im Museumsdorf lässt sich mit einem Besuch des *Northwestern National Exhibition Centre & Museum* verbinden: Es ist berühmt für seine Holzschnitzarbeiten. Ganz in der Nähe lohnen noch die Totempfähle von Kispiox einen Fotostopp.

· *ksan.org*
· *www.hazeltonstourism.ca/kispiox-totem-poles.html*

264 Wanuskewin Heritage Park – Archäologie

Nur wenige Kilometer von der heutigen Stadt Saskatoon in Manitoba entfernt, hatten sich Angehörige der First Nations schon vor 6000 Jahren auf ihren Wanderungen durch die Prärie niedergelassen. Die Region galt damals als gutes Revier, Bisons zu jagen. An die Tradition von damals erinnert heute der *Wanuskewin Heritage Park*, eine der bedeutendsten Ausgrabungsstätten in ganz Kanada.

Das Besucherzentrum informiert mit mehreren Ausstellungen und Modellen über die Geschichte und Kultur des Ortes sowie die Lebensweise der indigenen Bevölkerung. Zu den wichtigsten Exponaten zählt ein rund 1500 Jahre altes *Medicine Wheel*, ein hoher Steinhügel – umgeben von kleineren Hügeln – mit hoher spiritueller Bedeutung für die damaligen Nomaden, von denen heute nur wenige existieren. Auch ein Bisonhügel, über dessen Klippen einst Bisons gejagt wurden, kann besichtigt werden. Regelmäßig finden Kulturveranstaltungen statt.

Das 240 Hektar große Areal umfasst 19 einzelne Grabungsstätten. Der 1962 eröffnete *Wanuskewin Heritage Park* soll künftig zur UNESCO-Weltkulturerbestätte erklärt werden.

· *wanuskewin.com*

265 National Aboriginal Day

Seit 1996 würdigt der *National Aboriginal Day* alljährlich am 21. Juni die Kultur und Verdienste der First Nations, der Inuit und der Métis. Landesweit finden zahlreiche Veranstaltungen statt, um den Austausch zu fördern. Premierminister Justin Trudeau hat Bestrebungen angekündigt, den Tag zum *National Indigenous Peoples Day* umzubenennen.

· *www.aadnc-aandc.gc.ca/eng/1100100013248/1100100013249*

266 The Huron Traditional Site

Nur wenige Kilometer von Québec Stadt entfernt, liegt mit der *Traditional Huron Site* ein sehenswerter Nachbau eines typischen Indianerdorfs. Mit zahlreichen Aktivitäten soll die Geschichte der Huronen im einzigen entsprechenden Reservat des Landes lebendig werden. Dazu zählen beispielsweise Kanutouren und Tanzvorführungen sowie Schneeschuhwanderungen und Kunst-Workshops.

· *www.huron-wendat.qc.ca*

267 The Museum of Anthropology

Am Ufer der English Bay in Vancouver findet sich eine der besten Ausstellungen zur Kunst der First Nations. Das *Museum of Anthropology* befindet sich in einen großen Park mit Totempfählen. Es informiert ausführlich über die Völker an der Westküste wie etwa der Haida und der Bella Coola. Masken, Figuren und Exponate aus Zeremonien sind zu sehen, ebenso Werke zeitgenössischer Künstler.

· *moa.ubc.ca*

268 Kejimkujik National Park

Der Kejimkujik National Park, eine *National Historic Site*, hat eine hohe geschichtliche Bedeutung: Das Schutzgebiet in Nova Scotia (siehe „Nova Scotia“, Seite 284) umfasst neben unberührten Landschaften mehr als 500 Petroglyphen und zählt damit zu den bedeutendsten Stätten dieser Art in ganz Nordamerika. Sie erzählen die 4000 Jahre währende Geschichte der Mi'kmaq People.

· *www.pc.gc.ca/en/pn-np/ns/kejimkujik*

269 Kekuli Cafe

Authentische Küche der First Nations serviert das Kekuli Cafe in Merritt sowie künftig auch in West Kelowna. Spezialität des Hauses sind Fladenbrot, in Kanada als *Bannock* bekannt und von den First Nations auf Turtle Island als *Fry Bread* bezeichnet, sowie *Indian Tacos*. Das Café ist mit vielen Exponaten aus der Tradition der First Nations dekoriert, während im Hintergrund leise Musik erklingt.

· *www.kekulicafe.com*

270 Cape Dorset

Abgelegen im hohen Norden von Baffin Island im Inuit-Territorium Nunavut hat sich seit den 1950er-Jahren eine der wichtigsten Künstlerkolonien der indigenen Völker Kanadas etabliert. Die Werke werden hoch gehandelt und regelmäßig in bedeutenden Kunstmuseen wie der *Winnipeg Art Gallery* ausstellt.

· *www.arcticco-op.com/acl-baffin-region-cape-dorset.htm*

Abenteuer

Nach einem „echten" Abenteuer müssen Urlauber in Kanada nicht lange suchen. Die Weite der Natur lässt viel Freiraum, um persönliche Grenzen auszuloten und sich dem Adrenalinrausch hinzugeben. Von Extremtouren durch den Yukon bis hin zum Ziplining am Atlantik reicht das Angebot. Auch in den Metropolen lockt das Abenteuer – beispielsweise auf dem *CN Tower* in Toronto mit dem Edge Walk in 356 Metern Höhe.

Ziplining zählt zu den beliebesten Action-Trips.

271 Husky-Touren – Adrenalinrausch im Schnee

Kraft trifft Leidenschaft: Die Huskys sind gar nicht zu bremsen. Am liebsten würden sie sofort losstürmen und den schweren Schlitten durch die verschneite Landschaft des Yukon Territory ziehen. Doch der *Musher* hat noch kein Startsignal gegeben und steht mit aller Kraft auf der Bremse, um das Gespann auf der Stelle zu halten. Doch dann endlich – vor allem für die Schlittenhunde – geht es los. Scheinbar spielerisch zerren die sechs Huskys am Gespann und bringen es schnell auf eine ordentliche Geschwindigkeit. Was heute ein großer Spaß für Touristen aus aller Welt ist, war früher überlebensnotwendig. Ohne Huskys und Schlitten wäre die Versorgung der Inuit nicht möglich gewesen. Bis heute nutzen viele

das traditionelle Gespann trotz der modernen Konkurrenz in Form von hoch motorisierten Schneemobilen.

Zu den größten Abenteuern zählt sicherlich eine mehrtägige Tour in die Wildnis mit Übernachtungen im Zelt – im Schein des Vollmondes oder der *Northern Lights*. Auf diesen Trips können Touristen selbst die laute und kräftige Meute der Huskys bändigen und den Schlitten navigieren. Solche organisierten Kurzreisen werden beispielsweise regelmäßig ab Whitehorse angeboten. Im Regelfall können sich Urlauber erst einige Tage mit Tieren und Gespann vertraut machen, ehe Lodge oder Hotel verlassen werden und die Trails in der Natur angesteuert werden.

Wer es komfortabler mag, kann auch mehrere Tage am Stück in speziell darauf ausgerichteten Lodges verbringen und unternimmt lange Tagesausflüge. Kurztouren über ein oder zwei Stunden können ebenfalls gebucht werden – nicht nur im Yukon, sondern beispielsweise als Ausflug vom Skifahren in den Rocky Mountains (siehe „Winter“, Seite 352). Teilweise sind auch Touren mit Huskys möglich – dann folgen die Gäste den traditionellen Hunden des Nordens jedoch nicht im Schlitten, sondern beobachten sie vom allradgängigen Quad. Wer den Profis zuschauen will, bucht organisierte Trips zum Besuch des *Yukon Quest*, dem wichtigste Langstrecken-Hundeschlitten-Rennen der Welt. Es zieht sich über 1000 Meilen von Whitehorse im Yukon bis nach Fairbanks in Alaska (USA). Gut zu wissen: Die Anbieter stellen meist geeignete warme Winterkleidung zur Verfügung, teils sogar kostenlos.

- *muktuk.com/winter*
- *intothewildadventures.ca/dog-sledding-tours-in-the-yukon*
- *www.beckskennels.com/winter_spring.html*
- *www.yellowknifetours.com/activities*

272 Heli-Skiing – Ultimatives Ski-Erlebnis

Das Ski-Abenteuer startet schon am Hotel, wenn binnen Sekunden die kleine Gruppe den Helikopter entert. Wenige Flugminuten später blicken sie auf unberührtes Weiß, feinster *Champagner Powder*, ideal zum Skifahren. Schließlich landet der Pilot die Maschinen auf einem einsamen Hang, nur Natur ringsherum. Keine Hütten oder Sessellifte, nur die wenigen Skifahrer aus der eigenen kleinen Gruppe.

Kanada gilt ohnehin als exzellentes Ziel für Wintersportler, eine Tour zum Heli-Skiing ist jedoch wohl das ultimative Erlebnis für Wintersportler. Hier erreicht die Statistik eine neue Dimension: 30.000 Höhenmeter auf Brettern sind bei manchen Anbietern garantiert, bei besten Wetterbedingungen erreichen erfahrene Skifahrer binnen einer Woche sogar 50.000 und mehr. Das luftige Abenteuer – in den 1960er-Jahren vom österreichischen Bergführer Hans Gmoser erfunden – ist übrigens ausschließlich in British Columbia erlaubt (in Europa auch nur in wenigen Skigebieten).

Vielfach verbringen die Gäste der organisierten Heli-Skiing-Touren ihren Urlaub fernab der übrigen Wintersportler: Manche Anbieter betreiben eigene Lodges tief versteckt in so abgelegenen Regionen der Rocky Montains, dass selbst die Anreise nur mit dem Helikopter und gar nicht mit dem Fahrzeug erfolgen kann. Von hier aus starten die täglichen Abenteuer. Oft mehrfach am Tag steigt der Helikopter auf, setzt die Skifahrer ab, sammelt sie wieder ein und fliegt weiter zum nächsten Gipfel. Bewährt haben sich dabei einwöchige Trips, um Puffer für Schlechtwettertage zu haben.

Wichtig: Fürs Heli-Skiing sollten die Teilnehmer topfit und erfahren auf Schwarzen Pisten sein. Touren in ab-

gelegenen Regionen sind in keinster Weise mit den Bedingungen der gut organisierten Skigebiete – ob in Kanada oder in Europa – zu vergleichen. Hinzu kommt die zusätzliche Anspannung durch den im Regelfall nicht gewohnten Helikopterflug.

Mehrere Anbieter haben sich auf organsierte, mehrtägige Reisen zum Heli-Skiing in Kanada spezialisiert. Daneben gibt es regionale Firmen, die beispielsweise ab dem Olympia-Ort Whistler operieren und Tagestouren mit drei bis sechs Abfahrten offerieren. Auch rund um den Mount Robson, den höchsten Berg der kanadischen Rocky Montains, ist Heli-Skiing möglich.

- *www.canadianmountainholidays.com*
- *www.whistlerheliskiing.com*
- *www.mtrobson.com/2013/11/08/heli-skiing-mt-robson*

273 Yukon River – Tage auf dem Fluss

Es ist eines der letzten großen Abenteuer auf unserem Planeten und vergleichbar wohl nur mit Touren auf die höchsten Gipfel oder einer Klettertour am bekannten El Capitan im amerikanischen Yosemite National Park: Die Paddeltour über den Yukon River verspricht Abenteuer und Natur, aber auch Romantik (siehe „Yukon", Seite 174). Schon wer „nur" den Abschnitt zwischen Whitehorse und Dawson City meistert, dürfte um eine Once-in-a-Lifetime-Experience reicher sein. Von einem Trip über 3200 Fluss-Kilometer bis hoch zur Beringsee ganz zu schweigen. Abenteurer und Fotografen wie Dirk Rohrbach oder Mario Goldstein – mit einem selbstgebauten Floß – sind dieses Wagnis eingegangen und berichten stolz auf ihren Veranstaltungen.

Indes konzentriert sich die Mehrzahl der Kanufahrer auf den 736 Kilometer zwischen den beiden Yukon-Städten. Rund 14 Tage dauert die Fahrt, die einst die Goldsucher mit dem Schaufelraddampfer zurückgelegt haben. Auf diesem Yukon-Abschnitt sind auch geführte Touren mit örtlichen Guides möglich, die das teils gefährliche Terrain besser kennen. Wer ausreichend Erfahrung hat, kann auch nur die Ausrüstung mieten und auf eigene Faust lospaddeln.

- *www.yukonwild.com*
- *www.kanoepeople.com*
- *www.upnorthadventures.com*

274 Rafting-Touren – Durch Gletscherflüsse

Mit seinen rauschenden Flüssen ist Kanada das perfekte Revier für Rafting-Touren. Besonders beliebt sind Ausflüge ab Jasper in den nördlichen Rocky Mountains. Angeblich wurde hier vor über 40 Jahren der erste Rafting-Veranstalter des Landes gegründet. So gelten der Athabasca und der Bow River als gute Reviere, während der Kicking Horse River als besonders fordernd angesehen wird. Bekannt ist zudem der Fraser River in British Columbia, der für einen der wildesten Flüsse überhaupt gehalten wird. Je nach Fluss müssen die Teilnehmer selbst paddeln, in anderen Fällen sorgen mittlerweile Motoren für die Fortbewegung. Schon kurze halb- oder eintägige Touren bringen Reisenden die Natur sehr nah. Hierbei können auch Einsteiger schon sehr viel Spaß haben, ohne dass es wirklich gefährlich wird. Doch auch wer mehr Abenteuer sucht, wird angesichts eines großen Angebots an geführten, mehrtägigen Touren fündig. Dabei lassen sich dann auch wenig erschlossene Wildnisgebiete wie der Nahanni National Park in den Northwest Territories mit dem Kanu auf spritzigen Gewässern erkunden.

· *www.travelalberta.com/de/things-to-do/summer-outdoor-activities/whitewater-rafting*

275 Chilkoot Trail

Die wohl abenteuerlichste Wanderung folgt den Pfaden der Goldsucher zum Ende des 19.Jahrhunderts: Tausende Glücksritter waren auf dem *Chilkoot Trail* zwischen Alaska und dem Yukon unterwegs, zu den Goldfeldern am Klondike River bei Dawson City. Die Tour über den 1074 Meter hohen Pass erstreckt sich über 53 Kilometer (siehe „Wanderungen“, Seite 76).

· *www.nps.gov/klgo/planyourvisit/chilkoottrail.htm*

276 Reiten in den Rocky Mountains

So stellen sich wohl viele Besucher das Leben in früherer Zeit vor: Mit dem Pferd erkundeten die ersten Siedler die Weiten des Landes. Auf geführten Reittouren in der Prärie von Saskatchewan, beispielsweise auf der *La Reata Ranch*, oder in den Rocky Mountains folgen Urlauber heute den Entdeckern.

· *www.lareataranch.com*

· *www.banfflakelouise.com/horseback-riding*

277 Edge Walk auf dem CN Tower

Schwindelfreie Besucher ohne Höhenangst können über den Dächern Torontos ihren Mut beweisen und in luftiger Höhe einen Panoramablick genießen: Der *Edge Walk* ist ein Spaziergang in 356 Meter Höhe auf den Dach des Restaurants des *CN Tower.* Gut gesichert in einem Spezialanzug verbringen die Teilnehmer auf einer geführten Tour etwa 30 Minuten auf der Stahlkonstruktion ohne Geländer.

· *www.edgewalkcntower.ca*

278 Ziplining

Ähnlich einer Seilbahn gleiten die Teilnehmer einer *Zipling*-Tour über die Flora und Fauna Kanadas. Besonders schön ist die Aussicht am Cape Enrage in New Brunswick, spektakulär und bis zu 70 Stundenkilometer schnell an den Niagara Falls. Von Baum zu Baum gleiten Adrenalin-Süchtige auf Vancouver Island.

· *www.capeenrage.ca/en*
· *wildplay.com/niagara-falls*
· *adrenalinezip.com*

279 Bob-Fahren in Calgary

Mit Tempo 100 und mehr können Freizeitsportler die Olympia-Bobbahn von 1988 austesten. In zehn Kurven rauscht der stabile Schlitten nach unten, gesteuert von einem erfahrenen Piloten. Der Geschwindigkeitsrausch ist auch im Sommer erlebbar. Im Olympia-Park, der auch die Skisprungschanzen umfasst, werden auch weitere Aktivitäten angeboten.

· *www.winsport.ca/activities/winter/sliding.cfm*

280 Paddeln mit Belugawalen

Erst sind sie weder zu hören noch zu sehen. Doch plötzlich wackelt das Boot inmitten des Churchill River im Norden Manitobas an der Mündung zur Hudson Bay. Doch es sind keine Wellen, sondern ein strahlend weißer Belugawal. Bei einer Kajaktour kommen Urlauber den seltenen Meeresbewohner ganz nah. Alternativ werden auch Schnorchelausflüge zu den Belugawalen angeboten.

· *seanorthtours.com*

Unterkünfte

Reisende können unter einer ungezählten Fülle von Unterkünften in Kanada wählen. Die Bandbreite reicht – je nach Geldbeutel und persönlichen Vorlieben – von Backpacker-Herbergen über Cabins bis hin zu Luxushotels, die allen internationalen Ansprüchen gerecht werden. So konkurriert der Wellness-Tempel am Strand mit dem Hostel in einem ehemaligen Gefängnis und der Lodge zum *Wildlife Spotting* mit dem Leuchtturm am Atlantik. Zehn ganz besondere Unterkünfte empfehlen die Experten dieses Buches sowie die Facebook-Fans des Magazins 360° Kanada.

Room with a view: **Besondere Unterkünfte befinden sich im ganzen Land.**

281 Spirit Bear Lodge – Nah den Bären

Mehr Sehnsucht und Natur gehen kaum: Ein Once-in-a-Lifetime-Erlebnis verspricht ein mehrtägiger Aufenthalt in der *Spirit Bear Lodge*. Die mittlerweile von den First Nations betriebene Unterkunft liegt nah dem Indianer-Fischerdorf Klemtu inmitten des Great Bear Rainforest, dem größten noch intakten gemäßigten Regenwald der Welt und Heimat von Grizzlys, Pumas und vielen weiteren Tierarten. Doch Star des Waldes ist der Spirit Bear – der weiße Bär lebt ausschließlich in dieser Region. Als beste Reisezeit mit der höchsten Wahrscheinlichkeit, Bären zu sehen, gelten die Monate August, September und Oktober (siehe „Tierbeobachtungen“, Seite 36).

Schon die Anreise ist ein Erlebnis: Die *Spirit Bear Lodge* ist ausschließlich per Flugzeug und Boot erreichbar. Nach einem etwa zweistündigen Flug von Vancouver nach Bella Bella geht es mit dem Wassertaxi weiter. Im Rahmen der geführten Touren finden täglich Exkursionen, meist mit dem Boot, zur Bärenbeobachtung statt. Die Einrichtung und Zimmer sind in Anlehnung an Kultur und Tradition der West Coast First Nations errichtet worden. Von der Terrasse aus lassen sich nicht nur Bären sondern auch Orcas und Delfine beobachten. Sicherlich ein teures Erlebnis, aber dafür mit bleibender Erinnerung an einmalige und nicht so leicht zu wiederholende Momente in der Natur. Die angebotenen Touren dauern zwischen drei und sieben Tagen.

· *www.spiritbear.com*

282 Emerald Lake Lodge – Direkt am See

Gemütliche Bergatmosphäre lässt sich in der *Emerald Lake Lodge* gut erleben. Der gleichnamige Gletschersee im Yoho National Park zählt zu den schönsten im ganzen Land und ist bei Weitem nicht so frequentiert wie etwa der Lake Louise (siehe „British Columbia", Seite 104). Die Ruhe dort überträgt sich auch auf das Hotel. Während Tagesbesucher im *Chateau Lake Louise* gefühlt sekündlich ein- und ausgehen – von den Massen am See ganz zu schweigen – bleiben hier auf der kleinen Halbinsel die Gäste weitgehend ungestört, auch wenn der beliebte Uferweg quer durch die Anlage führt. Von den Lesern der kanadischen Ausgabe von *Condé Nast Traveler* wurde das Hotel einst unter die zehn schönsten Resorts gewählt.

Die nicht mehr ganz modernen Zimmer der *Emerald Lake Lodge* verteilen sich auf 24 einzelne Holzbungalows, jeweils mit eigenem Eingang. Ausgewählte Zimmer, darunter die exklusive *Point Cabin*, verfügen über eine Terrasse direkt am See. Das Kaminfeuer in jeder Einheit ersetzt den Fernseher. Drei Restaurants sowie Außen-Whirlpool, Sauna und Fitness-Raum runden das Angebot ab. Die Lodge ist ganzjährig geöffnet.

· *crmr.com/emerald*

283 Chateau Lake Louise – Traumhafter Blick

Es ist eines der Wahrzeichen des Landes und zählt zu den meistfotografierten Gebäuden Kanadas: das Hotel *Fairmont Chateau Lake Louise.* Die Lage und der perfekte Blick auf Lake Louise und Victoria Glacier sowie der gebotene Komfort machen einen Aufenthalt unvergesslich. Zwei Nächte hier können einer Reise in die Rocky Mountains den perfekten Start oder Abschluss geben (siehe Rocky Mountains, Seite 370). Natürlich ist die hochpreisige Unterkunft deutlich größer und die Umgebung von viel mehr Besuchern bevölkert als etwa bei der *Emerald Lake Lodge* – die Aussicht macht dies aber wett. Könige und Prominente sind regelmäßig zu Gast.

Das 1890 als Schloss errichtete Hotel verfügt über 552 Zimmer und zahlreiche Restaurants unterschiedlicher Preislage. Hinzu kommen ein großer Wellnessbereich, ein Swimmingpool und ein Kids Club. Sommers wie winters werden zahlreiche Aktivitäten organisiert, teilweise auch für Nicht-Hotelgäste buchbar. Tipp: Der Aufpreis für ein Zimmer mit Blick auf See und Gletscher lohnt sich. Gerade wer im Winter anreist, sollte das Geld für ein größeres Zimmer investieren, da es gerade mit nassem Ski-Equipment auf dem recht begrenzten Raum schnell ungemütlich wird.

· *www.fairmont.de/lake-louise*

284 West Point – Schlafen im Leuchtturm

Meerblick ist hier selbstverständlich: Der Tower Room liegt im zweiten Stock des *West Point Lighthouse* auf Prince Edward Island (siehe „New Brunswick und Prince Edward Island“, Seite 274). Die Unterkunft dürfte damit zu den eigentümlichsten überhaupt in Kanada zählen, abgesehen vom Quirpon Lighthouse in Newfoundland oder der Tundra Buggy Lodge in Churchill.

Der Tower Room des 1875 errichteten Leuchtturms bietet gewohnten Hotelkomfort bis hin zum eigenen DVD-Player – fragt sich nur warum, angesichts der Aussicht – sowie Badewanne und Internetempfang. Neben dem Zimmer im Leuchtturm können Gäste überdies in der früheren Wohnung des Wärters übernachten, ebenso stehen weitere Unterkünfte auf dem Areal zur Verfügung. Betrieben wird die außergewöhnliche Unterkunft vom angeschlossenen kleinen Museum. Das *West Point Lighthouse* ist rund 33 Meter hoch und zählt damit zu den höchsten in ganz Prince Edward Island. Ein Boardwalk führt vom Leuchtturm in die umliegende Dünenlandschaft und macht das maritime Erlebnis perfekt.

· *www.westpointharmony.ca*
· *www.linkumtours.com/quirpon-lighthouse-inn*

285 Khutzeymateen Wilderness Lodge

Die *Khutzeymateen Wilderness Lodge* ist ein perfektes Refugium in der Natur. An der Nordwestspitze von British Columbia gelegen, sind Touren zur Grizzly-Beobachtung, Spaziergänge zu Wasserfällen oder Ausflüge mit Kajak im Reisepaket enthalten. Die Lodge umfasst sechs Zimmer mit Gemeinschaftsduschen. Die Anreise erfolgt im Wasserflugzeug ab Prince Rupert. Tagesausflüge sind möglich.
· *www.khutzlodge.com*

286 The Wickaninnish Inn

Majestätisch auf einem Felsvorsprung mit Blick auf den Chesterman Beach an der Pazifikküste thront das Hotel *The Wickaninnish Inn*. Auf Vancouver Island dürfte sich keine luxuriöse Unterkunft finden. Seit 1955 bestaunen die Gäste die Sonnenuntergänge und Wale. Beliebt ist auch das *Storm Watching* im Herbst. Das Restaurant *The Pointe* ist für externe Gäste ebenfalls einen Besuch wert.
· *www.wickinn.com*

287 Fogo Island Inn

Es ist vielleicht die luxuriöseste Unterkunft Kanadas: Auf einer Insel vor der Nordküste von Newfoundland steht das *Fogo Island Inn* hoch oben auf den Klippen. Eine Einheimische gründete das Hotel, um dem Ort eine neue Perspektive zu bieten. Das hochpreisige Hotel umfasst 29 Zimmer, teils bis zu 102 Quadratmeter groß, sowie ein edles Restaurant und eine Wellnessanlage mit Dachterrasse.
· *www.fogoislandinn.ca*

288 Mount Engadine Lodge

Zu den ältesten Unterkünften in den Rocky Mountains zählt die 1897 eröffnete *Mount Engadine Lodge*, bis heute das einzige Hotel im Spray Valley Provincial Park zwischen Canmore und Calgary (siehe „Alberta“, Seite 134). Maximal 23 Gäste sind gleichzeitig vor Ort; Zimmer und Cabins sind buchbar. Bekannt ist das auf 2000 Meter Höhe gelegene Hotel auch für seinen Sonntagsbrunch.
· *www.mountengadine.com*

289 Tundra Buggy Lodge

Hier klopft der Eisbär an: In speziellen Fahrzeugen übernachten Gäste nah den Eisbären an der Hudson Bay (siehe „Manitoba und Sasketchewan“, Seite 194, und „Tierbeobachtungen“, Seite 36). Die *Tundra Buggy Lodge* ist eine Mischung aus Bus und Schlafwagen. Hier besteht die Chance, rund um die Uhr Eisbären zu beobachten sowienachts die *Northern Lights*.
· *www.frontiersnorth.com*
· *www.greatwhitebeartours.com*

290 The Float House Inn

Auf einem großen gemütlichen Hausboot übernachten die Gäste des *Float House Inn* in Bella Coola in British Columbia. Und zwar ganz allein – jeweils nur ein Paar bzw. eine Familie haben hier auf dem Boot an der *Government Wharf* Platz. Optional sind Kajaks oder ein Motorboot buchbar. Von Bella Coola sind Ausflüge – beispielsweise zu den Grizzlys im Great Bear Rainforest – möglich.
· *thefloathouseinn.com*

Mehr Natur geht nicht: Backcontry-Camping in einem der zahlreichen National- oder Provinzparks.

Campingplätze

Mitten in der Natur übernachten Urlauber auf einem der vielen hundert Campingplätze im ganzen Land. Individueller lässt sich die imposante Landschaft wohl nicht genießen und erkunden. Allein die Nationalparkbehörde Parks Canada betreibt mehrere dutzend Anlagen. Hinzu kommen ungezählte weitere Anlagen, teils ebenfalls in staatlichen Schutzgebieten und teils im privaten Besitz. Allein für die Provinz British Columbia listet die Suchmaschine *www.camping-canada.com* nahezu 400 Campingplätze auf.

Gut zu wissen: Die staatlichen Anlagen sind meist schöner in der Natur gelegen, dafür spartanisch ausgestattet und vergleichsweise preiswert. Private Betreiber punkten hingegen oftmals mit einer umfassenden Ausstattung wie Swimmingpools und Waschmaschinen – und sind entsprechend teurer. Anschlüsse für Wasser und Strom werden als *Hookups* bezeichnet und ermöglichen eine entsprechende Versorgung des Wohnmobils. Gerade populäre Campgrounds wie beispielsweise am *Icefields Parkway* sind begehrt und sollten daher möglichst frühzeitig reserviert werden. Andere Plätze hingegen – beispielsweise der *Kathleen Lake Campground* im Kluane National Park (Yukon) – werden nach dem Prinzip *first come-first serve* geführt, so dass nur eine frühe Ankunft einen Stellplatz garantiert. Neben den für Wohnmobile und Autos geeigneten Anlagen können Wanderer auf Touren ins Hinterland abseits der touristischen Hauptwege noch unter zahlreichen Zeltplätzen wählen. Grundsätzlich gilt: Bei Übernachtungen im sogenannten „Bear Country" dürfen Lebensmittel aus Sicherheitsgründen nur im Fahrzeug oder speziellen Boxen (*Food Storage Locker*) außerhalb des Zeltes aufbewahrt werden. Damit soll verhindert werden, dass der Geruch von Essen Tiere anlockt.

· *reservation.pc.gc.ca/ParksCanada*
· *www.camping-canada.com*
· *gorving.ca/rv-campgrounds*
· *www.womo-abenteuer.de*

291 Kathleen Lake – Perfekt für den Kluane National Park

Mit einem fotogenen Blick auf den Kathleen Lake und die Gipfel der St. Elias Mountains punktet der *Kathleen Lake Campground* im Kluane National Park. Von hier lässt sich das beliebte Schutzgebiet im Yukon Territory gut erkunden (siehe „Yukon", Seite 174). Für viele Wohnmobilurlauber zählt der Campingplatz zu den schönsten im ganzen Land. Neben Lage und Blick werden vor allem die weitläufigen Stellplätze gelobt.

Kathleen Lake ist einer der bekanntesten Orte im Kluane National Park.

Direkt am See starten mehrere Wanderwege. Während der *Kokanee Trail* direkt am See sogar für Rollstuhlfahrer geeignet ist, zählt der 16 Kilometer lange *King's Throne Trail* mit einem Höhenunterschied von etwa 700 Metern zu den herausfordernden Touren. Weitere Wege wie der *Rock Glacier Trail* sind nur einige Minuten mit dem Auto oder Wohnmobil entfernt. Am See selbst können über eine Rampe auch Boote ins Wasser gelassen werden.

Der Campingplatz umfasst 39 Stellplätze und wird von *Parks Canada* betrieben. Reservierungen sind nicht möglich. Die Ausstattung entspricht dem üblichen Standard solcher Anlagen in der Natur: einfache, aber gepflegte Toiletten (aber keine Duschen) sowie feste Tische und Bänke an jeder *Campsite*. Feuerholz ist kostenpflichtig erhältlich. Gerade wer mit dem Zelt unterwegs ist, sollte sich nachts auf kalte Temperaturen einstellen. Selbst im Sommer sind Minusgrade nicht ausgeschlossen. Der wichtigste Ort im Nationalpark, Haines Junction, mit Besucherzentrum, Tankstelle und Supermarkt liegt rund 30 Autominuten entfernt.

Der Campground am Kathleen Lake ist zwar der einzige im Schutzgebiet selbst – abgesehen von einem Backcountry-Zeltplatz im Hinterland. In der Nähe finden sich aber noch weitere Campingplätze, beispielsweise gut 90 Minuten entfernt an den Million Dollar Falls (am Haines Highway Richtung Haines) und in Haines Junctions.

- *www.pc.gc.ca/en/pn-np/yt/kluane/visit/services/kathleen#k2*
- *www.pc.gc.ca/en/pn-np/yt/kluane*
- *www.env.gov.yk.ca/camping-parks/documents/Million-Dollar-Falls.pdf*
- *www.kluanerv.ca*

292 Green Point Campground, Pacific Rim National Park Blick auf den Pazifik

Romantische, unvergessliche Sonnenuntergänge über dem Meer, lange Strandspaziergänge oder lieber Wanderungen im ursprünglichen Regenwald: Wer auf dem *Green Point Campground* auf Vancouver Island übernachtet, hat die sprichwörtliche Qual der Wahl. Der Campingplatz ist perfekt gelegen, um den Pacific Rim National Park und seine verzaubernde Umgebung am Meer und in den dichten Wäldern zu erkunden. Von der Anlage an einem der schönsten Strände des Landes, Long Beach, ist es zudem nicht weit in die kleinen Fischerorte Tofino und Ucluelet mit ihrem großen Ausflugsangebot (siehe „Vancouver Island“, Seite 124), beispielsweise für Bootsfahrten zum *Whale* und *Bear Watching*.

Seit 1962 lockt der Campingplatz am Meer Besucher an und wurde seitdem kontinuierlich ausgebaut. Seit einiger Zeit gibt es auch fest installierte Duschen, ein zuvor teils heftig kritisierter Nachteil. Insgesamt stehen 94 Stellplätze für Fahrzeuge, die sogenannte *Drive-in Sites*, zur Verfügung. Hier existieren auch Anschlüsse (*Hook-ups*) für Wohnmobile. Gerade für die Hochsaison von Mitte Mai bis September empfiehlt *Parks Canada* als Betreiber eine frühzeitige Reservierung. Hinzu kommen 20 Stellplätze ausschließlich für Zelte. Im Sommer bieten Ranger abendliche Informationsveranstaltungen an.

Gut zu wissen: Stellplätze mit hohen Nummern (ca. 60 bis 80) bieten Meerblick, während die Stellplätze rund um die Nummer 40 nah am Highway liegen. Überdies stören sich manche

Reisende daran, dass manche Stellplätze angesichts des umliegenden Regenwaldes recht schattig sind. Immer wieder werden Bären, Wölfe und Pumas auf dem Areal gesichtet – entsprechende Vorsichtsmaßnahmen sind zu beachten, Wer keinen Stellplatz mehr bekommt, kann auch auf kommerzielle Anlagen in der Umgebung ausweichen, beispielweise in Tofino.

- *www.pc.gc.ca/en/pn-np/bc/pacificrim/activ/visit4c*
- *www.pc.gc.ca/en/pn-np/bc/pacificrim*
- *www.bellapacifica.com*

293 Columbia Icefield – Umgeben von Eis und Schnee

Die fantastische Lage und Aussicht entschädigen für den sonst spartanischen Campground: Reisende erleben vom *Icefields Centre Recreational Vehicle Campground* am *Icefields Parkway* (Ausgangspunkt für die Busfahrten zum Gletscher) einen Panoramablick auf den Athabasca Glacier sowie die umliegenden schneebedeckten Gipfel. Wer hier übernachtet, kann die sonst gut besuchte Region am frühen Morgen und am späten Abend mit Ruhe genießen – gerade im späten Licht im Sommer ein unvergessliches Erlebnis. Überdies lässt sich so gut die erste Tour morgens mit dem *Ice Explorer* buchen und so der kurze Trip auf den Gletscher noch weitgehend ohne Besuchermassen erleben (siehe „Icefields Parkway", Seite 154).

Wichtig: Auf dem *Icefields Centre RV Campground* sind ausschließlich Wohnmobile bzw. Wohnwagen gestattet, aber keine Zelte. Zudem ist die Anlage mit 100 Stellplätzen ausschließlich als großer geteerter Parkplatz gestaltet. Anschlussmöglichkeiten für Strom oder Wasser bestehen nicht. Weder Picknick- oder Grillmöglichkeiten noch Duschen stehen zur Verfügung. Im *Icefields Centre* lassen sich die Toiletten mitbenutzen. Reservierungen sind nicht möglich. Selbst im Sommer muss mit Schnee und Minusgraden gerechnet werden.

- *www.pc.gc.ca/en/pn-np/ab/jasper/activ/passez-stay/camping*
- *www.banffjaspercollection.com/attractions-sightseeing/columbia-icefield-glacier-adventure*

294 Townsite Campground – Zentral im Waterton Lakes National Park

Direkt am Ufer des malerischen Upper Waterton Lake liegt einer der schönsten Campingplätze der Rocky Mountains. Neben dem traumhaften Blick punktet die Anlage mit kostenlosem Internet – gerade auf naturnahen Stellplätzen noch eher eine Ausnahme. Der Waterton Lakes National Park steht ein wenig im Schatten der berühmteren Nationalparks Banff und Lake Louise – völlig zu Unrecht (siehe „Alberta", Seite 134). Besucher der Parks an der Grenze zu den USA und zum Glacier National Park profitieren davon, dass der Massentourismus daher weniger ausgeprägt ist.

Insgesamt verfügt der riesige *Townsite Campground* über 237 Stellplätze. Davon sind 90 mit Elektro- und Wasseranschlüssen ausgestattet, weitere 45 bieten zumindest Strom. Hinzu kommen 49 einfache Stellplätze für Wohnmobile, während weitere 47 für Zelte vorgesehen sind. 6 Plätze sind behindertengerecht. Toiletten und Duschen sind vorhanden. In der Nähe liegen zwei weitere National Park-Campgrounds, die aber nicht reserviert werden können.

- *www.pc.gc.ca/en/pn-np/ab/waterton/activ/camping/townsite-camping*
- *www.pc.gc.ca/en/pn-np/ab/waterton/*

295 Berg Lake im Mount Robson Provinical Park

Die mehrtägigen Wanderung zum Berg Lake im Mount Robson Provinical Park zählt zu den zehn beliebtesten Touren im ganzen Land (siehe „Wanderungen“, Seite 76). Auf dem Weg zum Gletschersee auf 1628 Meter finden sich einige Zeltmöglichkeiten. Wer hier übernachtet, erlebt Bergromantik pur. Die Stellplätze müssen vorab reserviert werden.

· *www.env.gov.bc.ca/bcparks/explore/parkpgs/mt_robson/berg.html*

296 China Beach im Juan de Fuca Provincial Park

Der *China Beach Campground* im Juan de Fuca Provincial Park gehört zu den beliebtesten Campingplätzen auf Vancouver Island. Die 79 Stellplätze sind nur zwischen Mitte Mai bis Anfang September geöffnet und können vorab reserviert werden. Das Schutzgebiet ist für längere Wanderungen bekannt – ebenso für Walbeobachtungen direkt vom Land aus.

· *www.env.gov.bc.ca/bcparks/explore/parkpgs/juan_de_fuca/*

297 Frenchman River Valley im Grasslands National Park

Ein großes, noch unberührtes Prärie-Gebiet schützt der Grasslands National Park in Saskatchewan. Als schönerer der beiden Campingplätze gilt der *Frenchman Valley Campground*, verbunden mit guten Chancen, Bisons zu sehen. Stellplätze reservierbar. Wer im Urlaub nur einmal eine Nacht campen will, kann feststehende Zelte mieten.

· *www.pc.gc.ca/en/pn-np/sk/grasslands/activ/activ4/activ4a*

298 Amherst Shore Provinical Park

Der *Woodland Campground* im Amherst Shore Provincial Park in Nova Scotia bietet viel Komfort und liegt in Strandnähe. Die 42 Stellplätze sind reservierbar; Duschen und WLAN stehen zur Verfügung. Der Strand nah zur Confederation Bridge nach PEI ist für seine gute Bademöglichkeiten und vergleichsweise angenehmen Wassertemperaturen bekannt.

· *parks.novascotia.ca/content/amherst-shore*

299 Ottawa River im Driftwood Provincial Park

Direkt am Ufer des Ottawa River liegen die zwei Campingplätze des Driftwood Provincial Park, rund 230 Kilometer nordwestlich von Ottawa. Die herrlich gelegene Anlage *Ottawa River* bietet Duschen und Waschmöglichkeiten, während der kleinere *Brumm Campground* Stromanschlüsse bereithält. Schöner Blick auf das Upper Ottawa Valley.

· *www.ontarioparks.com/park/driftwood/camping*

300 Wilcox Creek im Jasper National Park

Einer der attraktivsten Campingplätze in den Rockys ist der terrassenförmig angelegte *Wilcox Creek Campground* am *Icefields Parkway*. Glücklich darf sich schätzen, wer einen der 46 Stellplätze ergattert. (Reservierungen nicht möglich). Toiletten und *Food Storage Locker* vorhanden, aber keine Duschen. Nur für kleine Wohnmobile bis zu einer Länge von 27 Fuß geeignet.

· *www.pc.gc.ca/en/pn-np/ab/jasper/activ/passez-stay/camping*

Erlebnisse im Winter

Ob gemächliche Schneeschuh-Wanderungen, erlebnisreiche Hundeschlitten-Touren, fabelhafte Polarlichter oder perfekte Pisten: Urlauber können im Winter in Kanada unter so vielen Aktivitäten wählen, wie an kaum einem anderen Winterreiseziel weltweit. Zu den beliebtesten Zielen zählen die Rocky Mountains, die Region rund um Whistler sowie Mont-Tremblant bei Montréal. Hier finden sich auch zahlreiche Touren jenseits des klassischen Skiurlaubs. So lassen sich zehn Tage im Banff und Jasper National Park auch gut verbringen, ohne auch nur einmal auf Ski oder Snowboard gestanden zu haben. Dank der guten Flugverbindungen nach Calgary, Vancouver oder Montréal sind die populärsten Orte für einen Urlaub in Weiß auch vergleichsweise gut zu erreichen. Und neben der Vielfalt im Vergleich zu den Angeboten in den Alpen punkten Kanadas Skigebiete mit tendenziell günstigeren Preisen bei Skipässen und Übernachtung, wobei die Fluganreise einen Winterurlaub im Ahornland trotzdem nicht zum Schnäppchen werden lässt.

Neben den klassischen Wintersportorten sind Kanadas Metropolen ebenfalls eine Stippvisite wert. Ein Ausflug von Toronto aus zu den verschneiten und teils vereisten Niagara Falls bleibt wohl unvergesslich. Und ohnehin legendär sind die großen Winterfestivals in Québec Stadt und Ottawa.

Gemütliche Unterkünfte im Winterwunderland

301 Northern Lights – Jäger des Lichts

Die Lichtspiele am Himmel überraschen immer wieder aufs Neue. Plötzlich durchzucken meist grünliche Lichter die schwarze Nacht. Mal scheint das Polarlicht still zu stehen, mal rotiert es förmlich. Meist ist die natürliche Lichtershow schneller vorbei, als es sich Urlauber wünschen. Polarlichter – oft auch als Nordlichter tituliert – lassen sich am besten im hohen Norden rund um den nördlichen Polarkreis beobachten. Kaum ein Land ist dafür so prädestiniert wie Kanada. Neben den Northwest Territories zählen die Region rund um Whitehorse (Yukon) sowie Churchill an der Hudson Bay (Manitoba) zu den beliebtesten Plätzen, um die

fabelhaften Himmelserscheinungen zu beobachten. Bei einem starken Sonnensturm sind Northern Lights auch von weiter südlich gelegenen Orten wie beispielsweise in Alberta und Newfoundland & Labrador zu sehen.

Auch wenn Polarlichter grundsätzlich ganzjährig auftreten, lassen sie sich nur im Dunklen sehen. So beginnt die Saison im hohen Norden Kanadas

beispielsweise Ende August. Beste Chancen indes bestehen zwischen Januar und März, wenn tendenziell weniger Wolken die Sicht gen Himmel versperren. Neben einem wolkenfreien Himmel erhöht möglichst vollkommene Dunkelheit ohne künstliche Lichtquellen die Chance auf Polarlichter. Wer nachts nicht allein unterwegs sein möchte, kann passende Touren buchen. Rund um Churchill und Yellowknife bieten mehrere Veranstalter spezielle Aussichtsposten – zum Teil mit verglasten kleinen Iglos – an. Auch ausgewählte Hotels wie die *Blachford Lake Lodge* (20 Flugminuten von Yellowknife) sowie das von Deutschen betriebene *Northern Lights Resort & Spa* (außerhalb von Whitehorse) haben sich im Winter auf die „Jäger des Lichts" spezialisiert. Wichtig zu wissen: Winterliche Touren zu Polarlichtern sind sehr begehrt und sollten möglichst frühzeitig gebucht werden. Und für gute Fotos werden ein lichtstarkes Weitwinkelobjektiv und Stativ benötigt, um bei Belichtungszeiten von zehn Sekunden und mehr Erinnerungen für die Ewigkeit festzuhalten.

- *visityellowknife.com/things-to-do/aurora*
- *www.everythingchurchill.com/experiences/northern-lights*
- *northernlightsyukon.com*
- *www.blachfordlakelodge.com*
- *www.northernlightslodge.com*

302 Lake Louise – Erleben und Entspannen

Er ist das Top-Ziel im Sommer wie im Winter: der Lake Louise in den Rocky Mountains. Kein Ort zieht mehr Besucher an – und kein Ort bietet mehr Auswahl, den Winter zu genießen und zu erleben. Kein Wunder: Wenn die Sonne das Eis auf dem See und den Victoria Glacier erstrahlen lässt, ist Lake Louise wohl das schönste Fotomotiv in den verschneiten Bergen.

Vor allem den Spaziergang über den gefrorenen See sollte sich kein Urlauber entgehen lassen – die Landschaft wirkt so ganz anders als im Sommer. Eindrucksvoll erscheinen vor allem die gefrorenen Wasserfälle oberhalb des Wanderwegs. Zum Fotostopp laden auch die Skulpturen direkt am Seeanfang gegenüber dem mächtigen Hotelkomplex ein. Alternativ lassen sich die Schlittschuhe schnüren, um den See auf zwei Kufen unsicher zumachen. Wer es romantisch mag, steigt in eine der Kutschen und lässt sich von zwei PS-Stärken über den See ziehen. Die Kutschfahrten wie auch andere Aktivitäten organisiert das *Fairmont Chateau Lake Louise* – oftmals auch für Gäste, die nicht im Hotel wohnen.

Wer es aktiver mag: Rund um Lake Louise werden verschiedene Schneeschuh-Wanderungen angeboten. Vom See aus geht es hoch in den Wald – bei einer nächtlichen Tour mit einem Stopp in einem urigen Iglu für eine Tasse heiße Schokolode. Die berühmte Wanderung zum Lage Agnes und dem *Tea House* ist im Winter indes nicht möglich: Einerseits ist das Café geschlossen, andererseits ist die Gefahr von Lawinen hoch.

Auch das berühmte Skigebiet von Lake Louise, wo alljährlich im November der Weltcup gastiert und 1988 die olympischen Wettbewerbe stattfanden, offeriert abwechslungsreiche Aktivitäten. Auf den gut präparier-

ten Skipisten dürfte sich für jede Länge und jeden Schwierigkeitsgrad die passende Abfahrt finden. Zahlreiche Seilbahnen und Sessellifte erschließen das beliebte Skigebiet. Entsprechende Kurse für Einsteiger sind buchbar. Wie am See werden auch im Skigebiet Schneeschuh-Wanderungen angeboten. Sie führen gut 90 Minuten rund um die Bergstation der *Grizzly Gondola*-Bergbahn. Wer jedoch nicht auf Ski, Snowboard oder Schneeschuh umsteigen will, bucht das Sightseeing-Ticket und fährt einfach mit der Gondel hoch an die Spitze. Traumhafte Blicke auf die verschneiten Gipfel sowie den Lake Louise sind hier garantiert. Gut zu wissen: An der Bergstation der *Grizzly Gondola* steht keine Infrastruktur (Café, Toiletten etc.) zur Verfügung. In den Restaurants im Tal geht es oftmals laut und hektisch zu, ähnlich wie auf den verschiedenen Hütten im Skigebiet.

· *www.skilouise.com*
· *www. fairmont.com/lake-louise*

303 Maligne Canyon – Ice-Walk

Die tiefste Schlucht im Jasper National Park wirkt im Winter noch viel imposanter als im Sommer. Dann lassen sich Säulen aus Eis, natürlich weiß, aber auch leicht bläulich funkelnd, bestaunen. Mal als dicke Zinnen, mal dünn wie ein Strohhalm. Und das Beste: Urlauber genießen das Kunstwerk, das Mutter Natur alljährlich im Winter schafft, wenn im Maligne Canyon die Wasserfälle gefrieren, vom Grund des Canyon. Ähnliche Touren sind auch im Johnston Canyon zwischen Banff und Lake Louise möglich.

Für die Wanderung durch Schnee und Eis sollten sich Besucher gut rüsten. Wer eine der empfehlenswerten organisierten Touren im Maligne Canyon bucht, bekommt Spikes unter die Winterstiefeln. Handschuhe sind Pflicht, um sich nicht am scharfkantigen Eis zu verletzen. An einigen Stellen tief unten im Canyon gilt es zu balancieren und nicht in den Bach zu treten, der erstaunlicherweise nicht an allen Stellen gefroren ist. Nach gut einer Stunde *Ice Walk* ist das Ende der Schlucht erreicht. Hier lockt ein weiteres Abenteuer: Gute Kletterer können den gefrorenen Wasserfall hinaufsteigen. Auf dem Rückweg der rund 3,5 Kilometer langen Tour warten noch weitere Wasserfälle. Ein eigenartiges Gefühl, direkt unter den Zinnen und Säulen aus Eis zu stehen.

- *www.sundogtours.com/package/maligne-canyon-icewalk-tour-jasper-alberta*
- *www.pc.gc.ca/en/pn-np/ab/jasper/activ/activ-experience/hiver-winter/canyon*
- *www.banfftours.com/activities/johnston-canyon*

304 Husky-Schlittentour – Rausch der Wildnis

Ursprünglicher können Urlauber wohl nicht den kanadischen Winter erleben. Schon seit Jahrhunderten setzen die indigenen Völker im Norden der Erde auf die Kraft der Huskys und spannen sie vor Schlitten. Auch die Eroberung von Nord- wie Südpol wäre wohl ohne Schlittenhunde nicht möglich gewesen oder erst später erfolgt.

Es ist schon erstaunlich, wie viel Dynamik in dem vergleichsweise kleinen Körper eines Huskys steckt. Scheinbar mühelos ziehen die Hunde die teils schwer beladenden Schlitten – zwischen sechs und zwölf sind jeweils davor gespannt. So rauscht die Winterlandschaft vorbei. Besonders populär sind Touren beispielsweise in Canmore (zwischen Calgary und Banff in den Rocky Mountains) – regelmäßig finden Touren unterschiedlicher Länge gen Spray Lake statt – und in Whistler. Fest zur Tradition zählen Husky-Touren natürlich in den nördlichen Landesregionen, vor allem in der Yukon-Provinzhauptstadt Whitehorse sowie in Churchill an der Hudson Bay. Zahlreiche Touren sind buchbar.

Trotz der Kälte wird es dem *Musher*, also dem Schlittenfahrer, schnell warm. Mit Kraft und Geschick muss er die Huskys und den Schlitten dirigieren. Ein großer Spaß für alle Beteiligten, wenn die Passagiere schnell frieren, während der Schlitten nur wenige Zentimeter über den Boden flitzen. Es scheint, als möchten die Huskys überhaupt keine erholsame Rast einlegen.

· *snowyowltours.com*
· *muktuk.com*
· *www.skyhighwilderness.com*
· *blackcombsnowmobile.com*

305 Skigebiet Mont-Tremblant

Rund um den höchsten Gipfel der Laurentides-Berge, den Mont Tremblant, erstreckt sich das beliebteste Skigebiet im Osten, etwa zwei Stunden von Montréal entfernt. Unter rund 100 Pisten können die Wintersportler wählen. Auch Touren mit dem Snowmobil werden ebenfalls angeboten, während sich das Après-Ski ins angeschlossene Casino verlegen lässt.

· *www.tremblant.ca*

306 Skigebiet Sunshine Valley

Neben Lake Louise ist das Sunshine Valley das beliebtes Skigebiet der Rocky Mountains, nur 15 Minuten von Banff entfernt. Besonderer Vorteil: Hier können Skifahrer quasi direkt an Piste und Lift übernachten. Zudem wirbt das Gebiet mit dem einzigen beheizbaren Sessellift im ganzen Land. Gäste können unter rund 140 Pisten sowie einem Dutzend Lifte wählen.

· *www.skibanff.com*

307 Snowmobil-Tour ab Golden

Mit Tempo 60 rauscht die Gruppe den Berg hinauf. Links und rechts türmt sich der Schnee teils bis zu einem Meter auf. Zuweilen erinnert die Spur inmitten der weißen Masse an eine Bobbahn – doch sie ist für Snowmobile angelegt. Ausgangspunkt für die PS-Abenteuer auf den robusten Maschinen ist die Kleinstadt Golden in den Rocky Mountains.

· *www.whitenwild.ca*

· *www.blackcombsnowmobile.com*

308 Christmas Market in Toronto

Als eine feste Institution hat sich der *Christmas Market* in Toronto etabliert. Von Mitte November bis zum 23. Dezember erstrahlt der *Distillery Historic District* nach europäischem Vorbild. Rund um einen der höchsten Tannenbäume der Metropole finden zahlreiche weihnachtliche Events statt wie beispielsweise die *St. Nicholas Celebration* am Vorabend von Nikolaus.

· *www.torontochristmasmarket.com*

309 Québec Winter Carnival

Mehr als eine Million Gäste, teils auch aus dem Ausland, lockt alljährlich das große Winterfestival in Québec Stadt an. Der sogenannte *Québec Winter Carnival* wird mit Unterbrechungen seit 1894 in der Provinz-Hauptstadt ausgetragen und vereint unterschiedliche winterliche Events mit Konzerten und Sportwettbewerben. Im Mittelpunkt steht eine große Eisskulpturenschau.

· *carnaval.qc.ca/home*

310 Winterlude Festival Ottawa

Rund um die weltweit wohl größte Schlittschuhfläche, den zugefrorenen *Rideau Canal*, gruppiert sich alljährlich im Februar das Eis- und Schnee-Festival von Ottawa. Zu den beliebtesten Angeboten zählen das *Ice Dragon Boat Festival* und der Wettbewerb im Eisschnitzen. Zahlreiche weitere Aktivitäten, verteilt in der ganzen Hauptstadt, ergänzen die Winterlude.

· *www.ottawatourism.ca/ottawa-insider/winterlude*

Die Thousand Islands wirken aus der Luft noch imposanter als vom Boot aus.

Rundflüge – Kanada von oben

Kaum eine Region sieht von oben so imposant aus wie das zweitgrößte Land unseres Planeten. Helikopter oder Kleinflugzeuge stehen fast überall bereit – und eröffnen so den Blick auf Kanada aus der Vogelperspektive. Erst beim Flightseeing kommt die Schönheit der weiten Landschaft mit Gipfeln und Gletschern, Weltstädten und Wasserfällen so richtig zur Geltung. Gefühlt lässt es sich jeden Tag an jedem Ort in die Luft gehen – von Dawson City im Norden über Canmore an den Rocky Mountains und der Hauptstadt Ottawa bis zu den Niagara Falls im Süden.

311 Vancouver – Weltstadt von oben

Aufregender könnte ein Rundflug wohl nicht starten: Die Startbahn liegt mitten im Vancouver Harbour. Teils im Minutentakt brausen die Wasserflugzeuge übers Wasser der weiten Bucht, ehe sie mit einer kräftigen Welle abheben. Take-off für eine Platzrunde über Kanadas vielleicht schönster Stadt (siehe „Vancouver", Seite 114). Doch neben Rundflügen über die Pazifikmetropole steuern zahlreiche *Seaplanes* im Liniendienst auch Orte und Städte im näheren und weiteren Umland an. Da wird der Linienflug nach Victoria auf Vancouver Island oder Whistler in den Küstenbergen schnell ebenfalls zum Sightseeing-Flug.

Bei einer Tour über Vancouver selbst fällt der Blick zunächst auf den beliebten Stanley Park. Die Größe der Grünanlage wird einem erst aus der Vogelperspektive so richtig bewusst.

Nach Überqueren der *Lions Gate Bridge* folgt eine weite Linkskurve mit schönen Fotomöglichkeiten auf den Stanley Park. Nächstes Highlight: die English Bay mit ihrem Strand sowie Downtown Vancouver im Hintergrund. Nun geht es weiter über den False Creek Richtung Inland. Ein Motiv jagt das nächste. Dann stockt einem fast der Atem, als der Pilot in engen Kurven am Ende des Meeresarms das Wasserflugzeug dreht und der Blick spektakulär auf das *BC Place Stadium* fällt.

Über die False Bay fliegt die Maschine nun zurück und steuert auf den Pazifik zu. Vorbei am Fährhafen an der Horseshoe Bay ist der Kurs nun auf die Berge gerichtet. Nach den Hügeln des Cypress Provincial Park wird schließlich Vancouvers „Hausberg" Grouse Mountain erreicht. Über North Vancouver beginnt der Landeanflug. Zeit für letzten Luftaufnahmen mit einem Panoramablick auf den *Canada Place* mit seinen stilisierten Segeln. Nach rund 30 Minuten endet die Tour mit dem Wasserflugzeug über Kanadas Vorzeigestadt wieder im Hafenbecken des Vancouver Harbour.

Neben der *Seaplane*-Tour über Vancouver, die in drei verschiedenen Längen angeboten wird, können Besucher noch unter zahlreichen weiteren Flightseeing-Touren wählen: Beim sogenannten „Mail Run" nach Salt Springs Island bleibt beispielsweise viel Zeit für eine Besichtigung des netten Städtchens am Wasser, auf Wunsch und gegen Aufpreis sogar mit dem Fahrrad. Romantisch wird es beim Ausflug „Fly'n Dine to Bowen Island" mit einem Flug nach Bowen Island und Abendessen am Wasser sowie Rückfahrt mit der Fähre. Neben Rundflügen mit dem Wasserflugzeug sind auch Helikopter-Touren buchbar.

· *www.harbourair.com*
· *www.seairseaplanes.com*
· *www.skyhelicopters.ca*
· *www.vancouverislandair.com*

312 Vancouver Island – Imposante Küste

Das Highlight eines Rundflugs über die Pazifik-Küste lässt sich nicht buchen, sondern taucht im wahrsten Sinne plötzlich auf: Grau- und Buckelwale. Wer ab Tofino auf Vancouver Island in die Luft geht, kann mit viel Glück die Giganten des Meeres aus der Vogelperspektive erleben. Die mächtigen, bis zu 15 Meter langen Meeressäuger erscheinen dann eher klein wie ein Spielzeugfisch und wirken dann so ganz anders als vom Boot aus. Einplanen lässt sich eine Sichtung von Walen freilich nicht.

Vom pittoresken Fischerort Tofino (siehe „Vancouver Island", Seite 124) starten regelmäßig Wasserflugzeuge zu verschiedenen Touren über den Ozean, die wilde Küste und den Pacific Rim National Park. Zu den beliebtesten Touren zählt der 20-minütige Flug zu den nahgelegenen *Hot Springs*. Eine fabelhafte Aussicht auf Buchten, Strände und die dichten Küstenwälder lässt sich so mit einem entspannenden Bad in einer heißen Quelle verbinden, die nach einem etwa 30-minütigen Fußweg erreicht wird. Eine ähnliche Route – ebenfalls mit schönen Blicken auf den Clayoquot Sound – fliegen die Piloten bei reinen Rundflügen rund um den beliebten Ferienort, die in unterschiedlicher Länge angeboten werden und sich zudem auch mit einem Restaurantbesuch kombinieren lassen. Küste und Binnenland verknüpft ein Flug in den Strathcona Provincial Park mit dem Mount Mariner Glacier als weitere Attraktion. Bei allen Flügen gilt: Augen offen lassen, um kanadisches Wildlife aus der Luft zu beobachten. Die Touren lohnen auch bei schlechtem Wetter – zwar strahlen Natur und Ortschaften dann weniger, doch die dicken Wolken geben der Szenerie ein wildes Antlitz.

Rundflüge über Vancouver Island starten gleichwohl nicht nur in

Tofino: Sehenswert sind auch Touren über Victoria, Hauptstadt der Provinz British Columbia und koloniale Schönheit unter den Städten im Westen Kanadas. Diese Flüge werden teils auch ab Vancouver angeboten. Die Sunshine Coast und die Strait of Georgia zwischen Vancouver Island und dem Festland lassen sich hingegen bei Rundflügen ab Nanaimo erkunden. Vom Ganges Harbour auf Salt Spring Island starten Touren über die Insellandschaft inklusive der Schutzgebiete Ruckle und Mount Maxwell Provincial Park. Im Norden von Vancouver Island sind jedoch keine regulären Rundflüge buchbar, sondern im Regelfall nur Touren zu abgelegenen Lodges oder Linienflüge in andere Orte.

- *www.tofinoair.ca*
- *www.harbourair.com*
- *www.wcwild.com/seaplane-flightseeing-floatplane-tours*

313 Kluane National Park – Welt in Weiß

An wohl keinem anderen Ort Kanadas ist ein Rundflug so lohnend wie im Kluane National Park (siehe „Yukon“, Seite 174). Das scheinbar endlose Weiß der Berglandschaft lässt sich nur aus der Luft in voller Schönheit genießen. Hinzu kommt: Zwar lassen sich Gletscher und schneebedeckte Gipfels teils auch vom Alaska Highway aus bestaunen, doch der Mount Logan als höchster Berg Kanadas ist so abgelegen, dass nur aus Flugzeug oder Helikopter ein Blick auf den 5959 Meter hohen Gipfel möglich ist. Eine Tour über das größte Eisfeld unseres Planeten – außerhalb der beiden Polkappen – dürfte zu den eindrucksvollsten Flightseeing-Touren der Welt zählen. Für viele Yukon-Besucher ist der Flug über die Berge der Höhepunkt der Reise schlechthin und ein unvergessliches Erlebnis.

Rundflüge über den Park mit seinen zahlreichen bekannten Gipfeln heben beispielsweise in Haines Junction, dem wichtigsten Ort am Kluane National Park, oder in Burwash Landing ab. Wichtig: Unbedingt längere Touren buchen, bei denen tatsächlich auch Mount Logan angesteuert wird; bei Start in Haines Junction beispielsweise erst ab einer Flugdauer von 90 Minuten, nicht aber bei den einstündigen Touren. Preiswerter sind die Flüge ab Burwash Landing.

- *www.pc.gc.ca/en/pn-np/yt/kluane/activ/aeriennes-flightseeing*
- *www.kluaneglacierairtours.com*
- *icefielddiscovery.com*
- *www.arcticrange.com/en/tour/arctic-day-kluane-mount-logan-tour-sightseeing-flight.html*
- *rockingstar.ca/flights/glacier-flights/*

314 Niagara Falls – Beliebtester Rundflug

Aus der Vogelperspektive erscheinen die Niagara Falls wie ein brodelndes Etwas, wenn sich das Weiß aufschäumt und für ein farbenfrohes Spiel sorgt. Das Türkis des Niagara River ist quasi der Wegweiser für den Piloten auf dem kurzen Flug zu den weltbekannten Wasserfällen. Über die *Rainbow Bridge* als Grenzposten zwischen den USA und Kanada wird schließlich das Naturspektakel erreicht. Erst aus der Luft wird einem der Höhenunterschied von 57 Metern des *Niagara Escarpment* (Schichtstufe) wirklich bewusst – und erscheint aus luftiger Höhe deutlich imposanter als vom Boden. Gut zu sehen ist auch, wie sich das Wasser oberhalb der Fälle mit weißen Schaumkronen aufbrodelt, besonders eindrucksvoll an der breiten Stelle vor den Horseshoe Falls auf kanadischer Seite. Auch die Hufeisenform der 670 Meter breiten Fälle erschließt sich mehr aus der Luft als vom Grund. Neben all der Schönheit, die durch den Blick von oben verstärkt wird, macht aber auch die mit Hotels und Casinos verschandelte Küste einen bleibenden Eindruck – leider. Davon sollte man sich aber nicht abschrecken lassen. Dafür sind bei gutem Wetter auf dem Rückflug auch der Lake Ontario und die Skyline von Toronto zu bewundern, ehe direkt vor der Landung der Blick auf den *Whirlpool* genannten kleinen Seitenarm fällt.

Die zwölfminütigen Touren werden ganzjährig angeboten – ein Flug über verschneite und möglicherweise gefrorene Wasserfälle dürfte ein bleibendes Erlebnis und eine gute Alternative zur Tour im Sommer sein. Reservierungen sind nicht notwendig, die Helikopter starten im 10-Minuten-Takt. Optional sind auch längere Touren inklusive Ausflügen zu Weingütern buchbar.

· *www.niagarahelicopters.com*

315 Hudson Bay

Die Kombination aus Eisbären und Belugawalen ist unübertrefflich. Wer sich bei Touren im Boot oder im Spezialbus nicht satt gesehen hatte, sollte das Spektakel aus der Luft erleben. Bei Helikopterflügen zum Cape Churchill sind die Könige der Arktis teils im Dutzend zu beobachten. Nach den Eisbären folgen auf dem Rückflug große Gruppen Belugas. Der hohe Flugpreis sollte nicht abschrecken.
· *hudsonbayheli.com*

316 Rocky Mountains

Die Gipfel und Gletscherseen entlang des *Icefields Parkway* zählen zu den Symbolen Kanadas. Die Touren führen über einsame Seen und hohe Wasserfälle bis hin zum *Columbia Icefield*. So ursprünglich lässt sich die Bergwelt sonst kaum erleben. Rundflüge starten am Highway 11 (2,5 Stunden von Jasper bzw. 90 Minuten von Lake Louise entfernt), also nicht direkt an der Traumstraße.
· *www.rockiesheli.com*

317 Dawson City

An eine Mondlandschaft erinnert der Blick über die Goldfelder entlang des Klondike River im Yukon Territory. Unweit von Dawson City fand hier einst der größte Goldrausch Kanadas statt. Der Helikopter überfliegt alte wie aktuelle Suchstellen, beeindruckend sind die Schwimmbagger, mit denen einst Gold gewaschen wurde. Zum Abschluss werden der Yukon River und die Stadt überflogen.
· *www.tntaheli.com*

318 Mont-Tremblant

Gerade im *Indian Summer* dürften die Farben glänzen wie an nur wenigen Orten in Kanadas Osten. Dann erstrahlen die Wälder des Parc national du Mont-Tremblant in aller Pracht. Die Laurentides nordwestlich von Montréal sind eine beliebte Ferienregion. Rundflüge um den höchsten Berg der Region bieten einen wahrlich sehenswerten Überblick über die weiten Wälder und Berge.

· *www.heli-tremblant.com/en*

319 Toronto

Der Startplatz könnte nicht besser liegen: Helikopterflüge über Kanadas größte Stadt heben vom kleinen *Billy Bishop Toronto City Airport* auf den vorgelagerten Toronto Islands ab. Binnen Sekunden nach Take-off staunen Fluggäste über die Inseln im Lake Ontario und die Skyline. Nach wenigen Minuten ist die Innenstadt erreicht – mit Blick auf den *Nathan Phillips Square* und den *CN Tower.*

· *helitours.ca*

320 Whitehorse

Heutzutage sieht der Miles Canyon aus der Luft ganz harmlos aus. Doch zur Zeit des Goldrauschs und vor dem Bau des Stausees war der „Grand Canyon" des Yukon River eine gefürchtete Engstelle. Eindrucksvoll beim Flug über Whitehorse: der alte Schaufelraddampfer *SS Klondike* am Ufer sowie die Hügellandschaft mit Wapiti und Schneeziegen.

· *capitalhelicopters.com*

· *www.horizonhelicopters.ca*

Mein Kanada

Autor und Fotograf

Träume leben – Ein Dreiklang

Was ist an Kanada, insbesondere an British Columbia, so faszinierend? British Columbia ist für uns zu mehr als einem Urlaubsland geworden. Es schlägt Saiten in uns an, die so im Zusammenspiel ein harmonisches Musikstück ergeben. Unsere Suche nach Ruhe und Entspannung, die sich in der Weite des Landes, in seiner Unberührtheit der Natur und in der Gelassenheit der Kanadier widerspiegelt, ist der Grundton der Terz.

Die grandiosen Naturschönheiten, der Wald mit seinem Geruch nach Holz und Moos, die Berge mit ihren majestätischen Ausmaßen und die Seen mit ihrem kristallklaren Wasser, erhalten in uns das Bewusstsein für die die Einmaligkeit und den Respekt vor der Schöpfung, in der wir Menschen nur ein kleines Rad darstellen. Sie bilden den Zwischenton.

Und nicht zuletzt sind da die Kindheitsträume und -erinnerungen, die bei der 1950er-Jahre-Generation einfach dazu gehören. Das Land, das damals so weit entfernt lag und den vom Wiederaufbau nach dem Zweiten Weltkrieg geprägten Menschen wie das Paradies auf Erden vorkam. Und das für uns, die wir damals Kinder waren, nicht nur die Heimat der Cowboys und Indianer, der Trapper und Fallensteller bedeutete, sondern auch ein Stück Erde, in dem wir Kinder in unseren Träumen ein klein wenig zu Helden wurden. Das ist der dritte Ton im Zusammenspiel und vielleicht auch ein wenig die Tendenz zu einem weicheren Moll.

Weil mit dem Besuch in Kanada all das aus der Tiefe des Herzens ins Bewusstsein zurückgekehrt ist und uns seither motiviert darüber nachzudenken, wie wir als Familie unseren nächsten Lebensabschnitt gestalten wollen, was unsere Lebensziele sind und wie wir Arbeit und Freizeit in einen gesunden Gleichklang bringen können. Kanada ist somit ein Teil unserer Antwort geworden auf die uns beschäftigende Frage, wie es uns gelingen kann auch zukünftig dafür bereit zu sein, unsere Träume zu leben.

British Columbia: Cariboo Chilcotin Coast

Bei unserer ersten Reise 2009 in den Westen Kanadas erspürten wir erstmals den unwiderstehlichen Reiz, den diese Landstriche British Columbias auf uns ausübten. Die endlose Weite und undurchdringlich scheinende Wälder, in denen zauberhafte Seen verborgen lagen, faszinierten uns. Die Highways hier sind nicht mit dem Icefields Parkway vergleichbar. Die Landschaft fasziniert vielmehr durch ihre Ursprünglichkeit, ja, beinahe Wildheit, begleitet von zerfallenden, aus der Zeit des Goldrausches stammenden Blockhütten am Wegrand.

Und doch gibt es sie, die Bergseen und schneebedeckten Gipfel samt ihrer beeindruckenden, unberührten Gletscher. Aber ihre Schönheit teilt man sich nicht mit in Bussen anreisenden Touristengruppen. Sie findet man an der Grenze zum Wells Gray Provincial Park oder in den Coast Mountains, doch nur, wenn man nach ihnen sucht oder sich von ortskundigen Kanadiern den Weg weisen lässt.

Wer sich vor Einsamkeit nicht fürchtet, wer es genießen kann, am Seeufer die Angel auszuwerfen und sich von der den See umgebenden Bergwelt beeindrucken zu lassen, wer bei der Beobachtung eines Grizzlybären beim Lachsfang alles um sich herum vergisst und nur die Schauer genießt, die ihm dabei über den Rücken laufen, wer den Schweiß derjenigen auf seiner Haut spürt, die in brennender Sonne mit Schaufel und Pfannen nach Gold und ihrer Zukunft graben, der ist richtig in der Cariboo Chilcotin Coast Region British Columbias.

Mein Kanada

Pressereferent in der Botschaft von Kanada

Das Schönste an Kanada ist für mich, unterwegs zu sein. Seit über 20 Jahren habe ich beruflich mit Kanada zu tun. Aus der beruflichen Tätigkeit ergeben sich immer wieder bereichernde Begegnungen mit überaus freundlichen Menschen sowohl in Kanada als auch mit Freunden Kanadas in Deutschland. Wie überall auf der Welt lernt man am ehesten Menschen kennen, wenn man unterwegs ist.

Seit 2002 arbeite ich festangestellt als Ortskraft in der kanadischen Botschaft in Berlin. Seitdem bin ich alle zwei bis drei Jahre in Kanada unterwegs. Auf den meisten Reisen bleibe ich nur für kurze Zeit an einem Ort, wie bei Reisen mit Journalisten, die immer wenig Zeit haben. Bei jedem Besuch in Kanada wächst meine Verbundenheit mit dem Land, aber stärker noch mit den Menschen. Auch in Deutschland bin ich viel unterwegs. Dabei freue ich mich immer Menschen zu treffen, die auch mit Kanada verbunden sind, zum Beispiel Mitglieder der Gesellschaft für Kanada-Studien oder der Deutsch-Kanadischen Gesellschaft.

Auf dem Foto bin ich kurz vor dem Abflug nach Vancouver Island, um dort Schulen und Universitäten zu besuchen, für die ich hier in Deutschland Werbung mache. Wie für viele Kanadareisende ist die Insel natürlich auch einer meiner Lieblingsorte in Kanada. Besser kenne ich allerdings Ottawa, weil ich dort ein Jahr studiert habe und auch für Weiterbildung oder Besuche im Außenministerium eher dort bin.

Bei meiner Tätigkeit als Mitarbeiter der kanadischen Botschaft lerne ich immer wieder Menschen kennen, die mit Begeisterung von ihren beruflichen Aufgaben erzählen. Dabei fällt mir häufig auf, dass Kanadier auf eine sehr angenehme Art Berufliches und Privates verbinden. Sie lassen auch bei kurzen Terminen kleine Details aus ihrem Familienalltag einfließen, so dass Treffen immer auch eine persönliche Note bekommen. Diese Herzlichkeit hat ihre Wurzeln sicherlich in der Geschichte Kanadas als

Land der Einwanderer. Menschen, die in dünn besiedelten Gegenden unter teils harschen klimatischen Bedingungen lebten, waren als Nachbarn aufeinander angewiesen und konnten es sich schlichtweg nicht leisten unfreundlich zu sein. Wie bei jeder Regel gibt es hier natürlich Ausnahmen, aber die gehören nicht in eine „Liebeserklärung".

Auch die Menschen, die in Deutschland mit Kanada zu tun haben, erlebe ich als überaus freundlich. Der kanadische „Way of Life", Dinge pragmatisch und höflich anzugehen, strahlt also auch über den Atlantik und wirkt ansteckend. Man merkt es den Kanadiern an, dass sie sich selbst nicht so wichtig nehmen, und das steht eigentlich allen Menschen gut.

Seit Kurzem bin ich in der Botschaft nicht mehr für Bildung, sondern für Pressearbeit zuständig. Den Fokus, Positives über Kanada zu verbreiten, werde ich dabei natürlich behalten. Ich bin neugierig auf neue Themen und freue mich immer wieder neue Menschen kennenzulernen. Leider habe ich den Namen der Frau auf dem Foto vergessen, die das Victory-Zeichen macht. Zu jeder Liebeserklärung gehört natürlich auch ein Vorsatz. Deshalb nehme ich mir vor, Namen besser zu behalten. Die Kanäle der sozialen Medien können dabei sicherlich eine große Hilfe sein. Für die sozialen Medien in der Botschaft bin ich jetzt übrigens auch zuständig. Also, besucht meine Kollegen und mich gerne unter www.facebook.com/KanadaBotschaft/ und https://twitter.com/KanadaBotschaft.

Mein Kanada

Jörg Michel

Correspondent & Travel Writer
Stories & Discoveries in Canada
· joergmichel.ca

Kanada war schon immer mein Traum. Die Wildnis. Die Wälder. Die Weite. Die Freiheit. Die vielen freundlichen Menschen, die stets lächeln und einen fragen, wie es einem so geht. Die nicht wissen wollen, woher man abstammt, an wen man glaubt, wen man liebt. Also habe ich vor acht Jahren meinen Job an den Nagel gehängt und bin nach Kanada gezogen, in ein Land, das ich vom Reisen und Studium gut kannte. Bereut habe ich nichts, höchstens, dass ich nicht früher den Mut dazu hatte.

Seitdem habe ich Kanada in all seinen Facetten kennengelernt, auch in solchen, an die ich nun wirklich nicht gedacht hatte: Schon mal versucht, bei minus 30 Grad und kaputter Heizung irgendwie nicht einzufrieren? Schon mal mitten im Niemandsland mit einem platten Autoreifen ausgeharrt und gehofft, irgendjemand möge vorbeikommen? Schon mal eine kanadische Steuererklärung ausgefüllt?

Manchmal ist Kanada anders, als es durch das Fenster eines Wohnmobils scheint. Kanada kann auch rau sein, verwirrend und kompliziert. Bisweilen auch unverbindlich. In Kanada wird einem auch nichts geschenkt. Die alten Gewissheiten zählen nicht, die alten Gewohnheiten noch weniger.

Doch genau das macht Kanada so lebenswert: Kanada ist vielfältig, bunt, bisweilen sogar wild. In Kanada ist jeder willkommen, egal wie alt, wie klug oder wie reich. Hier öffnen sich immer wieder Türen. Hier sieht man immer erst das Gute. Hier ist das Glas im Zweifel halb voll und nicht halb leer. Kanada ist ein durch und durch positives Land. In dem man lacht, loslässt und lebt. Wo man mit einem Gartenschlauch aushilft, wenn dem ahnungslosen Einwanderer aus Deutschland bei minus 30 Grad die Wasserleitung gefriert. Wo man mit einem Truck ein Auto aus dem Niemandsland abschleppt für ein Glas Bier. Wo selbst der Steuerbeamte im Zweifel fünf gerade sein lässt.

Seit zwei Jahren besitze ich einen kanadischen Pass. Den nehme ich mit mir, wann immer ich reise. Wenn ich dann zurück nach Kanada komme, dann freue ich mich auf den Moment, an dem mich der Zollbeamte am Schalter anlächelt und sagt: „Welcome home."

Lieblingsplatz

Tief im Hinterland der Rocky Mountains gibt es einen Ort, an den ich jedes Jahr zurückkehre. Keine Straße geht dorthin, kein Flugzeug, kein Boot. Nur ein 25 Kilometer langer matschiger Pfad durch das Dickicht. Den ich mir mit Grizzlybären teile, mit Berglöwen und Packpferden.

Tonquin Valley heißt der Ort. Das Hochtal liegt im Jasper National Park in Alberta abseits der üblichen Pfade. Es hat ein paar Plätze für Zelte und eine Handvoll einfache Outfitter-Hütten an einem See. Dahinter schneebedeckte Gipfel, Gletscher und ein Hochplateau so weit das Auge reicht. Auf einer Lichtung grasen Bergkaribus, die letzten, die es in den Nationalparks der Rocky Mountains noch gibt. Es ist totenstill. Ab und zu höre ich das Plätschern der Fische im Wasser, das Schnaufen der Pferde.
Bei Nacht verwandelt die Milchstraße den Himmel in ein Festival der Sterne. Polarlichter ziehen auf, springen auf und ab und tauchen das Tal in mystisches Licht. Dann sitze ich mit einem Glas Rotwein am Seeufer und weiß, warum ich einst nach Kanada gekommen bin.

Festivals und Kulinarik sowie Sport und Cineastik prägen den kanadischen Lifestyle.

Kultur & Lebensart

Kulinarisches

Persönlichkeiten

Bücher & Filme

Festivals

Typisch Kanada: Ahornsirup

Kulinarisches

Die kanadische Küche ist deutlich besser als ihr Ruf. Mag sein, dass vor Jahrzehnten Feinschmecker nicht auf ihre Kosten gekommen sind und fette, deftige Speisen den Alltag und damit auch die Eindrücke der Besucher aus Übersee prägten. Heute hingegen dominieren Bio, lokaler Anbau, Fisch und Meeresfrüchte – und viel Raffinesse.

Mittlerweile ganz oben auf der Speisekarte: die Schätze des Meeres. Ob Wildlachs, Muscheln, Hummern oder Austern – selbst im Hinterland weitab der Küste sind sie weit verbreitet und meist köstlich zubereitet. So lässt sich auch im kleinen Yukon-Örtchen Haines Junction frischer Lachs, direkt vom Grill, genießen. Dies gilt natürlich umso mehr in den Küstenorten, allen voran in den Atlantikprovinzen. Einst war Hummer hier fast schon ein Arme-Leute-Essen, heute eine teure Delikatesse. Und beispielsweise als Lobster-Sandwich ein frischer und bezahlbarer Snack. Natürlich kommen auch Fans deftigen Fleisches nicht zu kurz – überall gibt es Steaks vom Rind, Bison oder Karibu. Ob Fisch oder Fleisch: Kreative Beilagen sind ebenso weit verbreitet. Die moderne Küche lässt niemanden unzufrieden oder gar hungrig zurück.

Auf gute einheimische Weine und Biere muss auch niemand verzichten. Viele lokale Weingüter haben Weine auf Spitzenniveau im Sortiment, während lokale Brauereien die Sehnsucht nach deutschem Bier schnell vergessen lassen. Vor allem auf Newfoundland ist *Quidi Vidi* – gebraut mit frischem Schmelzwasser von Eisbergen – ein Spitzenbier.

Und wer es süß mag – beim Dessert oder Frühstück – kommt am Ahornsirup nicht vorbei. Die vielleicht typischste aller kanadischen Spezialitäten gibt Süßspeisen, gerade Pancakes mit Früchten, den letzten Schliff.

321 Wildlachs – Frisch aus dem Meer

Wer zu richtigen Zeit am richtigen Ort ist, kann hautnah erleben, wie Grizzlys und Schwarzbären zu ihrem Leibgericht kommen: Lachse sind ihre favorisierte Nahrung. Und an manchen Orten wie etwa Goldstream River auf Vancouver Island können Touristen diesem Spektakel zuschauen.

Aber nicht nur den Bären mundet wilder Lachs. Gerade an der Westküste Kanadas ist Lachs aus der Küche nicht wegzudenken, während am Atlantik tendenziell der Hummer dominiert. Lachs wird in allen Varianten zubereitet: gegrillt, gebraten, roh, gekocht oder geräuchert. Ebenfalls beliebt sind *Salmon Cakes.*

Dabei überzeugt das Fleisch – orange-rosa bis dunkel-rot strahlend – nicht nur geschmacklich: Der wohl weltweit beliebteste Speisefisch ist reich an Omega-3-Fettsäuren sowie Vitamin B und D. Der in Kanada weit verbreitete Pazifiklachs, der in fünf Arten vorkommt, wird bis zu 150 Zentimeter lang und 60 Kilogramm schwer. Unter optimalen Lebensbedingungen werden die Lachse bis zu neun Jahre alt. Während sie im Meer leben, kehren sie zum Laichen in Süßwasserreviere zurück – meist dorthin, wo sie selbst geboren wurden. So zählt beispielsweise der Fraser River in British Columbia zu den populärsten Spots, um alljährlich im Oktober die Lachsschwärme zu beobachten.

Dank seines guten Rufs und der hohen Popularität werden vorzügliche Lachs-Gerichte in vielen Restaurants im ganzen Land serviert. Auch in Yukon-Orten wie Whitehorse (im Restaurant *Klondike Rib & Salmon*) oder Haines Junction ist Lachs vielfach auf der Speisekarte zu finden. In Küstenstädten, etwa beispielsweise in Tofino oder Campbell River auf Vancouver Island, zählt der „Canadian Fish“ zum Standard.

Zu den beliebtesten Restaurants mit kreativer Lachs-Küche zählt das *Salmon n'Bannock* in Vancouver. Gerade die Fischsuppe mit Lachs wird hochgelobt. Das kleine Bistro ist ohnehin einen Besuch wert, gilt es doch als angeblich einziges Restaurant der Stadt, in dem die Küche der First Nations auf der Karte steht. Ebenfalls in Vancouver angesiedelt: *The Sandbar* auf Granville Island. Auf der anderen Landesseite lohnt das *Portobello's* in St. John's auf Newfoundland einen Besuch.

· *www.klondikerib.com*
· *www.salmonandbannock.net*
· *www.vancouverdine.com/sandbar*
· *www.portobellosrestaurant.ca*

322 Ahornsirup – Süße Verführung

Mehr Kanada-Feeling geht nicht: Wohl keine kulinarische Spezialität steht so sehr für die Sehnsucht nach dem zweitgrößten Land wie der süße, dickflüssige Saft des Ahornbaums. Vor allem zu Pancakes – dem nordamerikanischen Pendant zu Waffeln oder Pfannkuchen – gilt Ahornsirup als beliebte Beigabe. Oftmals werden Pancakes mit Ahornsirup in Kombination mit Früchten serviert. Dabei ist die süße Kombination nicht nur zum Frühstück gefragt.

Außerdem etabliert sich die kanadische Spezialität auch zunehmend als Alternative zu Honig und Maissirup, die im Vergleich kalorienhaltiger sind. Und so verfeinert Ahornsirup mittlerweile auch Obstsalat und Müsli. Hinzu kommt: Ahornsirup ist mehr als nur eine süße Verführung. Zugleich enthält er wichtige Mineralstoffe wie Natrium oder Kalium. Zudem soll die Wirkung von Antibiotika gefördert werden.

Erntezeit ist zwischen Februar und April. Nur in dieser kurzen Zeit sind die Nächte noch kalt, während sich tagsüber der Boden wieder aufwärmen kann. Dann wandelt sich die in den Ahornbäumen gesammelte Stärke in Zucker um. Für die Ernte werden Bohrlöcher in den Stamm gerammt und so der Saft gezapft. Früher kamen noch einzelne Eimer zum Einsatz, heute wird vielfach die braune Masse mittels Schläuchen von gleich mehreren Bäumen in großen Behältern gesammelt. Pro Stamm sollten nicht mehr als 40 bis 100 Liter entnommen werden, damit auch im Folgejahr der Ernte nichts im Wege steht. Damit lässt sich pro Baum gerade einmal gut ein oder zwei Liter Ahornsirup gewinnen –

denn beim Einkochen werden aus 40 Liter Saft ein Liter Sirup.

Für die Qualität gilt: Je heller die Farbe, desto besser ist der Sirup. *Extra Light* ist die höchste Stufe des Genusses, mit einer Lichtdurchlässigkeit von mindestens 75 Prozent. In diesem Fall wurde der Saft früh geerntet, so dass sich nur wenige unerwünschte Stoffe ablagern konnten. Im Gegensatz dazu steigt mit dem Reifegrad auch die Intensität des Geschmacks. Somit ist die Sorte *Amber* farblich wesentlich dunkler und tendenziell deutlich preiswerter als *Extra Light*. Daher ist eine Flasche Ahornsirup auch ein beliebtes Souvenir.

323 Poutine – Schneller, herzhafter Snack

Gerade ist den östlichen und zentralen Provinzen gilt es als eines der Nationalgerichte schlechthin: *Poutine*. Kanadier genießen den Mix aus Pommes Frites, Cheddar-Käse und Bratensoße gefühlt zu jeder Tages- und Nachtzeit. Natürlich lässt sich *Poutine* auch separat bestellen. Oftmals wird das Fast-Food-Gericht aber in Kombination mit einem Hauptgang – beispielsweise *Pulled Pork*, *Smoked Meat* oder Champignons – serviert. Gourmets bestellen die edle Alternative mit Kaviar oder Trüffel. Auch als Frühstücksvariante mit Speck ist *Poutine* erhältlich. Und keine Sorge: Wenn *Poutine* gut gemacht ist, schmeckt sie deutlich besser als aussieht. Denn auf den ersten Blick erscheint es nur als braune Masse mit gelben Streifen.

Mittlerweile ist das Gericht über die Grenzen Kanadas bekannt und oftmals auch in den benachbarten USA erhältlich. Ihren Siegeszug in die Küchen des Ahornlandes hatte *Poutine* ursprünglich in den 1950er-Jahren in der Provinz Québec angetreten. Bis heute streiten sich mehrere Orte um den Titel als „Geburtsstätte“ für den herzhaften Snack. Für viele Kanadier gilt *Poutine* als „Canada’s National Dish“.

324 Lobster – Einst ein Arme-Leute-Essen

In kleinen Dörfern in den Atlantikprovinzen erinnern sich die Älteren noch daran, wie sie als Schulkinder Brote mit Hummer als Schulessen bekamen. Damals war das Schalentier noch nicht als teure Spezialität bekannt, sondern wurde von den Fischern etwa an der Westküste von Newfoundland so viel gefangen, dass es ein preiswerter Snack war.

Heute hingegen ist Hummer aus Atlantik-Kanada eine in ganz Nordamerika beliebte Delikatesse. Doch am besten mundet sie, idealerweise fangfrisch, in einem der vielen kleinen, lebens- und liebenswerten Orte an der Küste. Ob in Lunenburg oder der Nova-Scotia-Provinzhauptstadt Halifax: Hummer in allen Variationen ist begehrt. Natürlich „klassisch" frisch zubereitet und gekocht, beispielsweise mit Kartoffelsalat, Coleslaw und zerlassener Butter sowie Zange zum Selbstknacken aus dem Panzer. Oder als *Lobster Mac'n'Cheese* mit Pasta und viel Cheddar-Käse als Topping bzw. Sauce über Hummer und Nudeln. Wer es leichter bzw. kalorienärmer mag, greift zur *Lobster Roll*: Hier ist das Fleisch schon aus der Schale gelöst und wird mit Remoulade und Zitrone in einem Stück Baguette oder Weißbrot serviert – ideal als kleiner Snack zur Mittagszeit.

325 Elch- und Bison-Burger

Natürlich ist der Burger das Symbol für die nordamerikanische Küche. Aber neben dem klassischen Hamburger mit Rindfleisch werden zunehmend neue Kreationen populär: Bisonfleisch gilt beispielsweise als besonders gesund, da cholesterin-, fett- und kalorienarm und zugleich sehr vitaminreich. Ähnliches gilt für Elch. Und natürlich schwingt – oder schmeckt? – bei beiden Sorten die Wildnis Kanadas mit.

326 Chowder

Es ist so etwas wie eine Reminiszenz an die alte Heimat: Der *Chowder* ist schon vor Jahrhunderten aus französischen Küchen in die neue Welt gewandert. Gerade in den Atlantikprovinzen ist die dickflüssige Suppe mit Hummerfleisch, Fisch, Meeresfrüchten und Gemüse äußerst beliebt – im Luxusrestaurant bis zum Imbiss. Der Name ist abgeleitet vom französischen Wort *Chaudière*, einem Topf mit drei Füßen.

327 Kanadischer Wein

Mittlerweile müssen kanadische Winzer nicht mehr den internationalen Vergleich scheuen. Vor allem auf der Niagara-Halbinsel, im Okanagan Valley sowie im Westen von Nova Scotia gedeihen heute Reben als Basis für hervorragenden Wein. Der Aufstieg begann vor gut 30 Jahren, als erfahrene Weinbauern aus Europa nach Kanada kamen. Viele Weingüter bieten Proben an, manche auch Restaurants und Unterkünfte.

328 Digby Scallops

Der Ortsname fungiert hier als Qualitäts- und Werbesiegel. Der kleine Fischerort Digby in Nova Scotia, am Ufer der Bay of Fundy gelegen, ist berühmt für seine Muscheln mit ihrem kräftig schmeckenden Fleisch. Im August findet eigens das Festival *Digby Scallop Days* statt. Die Bay of Fundy verfügt über große Bestände, wobei auch in anderen Regionen hervorragende Muscheln gefangen werden.

329 Cranberrys

Keine Beere ist so typisch für Kanada. Gerade in Muffins sorgen Cranberrys für einen kräftigen, fruchtigen Geschmack. Beliebt sind sie im getrockneten oder gekochten Zustand, dann als Beilage zu Wildgerichten. Im Vergleich zu europäischen Heidel- oder Preiselbeeren ist die Cranberry deutlich größer. Sie wird in der Küche ähnlich verwendet. Umstritten ist eine heilende Wirkung, vor allem bei Harnwegserkrankungen.

330 Cinnamon Buns

Zimtschmecken zählen zu den beliebtesten kanadischen Süßspeisen. Gegenüber den Pancakes mit Ahornsirup punkten sie natürlich damit, dass man sie mitnehmen respektive einige Stunden lagern kann. *Cinnamon Buns* sind Frühstück, nachmittägliche Zugabe oder landestypischer Snack für zwischendurch. Die süße Versuchung besteht aus Hefeteig, der mit Butter und einem Zimt-Zuckerguss bestrichen wird.

Kanadier sind stolz auf ihre „Helden“, wie hier beim Eishockey.

Persönlichkeiten

Ob als Architekten, Musiker oder Sportler – Kanada ist reich an VIPs, die das Weltgeschehen geprägt haben. So gilt *Wayne Gretzky* als der vielleicht beste Eishockeyspieler aller Zeiten, während die Gebäude von *Frank Gehry* selbst die Bewohner von Australiens Metropole Sydney zum Staunen bringen, von *Bryan Adams*' Ohrwurm „Summer of '69" ganz zu Schweigen. Doch viele bedeutende Frauen und Männer sind weit weniger bekannt. Schriftstellerin *Alice Munro* wurde mit dem Literatur-Nobelpreis ausgezeichnet, die Autorinnen *Margaret Atwood* und *Joy Fielding* prägen ebenso die Literaturwelt. Sportlerin *Clara Hughes* wiederum ist die einzige Gewinnerin von Medaillen bei olympischen Sommer- und Winterspielen! Hinzu kommen Persönlichkeiten wie der Wissenschaftler und Erfinder *Alexander Graham Bell*, dem wir das Telefon verdanken, oder der italienische Entdecker *John Cabot* – man verbindet sie mit Kanada, ohne dass sie Kanadier sind.

Auf den folgenden Seiten werden zehn Persönlichkeiten gewürdigt, die die Leser des Magazins 360° Kanada und die Fachjury aus Kanada-Experten für besonders bedeutend erachten. An der Spitze: *Justin Trudeau*, seit 2015 Premierminister des Landes. Nicht unter die Top 10 haben es beispielsweise Popstar *Justin Bieber* und die Inuit-Künstlerin *Kenoujak Ashevak* sowie der Unternehmer und Erfinder *Joseph-Armand Bombardier* geschafft.

331 Justin Trudeau – Premierminister

Als moderner und weltoffener Politiker punktet Kanadas Premierminister *Justin Trudeau* national wie international. Seit seinem Amtsantritt am 4. November 2015 überzeugt er mit liberalen Ansichten: Als ersten Schritt besetzte der 23. Premierminister Kanadas sein Kabinett paritätisch mit Frauen und Männer – ein weltweit beachteter Schritt des selbst ernannten Feministen. Überdies spricht er sich für eine Freigabe von Marihuana aus und will den Versöhnungsprozess mit den First Nations vorantreiben. Ebenso liegt ihm ein souveräner Umgang mit Schwulen und Lesben am Herzen, deren Diskriminierung er mehrfach kritisiert und bereits Maßnahmen zur Entschädigung eingeleitet hat (etwa für

benachteiligte Beamte und Soldaten). Bei vielen Themen wie etwa der Flüchtlingspolitik oder einem offenen Welthandel positioniert sich *Trudeau*, der auch Vorsitzender der Regierungspartei ist, oftmals konträr zu US-Präsident *Donald Trump* – beide verbindet ohnehin scheinbar eine offen geführte, gegenseitige Abneigung. Führungsstil und politischen Ansichten könnten wohl nicht konträrer sein.

„Unsere kulturelle, religiöse und sprachliche Vielfalt ist Kanadas Stärke“, gilt als eines der bekanntesten Zitate *Trudeaus*. In der Öffentlichkeit tritt er – passend zu seinen toleranten und populären Einstellungen – gern leger auf. Legendär sind auch seine Auftritte im klassischen Anzug gepaart mit bunten Socken, beispielsweise beim Weltwirtschaftsgipfel im schweizerischen Davos zu Jahresbeginn 2018. International wird *Trudeau* dank seines Auftretens und seiner liberalen Politik gern als „Anti-Trump“, „Kanadas Kennedy“ oder „Zweiter Obama“ bezeichnet. Kritikpunkte erntete er für einen umstrittenen Weihnachtsurlaub auf einer Privatinsel als möglichen Verstoß gegen kanadische Ethikregeln sowie lobende Aussagen über den verstorbenen kubanischen Staatsführer *Fidel Castro*.

Dabei profitiert der 1971 geborene, zweitjüngste Premierminister seines Landes auch von der Popularität seines Vaters *Pierre Trudeau*. Er führte das Land (mit kurzer Unterbrechung) von 1968 bis 1984. Bei der Trauerrede anlässlich des Staatsbegräbnisses für seinen Vater im Jahr 2000 wurde *Justin Trudeau* erstmals international beachtet. Dabei setzte er sich schon in jungen Jahren für die Ziele der Liberalen Partei Kanadas ein und nutzte dabei seinen bekannten Familiennamen aus. Justin Trudeau ist verheiratet und hat zusammen mit Ehefrau *Sophie Grégorie* drei Kinder. Mittlerweile lebt die Familie in Ottawa.

332 Leonard Cohen – Multitalent

Kaum ein kanadischer Künstler ist so vielseitig wie *Leonard Cohe*n. Als Schriftsteller, Singer-Songwriter und Maler machte er sich weltweit einen Namen. Allein seine Schallplatten verkauften sich mehr als sechs Millionen Mal. *Cohen* wurde 1934 in Montréal geboren und starb im Alter von 82 Jahren in Los Angeles im November 2016.

Seine künstlerische Karriere startet Cohen als Dichter und Schriftsteller. Zu seinen größten Erfolgen überhaupt zählt sein 1966 veröffentlichter Roman „Beautiful Loosers", mit der sich als einer der wichtigsten Literaten des Landes etabliert. Das Werk entsteht in seiner Zeit auf der griechischen Insel Hydra. 1967 zieht er nach New York weiter und steigt ins Musikgeschäft ein. Als Texter hat er zu diesem Zeitpunkt schon erste Meriten gesammelt, aber noch nicht als Sänger. Zu seinen ersten Erfolgen und bis heute größten Hits zählen „Suzanne" und „Sisters of mercy". Spätestens mit dem Album „Songs from a Room" schafft er auch als Musiker den internationalen Durchbruch. Viele weitere Werke, auch in Co-Produktion mit *Phil Collins*, entstehen. 1984 erscheint sein bekanntester Titel „Hallelujah". Später zieht er sich zurück und widmet sich dem Zen-Buddhismus, auch um seine Depressionen zu bekämpfen. Immer wieder gibt er – auch aus finanziellen Gründen – ein Comeback.

Seine Werke, ob als Schriftsteller oder Sänger, sind häufig politisch und religiös motiviert, zugleich oft aber auch sehr melancholisch. Oft begehrt er mit seiner einprägsamen Blues-Stimme gegen das Establishment auf – so raucht er beispielsweise in aller Öffentlichkeit Marihuana. Seine Leistungen als künstlerisches

Multitalent wurden vielfach gewürdigt. Zu den wichtigsten Auszeichnungen zählen der posthum verliehene *Grammy* und der Preis *der Deutschen Schallplattenkritik* sowie der renommierte Literaturpreis *Prinzessin-von-Asturien*. *Leonhard Cohen* wurde in die *Canadian Music Hall of Fame* (2006) sowie in die *Rock and Roll Hall of Fame* aufgenommen (2008).

Privat blickt *Cohe*n auf eine Vielzahl von Beziehungen zurück, war jedoch nie verheiratet. Zu seinen bekanntesten Partnerinnen zählt die 1970 verstorbene Rocksängerin *Janis Joplin*. Mit der US-Musikerin *Suzanne Elrod* hat er zwei Kinder. Seine Tochter *Lorca* begleitet ihn 2008 bis 2010 auf seinen Tourneen als Fotografin, während Sohn *Adam* ebenfalls als Musiker aktiv ist.

333 Bryan Adams – Sänger und Fotograf

Ob *Grammy*, *Bambi* oder ein Stern auf dem berühmten *Walk of Fame* in Los Angeles: Abgesehen vom *Oscar* für Filmmusik dürfte *Bryan Adams* wohl alle Auszeichnungen eingeheimst haben, die ein Musiker bekommen kann. Insgesamt verkaufte der 1959 in Kingston (Ontario) geborene *Adams* bislang als 100 Millionen Tonträger.

Nach ersten überschaubaren Erfolgen schafft er 1983 mit dem Album „Cuts like a Knife" und dem Titel „Straigt from a Heart" seinen internationalen Durchbruch. Im gleichen Jahr folgt der erste Auftritt in Europa im Rahmen der WDR-Fernsehsendung *Rockpalast*. Mit radiotauglichen Songs (so die Musikkritik) wie „Summer of '69" feiert er in den 1980er-Jahren große Erfolge. Im nächsten Jahrzehnt folgen weitere Erfolge, beispielsweise auch *mit Filmmusiken. 2010 tritt* Adams zusammen mit der kanadischen Sängerin *Nelly Furtado* bei der Eröffnungsfeier der Olympischen Spiele in Vancouver auf. Sein Hit „One World, One Flame" wird zur ARD-Olympia-Hymne.

Anerkennung auch von Kunstkritikern bringt dem zweifachen Vater sein fotografisches Werk ein. 2006 wird er mit dem renommierten *LeadAward* ausgezeichnet. Als äußerst bedeutsam gelten vor allem seine Aufnahmen von kriegsverwundeten Soldaten. Die bemerkenswerten Werke waren auch in Deutschland ausgestellt. Überdies engagiert sich der heute in London lebende *Bryan Adams* auf vielfältige Weise für soziale Projekte, unter anderem mit einer eigenen Stiftung.

334 Lester B. Pearson – Friedensnobelpreisträger

Sein Name klingt vielen Reisenden vertraut: Torontos internationaler Flughafen trägt seit 1984 den Namen des früheren Premierministers *Lester B. Pearson*. Er prägte sowohl die Geschicke seines Landes als auch die Weltpolitik nach 1945. *Pearson* wurde 1897 im heutigen Toronto geboren und verstarb 1972 in Ottawa.

Nach ersten Stationen als Universitätsdozent wechselt er 1928 in den diplomatischen Dienst und macht schnell Karriere. In London entwickelt er die Strategie gegen Nazi-Deutschland mit, 1945 wird er schließlich Botschafter in den USA. In dieser Funktion gehört er zu den Initiatoren zur Gründung der *Vereinten Nationen* (UNO) und der NATO. Als Außenminister ab 1948 empfiehlt er als erster Politiker den Aufbau der Friedenstruppen der UNO – den sogenannten *Blauhelmen*. Ihr erster Einsatz ist die Suez-Krise in Ägypten. Für seinen Einsatz, den bewaffneten Konflikt zu lösen, wird *Pearson* 1957 mit dem Friedensnobelpreis ausgezeichnet.

Im April 1963 – nach einer Periode in der Opposition – werden die Liberalen wieder zur stärksten Partei gewählt. *Pearson* wird neuer Premierminister. In seine Amtszeit fallen wichtige Gesetze wie beispielsweise zur allgemeinen Krankenversicherung und zum Rentensystem. Zugleich lehnt er eine Beteiligung Kanadas am Vietnamkrieg der USA ab. 1968 übergibt er sein Amt an Nachfolger *Pierre Trudeau*.

335 Michael Bublé

Gleich mit seinem ersten Album ist *Michael Bublé* in die Top 10 in Kanada und in Großbritannien gestürmt. Den Durchbruch erreichte er 2005 mit dem Album „It's Time". Bislang verkaufte Bublé, geboren 1975 in Burnaby (bei Vancouver), mehr als 55 Millionen Tonträger. Der Mit-Eigner des Eishockey-Clubs *Vancouver Giants* ist mit der argentinischen Schauspielerin *Luisana Lopilato* verheiratet und hat zwei Kinder.

336 Wayne Gretzky

„The Great One" wird der 1961 geborene *Wayne Gretzky* ehrfürchtig genannt. Viele halten den Mann aus Brandfort (Ontario) für den besten Eishockey-Spieler, der je auf dem Eis aktiv war – 22 Jahre lang dominiert er das Eishockey, seine Torerfolge sind bis heute unerreicht. Als Spieler gewann er allein vier Mal den prestigeträchtigen *Stanley Cup*, als Trainer der kanadischen Mannschaft auch Olympia-Gold 2002 in Salt Lake City.

337 Neil Young

Auf seinen ersten – und einzigen – Nummer-Eins-Hit musste *Neil Young* lange warten: Erst im Alter 37 von feierte er mit „Heart of Gold" seinen größten Erfolg. Da hatte er nach ersten Auftritten in Winnipeg, wo er zeitweilig aufwächst, sowie beim legendären *Woodstock Festival* schon eine lange Karriere hingelegt. *Young* gilt als „Godfather of Grunge", wobei sein Repertoire zahlreiche Genre umfasst.

338 Margaret Atwood

Als eine der wichtigsten kanadischen Schriftstellerinnen der Gegenwart gilt *Margaret Atwood*, geboren 1939 in der Hauptstadt Ottawa. Zu ihren zahlreichen Auszeichnungen zählt auch der *Friedenspreis des Deutschen Buchhandels*, der ihr 2017 in Frankfurt überreicht wurde. Ihre wichtigste Werken sind unter anderem „Katzenauge", „Überleben" und „Der blinde Mörder". *Atwood* hat sich auch einen Namen als Kritikerin gemacht.

339 James Cameron

Dank der kommerziellen Erfolge von „Titanic" und „Avatar" gilt *James Cameron*, geboren 1954 in Kapuskasung (Ontario), als einer der erfolgreichsten Filmregisseure. Einst lockte ihn *Stanley Kubricks* Erfolgsstreifen „2001: Odyssee im Weltraum" zum Kino. Sein erster großer Erfolg wird 1984 „Terminator". *Cameron* ist für aufwendige Spezialeffekte bekannt. Der dreifache *Oscar*-Preisträger hat aus fünf Ehen vier Kinder.

340 Alice Munro

Mit dem Nobelpreis für Literatur wurde *Alice Munro* 2013 geehrt. Damit würdigte die Jury ihr Lebenswerk und ihre Bedeutung für das Genre der Short Story. Kritiker loben ihre Sprachgewandtheit und die überraschende Struktur in ihren Werken. *Munro* wurde 1931 in Wingham (Ontario) geboren. Schon als Jugendliche veröffentlicht sie ihre erste Erzählung. Die erste Auszeichnung erhält sie 1968.

Kanada ist als Drehort äußerst beliebt.

Bücher & Filme

Mit seinen einzigartigen und weiten Landschaften ist Kanada prädestiniert als Schauplatz großartiger Erzählungen und Drehort internationaler Filmproduktionen. Besonders einprägsam sind beispielsweise die Geschichten *Jack Londons* über den Goldrausch im Yukon, die eindrucksvoll Abenteuergeist und Mut sowie die Besiedlung des Landes beschreiben. Andere Autoren wie *Margaret Atwood* etablieren sich mit zeitgenössischer, kritischer Literatur an die Weltspitze. Zudem sind kanadische Schauspieler, Autoren und Filmemacher an Welterfolgen wie „Der englische Patient" beteiligt, die kaum oder keinen Bezug zu Kanada haben. Umgekehrt kommen gerade US-Filmfirmen gern ins Ahornland, um von der Kulisse lebhafter Städte und atemberaubender Landschaften sowie vergleichsweise niedrigen Produktionskosten zu profitieren.

341 The English Patient

Nicht in Kanada, sondern in Italien spielt das wohl bekannteste und erfolgreichste Werk eines kanadischen Schriftstellers: *Michael Ondaatjes* 1992 veröffentlichter Roman „Der englische Patient“ (Originaltitel: *The English Patient*) wurde mit dem renommierten *Booker Prize*, der gleichnamige Film mit gleich neun Oscars ausgezeichnet. Allein an den Kinokassen spielte das Werk mehr als 70 Millionen US-Dollar ein und übertraf damit die Produktionskosten bei Weitem.

Im Mittelpunkt des Romans, der zur Zeit des Zweiten Weltkrieges spielt, steht die Lebens- und Leidensgeschichte eines ungarischen Saharaforschers und Spions. Verwundet und von Brandverletzungen nahezu entstellt, wird er von seiner kanadi-

schen Krankenschwester, der zweiten Protagonistin des Plots, fälschlicherweise für einen Briten gehalten. Sie pflegt ihn zu Kriegsende in einem zerbombten Toskana-Anwesen aufopferungsvoll und erfährt, während er sich sukzessive von seinem Gedächtnisverfall erholt, von seinem Wirken und seiner Rolle während der Kriegs.

Der Roman basiert im Grunde auf der Biografie des ungarischen Grafen und Wüstenforschers *Ladislaus Almásy*, der in den 1930er-Jahren die trockenen Regionen Ägyptens und Libyens erforschte und während des Krieges für das Afrikakorps der deutschen Wehrmacht unter *General Erwin Rommel* arbeitete. Autor *Ondaatje* wandelte die Lebensgeschichte aber deutlich vom historischen Vorbild seines Romans ab. Gleichwohl beeindruckt das Werk mit seinen fortwährenden Perspektivwechseln, um die Geschichte aus den Blickwinkeln der verschiedenen Hauptpersonen zu erzählen. Zudem springt der Autor zwischen Gegenwart und Vergangenheit, was der Spannung förderlich, manchmal aber dem Lesefluss hinderlich ist.

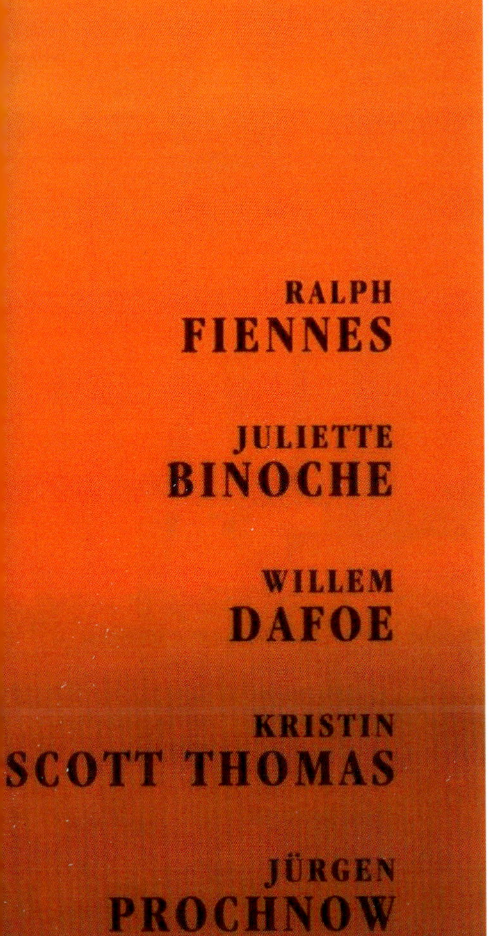

Der Film mit *Ralph Fiennes* und *Juliette Binoche* in den Hauptrollen wurde 1996 überwiegend in Studios in der italienischen Hauptstadt Rom gedreht. Die Außenaufnahmen fanden in der Toskana sowie, abweichend von der Vorlage, in Tunesien statt. Ohnehin weichen die Darstellungen im Film vom Original ab, wie wiederum auch der Autor des Romans die Figur des Wüstenforschers bei Weitem nicht historisch korrekt erzählt. Gleichwohl, anders als viele Literaturverfilmungen kommt der Streifen zum „englischen Patienten" auch bei den Filmkritikern an: „Der englische Patient ist der Glücksfall einer Literaturverfilmung", urteilt beispielsweise die *Frankfurter Allgemeine Zeitung*.

342 The Handmaid's Tale

Eine Welt, wie man sie nicht (mehr) erleben möchte, erzählt die kanadische Erfolgsautorin *Margaret Atwood*: „Der Report der Magd" (*The Handmaid's Tale*) beschreibt das Leben in den USA in einer Zeit, in der atomare Katastrophen und Umweltzerstörung weite Teile der Menschheit steril gemacht hat und zugleich eine fundamentalistisch-christliche Bewegung nach einem Staatsstreich eine Diktatur errichtet hat. Die Geschichte wird aus der Perspektive einer Magd erzählt, die zu den wenigen verbliebenen fruchtbaren Frauen gehört. Die Geschichte von Frauenversklavung, Gewalt sowie Unterdrückung und Überwachung spielt in der fiktiven „Republik Gilead" zu Ende des 20. Jahrhunderts. „Schreckliche schöne neue Welt – mit ihrer negativen Utopie vom Großen Bruder Gilead hat sich Margaret Atwood in die Nachfolge Aldous Huxleys und George Orwells hineingeschrieben", bringt es das Nachrichtenmagazin *Der Spiegel* auf den Punkt.

Margaret Atwood (siehe „Persönlichkeiten", Seite 390) veröffentlichte ihr Werk 1985. Viele Jahre dauerten die Arbeiten. Die Autorin sammelte Zeitungsmeldungen aus den USA, um ihre Erzählung mit Fakten zu untermauern und einen Bezug zur Realität zu schaffen. Zudem flossen ihre Beobachtungen aus Reisen in den Iran und Afghanistan ein, die seinerzeit noch machbar waren, sowie Erkenntnisse über die puritanische Prägung Nordamerikas. *Atwood*, die einst an der Uni einen Kurs über Kriegsstrategien belegt hatte, hatte erste Teile des Buchs während ihrer Zeit in West-Berlin geschrieben, wo sie auf Einladung des Deutschen Akademischen Austauschdienstes weilte.

Das Buch wurde bereits 1990 von Regisseur *Volker Schlöndorff* unter dem Titel „Die Geschichte der Dienerin“ als Film produziert. Im Jahr 2017 folgte eine Umsetzung als Fernsehserie „The Handmaid’s Tale – Der Report der Magd“, die in Deutschland von einem Streamingdienst ausgestrahlt wurde. Hauptdarstellerin *Elisabeth Moss* wurde für ihre Rolle an als Magd mit einem *Emmy* sowie dem *Golden Globe* ausgezeichnet.

Mit der TV-Verfilmung von *Atwoods* Roman wurde erstmals eine im Streaming-TV erstausgestrahlte Dramaserie mit dem wichtigsten US-Fernsehpreis prämiert.

343 Maudie

Das Leben der kanadisch-irischen Malerin *Maud Lewis* hat als Vorbild für den 2016 gestarteten Film „Maudie“ gedient. Sie lebte ab den 1930er-Jahren bis zu ihrem Tod 1970 in Marshalltown, malerisch gelegen an der Westküste der Atlantikprovinz Nova Scoatia. Der Film wurde mehrfach ausgezeichnet und 2017 auch beim renommierten Filmfestival „Berlinale“ in der deutschen Hauptstadt gezeigt.

Lewis, gespielt von *Sally Hawkins*, wächst in eher ärmlichen Verhältnissen auf und ist schon in jungen Jahren schwer von rheumatischer Arthritis gezeichnet. Die Malerei hilft ihr, mit ihrer Erkrankung und ihrer schwierigen Familie, von der sie wenig Unterstützung erfährt, fertigzuwerden. Doch erst als sie Everett (*Ethan Hawke*) kennenlernt und bei dem Fischhändler eine Anstellung findet, bessert sich ihre Lage. Auch wenn er sie hart behandelt, heiraten die beiden. Zugleich feiert Maudie als Malerin wichtige Erfolge und steigt zu einer anerkannten Künstlerin auf. „Regisseurin Aisling Walsh lässt sich alle Zeit für ihre Geschichte und für wunderschön karge Landschaftsbilder der kanadischen Ostküste“, lobt der NDR.

· *maudie-derfilm.de*

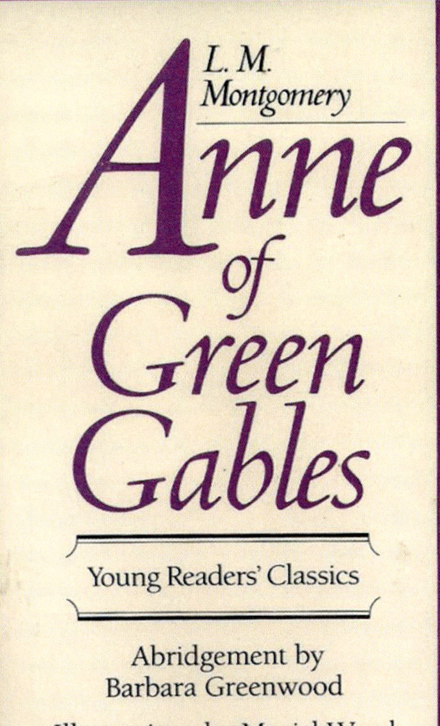

344 Anne of Green Gables

Die Geschichte eines der in ganz Nordamerika beliebtesten Kinderbücher spielt in der kleinen maritimen Provinz Prince Edward Island. Die kanadische Autorin *Lucy Maud Montgomery* veröffentlichte 1908 den ersten Band von „Anne auf Green Gables“ (*Anne of Green Gables*). Im gesamten angelsächsischen Raum ist das Buch so bekannt wie hierzulande beispielsweise „Pippi Langstrumpf“ und inspirierte angeblich sogar deren Autorin *Astrid Lindgren*.

Im Mittelpunkt steht das rothaarige Mädchen Anne, das vom Junggesellen Matthew und seiner unverheirateten Schwester Marilla adoptiert wird – und das, obwohl sich die beiden einen Jungen gewünscht hatten. Die Geschichte spielt auf dem Anwesen Green Gables in einer fiktiven Ortschaft auf Prince Edward Island. Heute können verschiedene Stätten der Handlung besichtigt werden (siehe „Prince Edward Island“, Seite 274). Nach dem Erfolg des Erstlingswerks schrieb *Lucy Maud Montgomery* noch weitere acht Bände und deckt somit die Zeit von 1877 bis 1919 ab.

Die Bücher wurden erstmals 1985 fürs Fernsehen verfilmt und in mehr als 100 Ländern ausgestrahlt. In Deutschland lief die Miniserie 1986 im ZDF. Angesichts der hohen Popularität wurde 2015 in Kanada erneut eine Serie produziert.

345 District 9

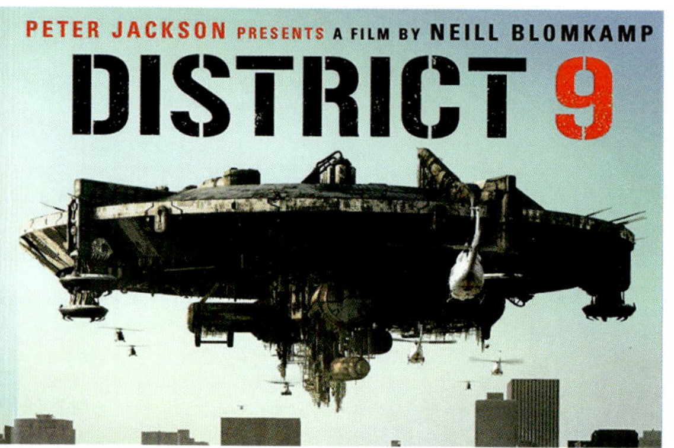

Inspiriert von Ereignissen während der Apartheid in Südafrika, ist der Science-Fiction-Film „District 9“ als Koproduktion mit kanadischer Beteiligung entstanden. Die Geschichte spielt in Johannesburg, wo ein Raumschiff gelandet ist und die Außerirdischen umgesiedelt werden sollen – analog zu vielen Südafrikanern, etwa im „Dictrict Six“ in Kapstadt.

· *www.sonypictures.com/movies/district9*

346 The Shipping News

Für ihren in Newfoundland angesiedelten Roman „Schiffsmeldungen“ (*The Shipping News*) wurde die US-Schriftstellerin *Annie Proulx* unter anderem mit dem *Putlitzer*-Preis ausgezeichnet. Der gleichnamige Film war wirtschaftlich ein Flop. Das 1993 veröffentlichte Werk beschreibt das Leben eines erfolglosen Reporters. Erst als er mit den zwei Kindern in seine Heimat Newfoundland zurückkehrt, findet er sein Glück.

347 In the Skin of a Lion

Neben „Der englische Patient“ zählt der Roman „In der Haut des Löwen“ (*In the Skin of a Lion*) zu den großen Erfolgen des kanadischen Autoren *Michael Ondaatje*. Darin beschreibt er den Werdegang eines jungen Mannes, der in den 1920er-Jahren aus den Wäldern Ontarios in die wachsende Metropole Toronto kommt. Nach einem schwierigen Start freundet er sich langsam mit dem Großstadtleben und den Einwohnern an.

348 The Stone Diaries

In „Das Tagebuch der Daisy Goodwill“ (*The Stone Diaries*) zeichnet die US-Autorin *Carol Shields* die Lebensgeschichte einer Frau nach, die nach unglücklicher Kindheit ohne Mutter und einer schwierigen Ehe erst mit dem Schreiben ihr Glück findet. Für den Roman, der wochenlang die Bestsellerlisten in den USA und in Großbritannien anführte, wurde die seit 1957 in Kanada lebende Autorin mit dem *Pulitzer*-Preis prämiert.

349 Surfacing

Die Suche einer Frau nach Herkunft und Identität beschreibt Erfolgsautorin *Margaret Atwood* in „Der lange Traum“ (*Surfacing*). Das Werk war 1979 ihr erstes, das auch in deutscher Sprache erschien. Eine namenlose Frau sucht gemeinsam mit ihrem Freund sowie einem befreundeten Pärchen ihren verschwundenen Vater und erkundet auf der Reise ins nördliche Québec zugleich das, was Kanada als Nation auszeichnet.

350 The Call of the Wild

Jack London hat sein Glück im Yukon gefunden – aber nicht wie geplant bei der Goldsuche, sondern in der Literatur. Der spätere Erfolgsautor, gezeichnet von der Krankheit Skorbut, muss sein Abenteuer als Goldsucher abbrechen. Doch verarbeitet er seine Erfahrungen im Anschluss erfolgreich in Büchern und Erzählungen: In „Ruf der Wildnis“ (*The Call of the Wild*) beschreibt er das harte Leben aus Sicht eines Hundes.

Festivals

Ob Rodeo oder Musik: Festivals und Feste jeder Art sind fester Bestandteil des kanadischen Way of Life. Gerade in kleineren Orten wie etwa der Goldgräberstadt Dawson City im Yukon Territory sind sie das wichtigste Ereignis im Jahr und locken zum Stolz der Einheimischen zugleich Besucher von weither an. Die Vielfalt ist groß: Viele Orte werben mit mehrtägigen Musikevents oder Rodeos.

Landesweit verbreitet sind überdies die jährlichen Feierlichkeiten zum *Canada Day* am 1. Juli, die an die Staatsgründung im Jahr 1867 erinnern. Nicht nur in den großen Städten werden Umzüge oder Feuerwerke organisiert. Oftmals finden auch Zeremonien für neue Staatsbürger statt. Die größte Veranstaltung gibt es natürlich in der Hauptstadt Ottawa (siehe „Ottawa", Seite 224).

Das wohl beliebtestes und bekannteste Fest steigt indes jedes Jahr in Calgary: Die *Calgary Stampede* gilt als weltgrößtes Rodeo (siehe „Calgary", Seite 144). In den Tagen während des Events verwandelt sich die gesamte Metropole in eine Art moderne Westernstadt. Selbst in den Bürotürmen sind dann Cowboystiefel und Cowboyhüte weit verbreitet. Populär ist auch das Oktoberfest in der Ontario-Gemeinde Kitchener-Waterloo (südwestlich von Toronto), das sich seit der Premiere 1969 zur größten bajuwarischen Festivität in Nordamerika etabliert hat.

- *www.calgarystampede.com*
- *www.oktoberfest.ca*

Kanada ist das Land der Festivals.

351 Dawson City Music Festival

Ursprünglich hatte es mit einem gemütlichen Treffen – quasi unter Freunden – und einem sommerlichen BBQ begonnen. Damals, 1979, gab es an einem Wochenende unter dem langen Licht der Mitternachtssonne beim *Dawson City Music Festival* eine Jamsession und ein Tänzchen im Casino *Diamond Tooth Gerties*. Doch schnell ging es steil bergauf: Schon ein Jahr später gründeten einige Freiwillige die *Dawson City Music Festival Association* und legten die Basis für einen langjährigen Erfolg. Seit 1988 ist das jährliche Event als gemeinnützig anerkannt. Mittlerweile gilt das Fes-

tival als eines der landesweit besten Musikevents – „Canada's tiny, perfect festival" heißt es immer wieder.

Mittlerweile steht Dawson City jedes Jahr an einem Juli-Wochenende quasi Kopf, wenn Künstler und Besucher aus Yukon sowie von weither in die Stadt strömen. An sechs Veranstaltungsorten steigen drei Tage lang in kurzer Folge Events. Während die Hauptbühne im Minto Park steht, finden kleine intime Konzerte beispielsweise auch in der 1902 errichteten *St. Paul's Anglican Church* statt. Der Festivalpass für die drei kommerziell genutzten Event-Stätten kostet für alle drei Tage 150 CAD (2018). Kostenlose Konzerte finden beispielsweise im Biergarten (*Emerging Artist Beer Garden Stage*) statt. Wer das einstige Goldgräberparadies am Festival-Wochenende besuchen möchte, sollte Eintrittskarten und Unterkunft möglichst frühzeitig erwerben. Die Nachfrage ist mittlerweile riesig. Gut zu wissen: Das Festival ist stark auf die Hilfe von Freiwilligen angewiesen. Wer sich ehrenamtlich betätigt, wird belohnt: Je nach Zahl der geleisteten Stunden kann das legendäre Musikspektakel an einzelnen oder sogar allen Tage kostenlos besucht werden.

Mittlerweile ist das Festival auch im Winter ein Erlebnis: Jedes Jahr im Januar wird ein Künstler als „Songwriter in Residence" eingeladen, und er kann einige Wochen kostenlos in Dawson City an seinen Projekten arbeiten. Ein großes Konzert gehört natürlich auch dazu.

Darüber hinaus hat sich auch im – für kanadische Verhältnisse – nicht weit entfernten Keno City ein ähnliches Event etabliert. Seit 2015 lockt im August das *Keno City Music Festival*. Hier ist der Eintritt übrigens kostenlos.

· *www.dcmf.com*
· *keno.lostwarren.com*

352 Halifax Busker Festival

Alljährlich im August verwandelt sich das ohnehin mit gutem Nachtleben gesegnete Halifax zur Hauptstadt der Straßenkünstler und -musiker. 300 kleinere und größere Shows finden an dem sechs Tage währenden *Halifax Busker Festival* statt. Besucher fühlen sich gut unterhalten, zuweilen geschockt von den teils frivolen und lauten Darbietungen. Und anders als bei vielen anderen Events sind die Shows allesamt kostenlos. Allerdings ist es üblich, dass die Besucher im Anschluss einen „tip" – also einen kleinen Obolus – leisten, wenn ihnen die Performance gefallen hat.

Das Festival findet im Regelfall zum langen Wochenende anlässlich des *Nova Scotia Natal Day* Anfang August statt. Die Shows laufen täglich von mittags 12 Uhr bis abends um 22 Uhr. Das Rahmenprogramm umfasst große Umzüge, die an deutsche Karnevalsparaden erinnern. Zu den *Buskern*, die teils von weither anreisen und durchaus zur internationalen Spitze ihrer Kunst zählen, gesellen sich überdies zahlreiche Verkaufsstände – von internationalen kulinarischen Spezialitäten über Kleidung bis Schmuck. Die vielen Eventflächen und der angeschlossene Markt verteilen sich quer über die Altstadt sowie die *Waterfront*. So lässt es sich bequem, gerade an sommerlichen Tagen, durch Halifax bummeln, während man die verschiedenen Straßenkünstler bei ihren Vorführungen bestaunt. Zwischendurch locken zudem die vielen weiteren Attraktionen in der Hauptstadt der Provinz Nova Scotia, wie beispielsweise die *Citadel* mit schönem Blick über die Stadt und das *Maritime Museum of the Atlantic* direkt an der *Waterfront*.

Anlässlich des *Nova Scotia Natal Day* finden in Halifax und im benachbarten Dartmouth zahlreiche Veranstaltungen statt. So wird beispielsweise die weite *Macdonald Bridge* für den Autoverkehr gesperrt und für verschiedene Radrennen und für Spaziergänge freigegeben. Weitere Höhepunkte neben der großen Parade sind imposante Feuerwerke, die an drei Abenden an unterschiedlichen Orten – unter anderem direkt vom Hafen – gezündet werden.

· *buskers.ca*
· *www.natalday.org*

353 Folk on the Rocks

Eines der größten Musik-Festivals in ganz Nordamerika lockt alljährlich im Sommer die Besucher nach Yellowknife, die Hauptstadt der Northwest Territories. Auf fünf Bühnen bietet *Folks on the Rocks* an drei Tagen große künstlerische Vielfalt und sieht sich selbst als „die größte Partys des Nordens unter der Mitternachtssonne". Abgerundet wird das Musikprogramm – auch mit Künstlern der First Nations und der Inuit – von zahlreichen Angeboten, Kulinarik und Kunsthandwerk des rauen Nordens kennenzulernen.

Seit der Premiere 1980, gegründet von *Rod Russel* und seiner Band, hat sich das Festival als eine feste Institution im nordamerikanischen Event-Kalender etabliert. Gut zu wissen: Trotz der Lage im Norden wird es im Sommer häufig recht warm, so dass auch Open-Air-Veranstaltungen kein frostiges Erlebnis werden.

Das Festival ist so populär, dass mittlerweile sogar Pauschalreisen samt Eintrittskarte, Unterkunft und Flügen von verschiedenen Städten angeboten werden. Schließlich weckt schon der Slogan Sehnsucht nach Kultur und Abenteuer: „*Where the road begins, the music begins*".

· *www.folkontherocks.com*

354 Canadian National Exhibition

Zu den größten Festen Nordamerikas zählt die *Canadian National Exhibition*. Weit mehr als eine Million Besucher zieht es alljährlich aufs Festivalgelände in Toronto, wenn im Spätsommer mehr als 700 Aussteller locken. Das Event läuft bis zum *Labour Day*, dem ersten Montag im September und inoffizielles Ende der Hauptreisezeit.

Einst als Landwirtschaftsmesse gestartet, ist es heute ein 18 Tage währendes Festival. Bereits 1878, als die Messe nach jährlichem Wechsel quer durch Ontario erstmals in Toronto stattfand, kamen 100.000 Besucher. Aufgrund des Erfolges beschlossen die örtlichen Politiker, eine ähnliche Veranstaltung dauerhaft in Kanadas größter Stadt zu etablieren. Es war angesiedelt auf dem heutigen *Exhibition Place*, westlich der Innenstadt direkt am Ufer des Lake Ontario. Auf dem Areal stand einst ein Fort der französischen Armee.

Heute umfasst das Programm neben der Landwirtschaftsmesse auch Fahrgeschäfte, Shows und Eiskunstlaufdarbeitungen, Sportwettkämpfe sowie eine Militärparade. Höhepunkt ist ein großes Feuerwerk. Zu den zahlreichen Essensständen kommen heute auch *Food Trucks* hinzu. Ebenso wurde ein *Craft Beer*-Fest gestartet.

· *theex.com*

355 Stratford Festival

Das größte Festival Nordamerikas für klassisches Theater steigt jährlich in Stratford, knapp zwei Stunden südwestlich von Toronto gelegen. Seit mehr als 50 Jahren finden zwischen April und November zahlreiche Vorstellungen sowie weitere Veranstaltungen statt. Im Mittelpunkt: die Werke des englischen Lyrikers und Schauspielers *William Shakespeare*, der im englischen Stratfort-upon-Avon lebte.
· *www.stratfordfestival.ca*

356 First Peoples Festival

Kunst und Kultur der indigenen Völker Nordamerikas stehen im Mittelpunkt des *First Peoples Festival* in Montréal. Mit Filmen, Konzerten sowie Kunsthandwerk und vielem mehr geben die Künstler einen Einblick in ihre Tradition und jahrhundertealte Geschichte als erste Bewohner des Kontinents. Schauplatz für das bedeutende Kulturfestival ist das *Quartier des Spectacles*.
· *www.presenceautochtone.ca/en*

357 Lunenburg Folk Harbour Festival

Im UNESCO-Welterbe-Städtchen Lunenburg lockt im August das älteste Musik-Event Nova Scotias. Das *Lunenburg Folk Harbour Festival* präsentiert mit zahlreichen Konzerten einheimischer wie internationaler Künstler traditionelle wie zeitgenössische Folk-Musik. Viele Veranstaltungen finden im Hafen statt. Gut zu wissen: Bei den zentralen Events darf kein Alkohol ausgeschenkt werden!
· *www.folkharbour.com*

358 Banff Mountain Festival

Es ist das vielleicht in Deutschland bekannteste kanadische Festival: Denn das *Banff Mountain Festival*, eines der weltweit wichtigsten Events für Berg- und Outdoor-Filme, zeigt jedes Jahr im Rahmen einer Tournee in vielen Städten die besten Produktionen eines Jahres. Zum 1976 gegründeten Festival in Banff (siehe auch „Icefields Parkway“, Seite 154) strömen im Herbst tausende von Abenteurern und Sportlern.

· *banff-tour.de*

359 Celtic Colours International Festival

Wenn der Indian Summer auf Cape Breton Island die Bäume verfärbt, startet das neuntägige *Celtic Colours International Festival*. Die ganze Atlantik-Insel verwandelt sich dann ein lebhaftes und gut besuchtes Kultur-Festival mit einer Reihe von Veranstaltungen – verteilt von Sydney bis Chéticamp. Denn zusätzlich zu den 50 Konzerten sind überdies zahlreiche weitere Kulturevents geplant.

· *www.celtic-colours.com*

360 Celebration of Light

Als eines der beliebtesten Feste in Vancouver gilt das Feuerwerk-Festival *Celebration of Light*. Drei Sommertage erstrahlt die Metropole im Licht tausender Raketen. Rund um English Bay und Burrard Inlet finden sich die besten Plätze, um den Wettkampf zu beobachten. Seit 2018 müssen Songs einheimischer Künstler wie *Bryan Adams* und *Leonard Cohen* in die Shows integriert werden.

· *www.hondacelebrationoflight.com*

Unser Kanada

Wolfgang & Mechtild Opel

Freiberufliche Fotografen und Autoren
· Trimaris.blogsport.de

***Kennengelernt** haben wir Dich, Kanada, schon vor über 20 Jahren. Freunde von uns waren gerade aus einer europäischen Großstadt nach Deep River in Ontario gezogen und luden uns ein, sie zu besuchen. Die Einladung stand auf der Rückseite eines gedruckten Handzettels, der Fußgänger und Radfahrer vor einer Bärenmutter mit zwei Jungen warnte, die am Stadtrand gesichtet worden war! Als wir die Freunde schließlich besuchten, sahen wir zwar keine Bären, waren aber begeistert davon, wie Menschen vieler Sprachen und Hautfarben dort in Aufgeschlossenheit und Neugier zusammen lebten. Auf dem Wege dahin, in einer turbulenten Fahrt von mehreren Tausend Kilometern in drei Wochen, „beschnupperten" wir Deine fünf Ostprovinzen und waren beeindruckt von der weiten Landschaft und den vielseitigen Naturschönheiten.*

***Ernsthaft verliebt** in Dich haben wir uns drei Jahre später. Das war – ja, wirklich – in einer Hütte am See, mit Kanu und Kajak. Hier lernten wir die Stille und Einsamkeit schätzen, erkundeten die Umgebung, stießen auf interessante Geschichten und Geschichte und lernten freundliche Einheimische kennen. Und als frisch Verliebte wollten wir natürlich immer wieder und wieder kommen, so oft und so lange es ging.*

*Wir hatten die wunderbarsten Erlebnisse, und Du hast unser Leben verändert. In unserer **Langzeitbeziehung** haben wir neben den Sonnen- auch Deine Schattenseiten kennengelernt. Doch wann immer wir bei Dir ankommen, fühlen wir uns gleich entspannt. Deine Einreisebeamten können sogar lächeln! Das ist uns auf dem Rückweg in Deutschland noch nie passiert. Im zweiten Zuhause beglückt uns der vertraute Anblick von Wald und Meer, das Wiedersehen mit Nachbarn und Freunden, bevor wir dann zu alten Traumzielen oder zu neuen Entdeckungen in Deine fast unberührten Weiten aufbrechen. Wir haben immer Sehnsucht nach Dir!*

Lieblingsplatz

Unser Lieblingsplatz ist ein Traumziel – wir waren erst einmal dort, träumen aber heute noch davon. Der Saglek Fjord im Torngat Mountains National Park im Norden Labradors ist nicht einfach erreichbar, aber in seiner Schönheit kaum zu übertreffen. Im klaren Wasser des tiefen Fjordes spiegeln sich steile felsige Bergflanken mit vereinzelten Schneekehlen, deren Geröllhänge weiter unten in alpine Vegetation übergehen. Von einem Wasserfall im Tal am Ende des Fjordes bahnt sich ein Bach den Weg durch ein steiniges Bett. In den Hügeln seitlich davon leuchten gelbe, lila und weiße Blüten durch das Braun und Grün der Tundrapflanzen. Aufgeschichtete Steine, mit Moos und Flechten besetzt, zeugen davon, dass die Inuit hier seit Jahrhunderten jagten und ihre Vorratslager anlegten. „It's paradise", sagt unsere Freundin Zippie aus Labrador, deren Vorfahren einst in der Gegend siedelten – und dem lässt sich nichts hinzufügen.

Mein Kanada

Gründer von SK Touristik mit „Kanada-Nachwuchs" Felix in Victoria, BC

Als ob es möglich wäre, Kanada in wenigen Worten zu beschreiben!

Kanada ist für mich viel mehr als ein Land. Kanada ist ein Gefühl, eine Lebenseinstellung, eine Andeutung von Vollkommenheit. Natürlich fängt es an mit der einmaligen, so wenig verfälschten Natur, die uns geradezu magisch anzieht. Von den Klippen am Atlantik über die Rocky Mountains bis in den unwegsamen Regenwald am Pazifik. Kennen Sie jemanden, der Kanada bereist hat und nicht begeistert war? Nein? Ich suche auch noch, seit mehr als 30 Jahren.

Kanada ist eine Droge. Man braucht immer mehr. Immer weiter musste ich in das Land, in die Wildnis und in die Menschen eintauchen. Ja, mit der Gründung von SK Touristik (bzw. damals noch etwas jugendlich-verspielter „Sasquatch Tours") habe ich Kanada 1992 sogar zu meinem beruflichen Lebensinhalt gemacht. Inzwischen ist die Zahl meiner Reisen in das Land der Bären und springenden Lachse lange schon dreistellig. Und doch – oder vielleicht gerade deshalb – wird die Sucht nicht kleiner. Sie wächst immer noch. Weil Kanada einfach anders ist.

Kanada riecht anders. Tritt man aus dem Flughafen von Vancouver ins Freie, riecht man sofort das Zedernholz, das den Fraser River hinab zum Pazifik geflößt wird. Kanada bedeutet Platz. Breite Straßen, viel Land und in der Weite weniger Regeln. Das macht die Leute gelassener, freundlicher, zufriedener. Das Land macht die Leute, habe ich von den Ureinwohnern gelernt. Wie wahr!

Kanada ist anders getaktet. Ist es nicht bemerkenswert, dass gerade ich, der sonst in Fliegern, Zügen und auf der Autobahn so Getriebene, nach Verlassen des Airports schlagartig runterfahre? Die Tachonadel zeigt nur noch die Hälfte an und Stopps zum Gucken und Erleben werden zur Freude. Und Stress – was war das nochmal?

Kanada macht süchtig. Und ich bin zum Dealer geworden. Aber zu einem, der immer wieder selbst die Droge mit Leidenschaft entdeckt, konsumiert und veredelt, bevor er sie in individuell verträglichen Dosen weitergibt!

Lieblingsplatz

Das Ende der Welt ist im Yukon!

In Keno, Yukon, sagen sie: „Zur Mitternachtssonne musst Du am späten Abend hoch auf den Hill!" Also fahren wir sie noch, die 12 Kilometer auf den Keno Hill. Es ist 10 Uhr abends und die Sonne steht hoch am Himmel. Die Schotterserpentinen ziehen sich, aber die Ausblicke sind umwerfend. Imposante Gebirgsketten in allen Himmelsrichtungen. Ich versuche sie zu zählen und muss aufgeben. Dann kommen wir oben an und ich bin sprachlos. Oberhalb der Baumgrenze kann der Blick weit schweifen. Wir sind ausgestiegen und stehen knapp unterhalb des Gipfels. Es ist wunderschön. Erhaben. Unendliche Weite um uns herum. Nichts als weite, sattgrüne Täler und dahinter weitere Gipfel. Das Ganze umschmeichelt vom warmen Licht der Mitternachtssonne.

The end of the road – oder ist es das Ende der Welt? Aber wenn es das Ende der Welt ist, dann ist es ein wundervolles Ende. Ein Stück weit der Wirklichkeit entrückt. Ehrfurchtgebietend. Eigentlich würdig für ein Ende der Welt. Ich lege mich fest: Hier oben auf dem Keno Hill ist mein persönliches Ende der Welt. Und ich kann nur jedem empfehlen, es irgendwann mal zu besuchen!

Mein Kanada

Inhaber Marketing Services International GmbH Agentur für Destination British Columbia

Kanada ist und war das Land meiner Träume.

Als gerade mal 18-Jähriger reiste ich im Sommer 1980 zusammen mit meiner Familie nach Vancouver. Wir fuhren 4 Wochen lang mit einem Wohnmobil durch den Westen dieses großartigen Landes.

Seitdem haben mich Kanada und besonders die Provinzen British Columbia und Alberta nicht mehr losgelassen, ich habe mittlerweile fast 100 private und geschäftliche Reisen in dieses beeindruckende Land machen können.

Auch nach so vielen Reisen freue ich mich jedes Mal wieder, wenn ich einen Flug nach Kanada buche, und es wird mir nicht langweilig auch schon sehr bekannte Orte wie Vancouver, Whistler, Victoria und andere zu besuchen.

Der Westen Kanadas ist für mich das Traumziel schlechthin auch im Winter. Seitdem ich 5 Jahre alt bin fahre ich Ski und meine erste Ski-Reise nach Banff und Whistler vor fast 30 Jahren war damals schon ein Abenteuer. Auch heute noch versuche ich einmal im Jahr zum Skifahren in den Westen Kanadas zu fliegen.

Ich habe in Kanada schon viele beeindruckende Orte und Regionen besucht. Halifax und Toronto haben mich als Städte sehr beeindruckt. Den Himmel über Saskatchewan und die Weite der Prärie werde ich nie vergessen. Der Westen ist und bleibt aber mein persönlicher Favorit. Von den riesigen Rocky Mountains in Alberta zu den Regenwäldern am Pazifik in British Columbia bis hin zu der Traumstadt Vancouver – einfach unvergleichlich.

Es fällt mir daher nicht leicht einen Lieblingsplatz auszuwählen. Eigentlich habe ich so viele, wie zu Beispiel Whistler, Revelstoke und Panorama im Winter zum Skifahren. Vancouver Island und die Sunshine Coast sowie der Great Bear Rainforest, aber auch die Rockies, das Cariboo Plateau

und das Okanagan Valley. Besonders auch das Reisen in der Nebensaison, also im Frühling und Herbst, macht mir immer sehr viel Spaß. Dann sind selbst die großen Nationalparks wie Banff und Jasper leer und einsam. So kann man die unvergleichliche Natur noch besser genießen.

Was mich aber in all den Jahren meiner Reisen in den Westen Kanadas am meisten beeindruckt hat, war das Haida Gwaii-Archipel. Dazu gehört auch der aus über 150 Inseln bestehende Gwaii Haanas National Park. Die unberührten Wälder des Naturschutzgebietes sind eine Rarität – beeindruckt hat mich, dass dies ein Ort ohne Straßen und Wege ist und ausschließlich per Boot erreichbar. Hier stehen 300 Jahre alte Riesenlebensbäume, und es gibt seltene Tiere und Pflanzen. Wer den Nationalpark besuchen möchte, schließt sich am besten einer sachkundig geführten Gruppe an. So erhält man auch am leichtesten Zugang zu den alten Kulturstätten, die von Haida Gwaii Watchmen bewacht werden.

Für mich war der Ausflug mit einem Schlauchboot zu dem alten First Nations Dorf Skedans (K'uuna Llnagaay) sehr mystisch und tief beeindruckend und am Schluss durch aufkommenden Wind und eine etwas andere Rückfahrt auch abenteuerlich.

Wenn Kanada und British Columbia an sich schon sehr groß und einsam sind, dann war Haida Gwaii noch einsamer und größer und die Natur ist noch ursprünglicher und beeindruckender als sonst.

Ich freue mich schon heute sehr auf meine Kanada Reisen in kommenden Jahren!

Service – Informationen A-Z

Anreise und Einreise

Deutschland und Kanada trennen zwischen sieben und elf Flugstunden, je nach Abflughafen, Reiseroute und Zielort im Ahornland. Zwischen den beiden Hauptstädten, Berlin und Ottawa, liegen mehr als 6000 Kilometer, zwischen München und Whitehorse sogar rund 7500 Kilometer.

Kanada ist daher de facto nur via Flugzeug erreichbar: Die größte Fluggesellschaft des Landes ist *Air Canada (*Partner von *Lufthansa*, *Singapore Airlines* und anderen in der Star Alliance), die in Deutschland neben Frankfurt auch München und Berlin ansteuert. *Lufthansa* startet ebenfalls von Frankfurt und München, *Condor* nur von Frankfurt. Neben den Direktflügen sind zahlreiche Umsteigeverbindungen buchbar. Ab Deutschland sind Toronto, Montréal, Calgary, Vancouver sowie saisonal auch Halifax, Ottawa und Whitehorse direkt erreichbar. Von dort bestehen Anschlussmöglichkeiten in weitere Landesteile. Gabelflüge sind buchbar, also beispielsweise mit Ankunft in Vancouver und Rückflug ab Calgary. Die Flugpreise betragen je nach Jahreszeit und Vorlauf zwischen Buchung und Abflug zwischen 500 und 1500 Euro in der *Economy Class*. Air Canada und Lufthansa bieten mittlerweile eine sogenannte *Premium Economy* an: Hier ist der Sitzabstand deutlich größer, auch die Sitze sind komfortabler. Die *Premium Economy* ragt natürlich nicht an den Komfort der flachen Betten in der *Business Class* heran, ist aber bei Weitem auch nicht so teuer. Tipp: Immer wieder bieten Airlines Sonderpreise für die Business Class an, wenn mindestens zwei Personen zusammen fliegen (Informationen u. a. bei *www.vorne-sitzen.de*).

Alternativ ist die Anreise nach Kanada natürlich auch über die USA (Landweg oder Flug) möglich. Zudem fahren regelmäßig Kreuzfahrtschiffe von Europa nach Kanada. Wer aber an einem reinen Kanada-Urlaub interessiert sind, sollte besser direkt einen der internationalen Flughäfen ansteuern.

Deutsche Staatsangehörige benötigen im Regelfall vorab kein Visum, wenn sie nicht länger als sechs Monate Urlaub in Kanada verbringen möchten. Allerdings ist die Einreise nur mit einer kostenpflichtigen elektronischen Einreiseerlaubnis (*Electronic Travel Authorization*, eTA) – ähnlich der ESTA-Regelung in den USA – gestattet. Sicherheitshalber sollte erst die eTA beantragt werden, ehe der Flug gebucht wird. Wer auf dem Land- oder Seeweg einreist, benötigt keine eTA. Die eTA kostet 7 Dollar und gilt fünf Jahre. Weitere Informationen zur eTA: *www.canada.ca/en/immigration-refugees-citizenship/services/visit-canada/eta/apply-de.html*. Achtung: Auf kommerziell betriebenen Websites kostet die eTA deutlich mehr. Und: Wie in den USA mit der dortigen ESTA begründet eine gültige eTA keinen Anspruch auf eine Einreise. Die endgültige Genehmigung erteilt der Grenzbeamte in Kanada. Bei der Einreise sollten Reisende sich darauf einstellen, intensiv befragt zu werden.

Wer arbeiten bzw. studieren möchte, muss vorab ein Visum beantragen. Bundesbürger im Alter unter 35 Jahren können ein sogenanntes Work&Travel-Visum beantragen, das einen Aufenthalt für ein Jahr und temporäres Arbeiten „zum Aufbessern der Reisekasse" ermöglicht. Informationen zur Einreise: *www.canada.ca/en/immigration-refugees-citizenship/services/visit-canada.html*

Agrarprodukte und Lebensmittel dürfen vielfach nicht oder nur unter besonderen Bedingungen eingeführt werden. Auf jeden Fall müssen sie bei der Einfuhr deklariert werden. Auch Alkoholika, Tabakwaren und Bargeld dürfen nur begrenzt nach Kanada mitgenommen werden. Weitere Informationen: *www.cbsa-asfc.gc.ca*.

Einreise- und Zollkontrollen erfolgen direkt nach der Landung an einem der internationalen Flughäfen. Wer direkt einen Anschlussflug gebucht hat, muss sein Gepäck am Band abholen und bei der Kontrolle vorzeigen. Für den Weiterflug ist das Gepäck entsprechend neu aufzugeben. Ausnahme: Bei ausgewählten Abflügen von Frankfurt nach Toronto wird das Gepäck neuerdings durchgecheckt. In diesen Fällen erfolgt in Toronto nur die Passkontrolle.

Auskunft und Information

Gute und meist neutrale Informationen erhalten Reisende in den zahlreichen Besucherzentren. Vorsicht: Nicht jede *Visitor Information* ist staatlich betrieben und somit unabhängig. Vielfach nennen sich auch privat betriebene örtliche Reiseagenturen so. Gute Tipps, vor allem für Wanderer, halten zudem die Mitarbeiter von *Parks Canada* bereit. Im Regelfall gibt es in jedem Nationalpark mindestens ein Besucherzentrum (im Winter oder in der Nebensaison oft geschlossen).

Zu den wichtigsten Informationsquellen im Netz zählt die Website von *Destination Canada* (*de-keepexploring.canada.travel*), die zahlreiche Hinweise auch in deutscher Sprache bereitstellt und zudem zahlreiche Links zu örtlichen Anbietern enthält. Eine wahre Fundgrube an Reisetipps, vor allem zu Wanderwegen und Nationalparks, sowie weitergehende Erläuterungen finden Interessierte auf der Website von *Parks Canada* (*www.pc.gc.ca/en*). Hilfreich ist auch das Angebot des Automobilclubs (*www.caa.ca*). Und nicht zu vergessen: Die Kanadier sind im Allgemeinen sehr hilfsbereit und stehen gern mit Tipps zur Seite, gerade natürlich die Mitarbeiter von Hotels und Campingplätzen. Auch das Magazin 360° Kanada hält aktuelle Informationen vor (www.360grad-kanada.de).

Beste Reisezeit und -route

Die Frage nach dem geeigneten Monat für eine Tour nach Kanada ist nicht leicht zu beantworten. Vom Klima her verspricht der Zeitraum von Juni bis September die besten Voraussetzungen. Der Mai kann noch recht kühl und nass sein, dafür sind Hotels, Mietwagen und Wohnmobile preiswerter. Im Oktober lockt im Ostteil des Landes der farbenfrohe *Indian Summer*, wobei in manchen Regionen dann schon viele touristische Einrichtungen wegen der Nebensaison nur eingeschränkt oder gar nicht mehr geöffnet sind (gleiches gilt für April und Mai).

Eines sollten Reisende in jedem Fall beherzigen: Aufgrund Kanadas enormer Länge über mehrere Klimazonen sowie der großen Ausdehnung in Ost-West-Richtung unterscheidet sich das Wetter sehr stark nach Region und unterliegt gravierenden Schwankungen. Während die Temperaturen im Hochsommer in Toronto durchaus die Marke von 30 Grad übersteigen können, wird es im Yukon selten über 25 Grad warm. In den Bergen sowie am Atlantik ist es im Regelfall stets kühler. An vielen Orten gilt, auch wegen des Klimawandels, meist das Motto: Vier Jahreszeiten an einem Tag. Im Winter wird es richtig kalt – und zwar nicht nur im Norden!

Und wie viel Zeit sollte man sich für eine Reise nach Kanada nehmen? Schon allein wegen der langen Anreise sowie der Flugkosten macht eine Tour unter zwei Wochen wenig Sinn. Eines gilt zu bedenken: Aufgrund der enormen Größe des Landes ist üblicherweise Kanada nicht auf einer einzigen Reise komplett zu entdecken. Viele Reisende konzentrieren sich auf Schwerpunkte wie beispielsweise

- den Osten mit einer Rundreise zwischen den „Eckpunkten" Toronto und Québec,
- eine Tour durch die maritimen Provinzen wie Nova Scotia, Prince Edward Island und Newfoundland & Labrador,
- die Prärie-Region rund um Winnipeg,
- den Westen mit einer ausgedehnten Reise von Calgary über die Panoramastraße Icefields Parkway in den Rocky Mountains nach Vancouver und Vancouver Island oder
- Roadtrips durch das Yukon Territory oder die Northwest Territories.

Jede der hier angerissenen Routenvorschläge lässt sich in zwei bis drei Wochen erleben. Wer vier Wochen Zeit, kann unterwegs mehr Stopps einlegen. Bei fünf Wochen können Regionen kombiniert werden. Und wer beispielsweise nur wenig Zeit hat, kann in zehn Tagen viel rund um Toronto oder alternativ einen Mix aus Vancouver und Vancouver Island erleben.

Überdies ist Kanada auch im Winter ein lohnendes Reiseziel. Zu den beliebtesten Orten zählen die Rocky Monuntains (allen voran Banff und Lake Louise), Mont-Tremblant sowie Whistler. Auch wer nicht Ski fährt, kommt mit Schneeschuhwanderungen, Husky-Schlittentouren und Snowmobil-Abenteuern ganz auf seine Kosten. Wichtig: Zwischen 23. Dezember und 1. Januar ist absolute Hochsaison mit hohem Andrang und entsprechenden Preisen.

Camping

Die sprichwörtliche „große Freiheit" erleben Reisende beim Campen oder im Wohnmobil. Campingplätze liegen oftmals an den schönsten Stellen und verhelfen zu besonderen Momenten in der Natur. Landesweit können Urlauber unter mehr als mehreren hundert Stellflächen auswählen – vom einfachen Platz ohne Toilette bis zur vollausgestatteten Anlage samt Internet, Pool und Waschmaschine. In der Hauptsaison sollten Stellplätze – gerade für Wohnmobile – vorab reserviert werden. Besonders beliebte Plätze wie etwa am Icefields Parkway oder auf Vancouver Island können zuweilen sogar schon Monate im Voraus vollständig ausgebucht sein. Neben kommerziellen Anbietern wie der bekannten Kette KOA (meist mit guter Ausstattung) betreibt *Parks Canada* zahlreiche Plätze. Der Traum vom „freien Campen" ist jedoch vielfach ausgeträumt und in Städten sowie National- und Provinzparks generell verboten. Die Strafen können teuer sein.

Geld und Zahlungsmittel

Landeswährung ist der Kanadische Dollar (CAD). Achtung: Bargeld-Transaktionen werden auf volle fünf Cent auf- oder abgerundet. Banken und Wechselstuben gibt es landesweit, um Geld zu tauschen. Praktikabler und sicherer ist es für viele, mit Kreditkarte zu bezahlen. Auch bei kleinen Beträgen ist Kartenzahlung möglich, außer bei manchen Restaurants. Allerdings erheben mittlerweile viele Anbieter bei Zahlung mit Kreditkarte einen Aufschlag von beispielsweise einem Prozent (hinzu kommt ggf. der Auslandszuschlag der Kreditkartenfirma). Nur bei einheimischen Debitkarten, für Reisende im Regelfall nicht erhältlich, fallen keine Gebühren an. Geldautomaten stehen landesweit zur Verfügung, je nach Kreditkarte und Bank können erhebliche Kosten anfallen, während manche Banken mit kostenlosen Auszahlungen werben (beispielsweise DKB und ING Diba). Zudem verfügen manche Institute wie die Deutsche Bank über Partnerbanken in Kanada, so dass ebenfalls keine Gebühren fürs Abheben von Bargeld am Automaten anfallen.

Gesundheit und Versicherungen

Im Gegensatz zu anderen Fernreisezielen wie beispielsweise im südlichen Afrika oder Australien müssen Reisende in Kanada nicht mit besonderen Risiken rechnen. Moskitos und Sandfliegen sind zwar lästig, aber meist nicht gefährlich – gute Insektenschutzmittel können helfen. Ausnahmen: Die Gefahr von Angriffen durch Tiere in freier Wildbahn (vor allem Bären) sowie die Übertragung des West-Nil-Fiebers durch nachtaktive Mücken. Neben den Standardimpfungen wie etwa Tetanus ist kein weiterer Schutz nötig, wobei Vielreisende oftmals freiwillig Wert auf Hepatitis-A- und Hepatitis-B-Impfungen legen. Die vergleichsweise größte Gefahr geht von der Sonne aus. Urlauber sollten auf guten Sonnenschutz mit Kopfbedeckung, langärmliger Kleidung und Sonnencreme achten und so Sonnenbrand vorbeugen.

Das Gesundheitssystem in Kanada ist privatrechtlich organisiert, deutsche Krankenkassen kommen daher nicht für Kosten bei medizinischer Versorgung im Krankenhaus oder einem Arzt auf. Reisende sollten daher in jedem Fall eine Auslandsreisekrankenversicherung (inkl. Kostenübernahme für den Rücktransport) abschließen. Die Qualität des Gesundheitssystems ist im Regelfall hoch, Ärzte haben sich meist in Arztzentren zusammengeschlossen. Weitere Informationen: *www.crm.de, www.rki.de*

Kleidung und Ausrüstung

Urlauber sollten auf bequeme und vielseitig einsetzbare Kleidung setzen. Angesichts der schnellen Wetterumschwünge hat sich das „Zwiebel-Prinzip" mit mehreren Lagen als besonders sinnvoll erwiesen. Eine gute Fleece-Weste und eine atmungsaktive Regenjacke reichen meist als Schutz vor Wind und Regen und sollten in keinem Reisegepäck fehlen. Formelle Kleidung wird normalerweise nicht erwartet. Wer Wanderungen plant, sollte passende Ausrüstung wie etwa Wanderschuhe oder -stiefel mitbringen. Weitergehende Ausrüstung kann (kostenpflichtig) geliehen werden, bei organisierten Touren wird notwendiges Equipment häufig auch kostenlos gestellt. In vielen Orten kann notfalls auch Kleidung und Ausrüstung gekauft werden. Wer im Winter unterwegs ist, sollte passende warme Kleidung inkl. Stiefel einpacken.

Maße und Gewichte

In Kanada gilt das metrische System. Entfernungen und Geschwindigkeiten werden also in Kilometern angegeben, Gewichte in Kilogramm.

Mietwagen und Wohnmobile

Mietwagen und Wohnmobile sind in Kanada in allen Größen und Preisklassen erhältlich. Die größte Auswahl an Mietwagen besteht in den großen Städten und an Flughäfen. Wohnmobile können im Regelfall nur in Toronto, Montréal, Calgary, Edmonton, Vancouver und Whitehorse gemietet werden. Neben internationalen Anbietern existieren auch zahlreiche lokale Anbieter. Selbst große Wohnmobile fahren sich vergleichsweise einfach, allerdings sollten sich Mieter stets der großen Ausmaße bewusst sein. Zudem sind Wohnmobile tendenziell windanfälliger. Wenn Sprit und Kosten für Campingplätze eingerechnet werden, kann Wohnmobilurlaub teurer sein als die Kombination von Mietwagen und Hotel! Allerdings sparen Campingfreunde bei der Verpflegung. Und unabhängig von den Kosten: Viele schätzen die größere Freiheit beim Reisen und vor allem die Nähe zur Natur.

Wer sich in Kanada hinters Steuer setzen möchte, sollte sicherheitshalber einen Internationalen Führerschein oder eine beglaubigte Übersetzung mitnehmen. Auch wenn vielfach nicht danach gefragt wird, spart die Ausgabe von rund 20 Euro für einen Internationalen Führerschein im Zweifelsfall viel Ärger. Die Promillegrenze liegt bei 0,5 Promille, Fahranfänger (in den ersten zwei Jahren) und Fahrer unter 21 Jahren dürfen keinen Alkohol konsumieren. Wichtig: Alkoholische Getränke müssen im Kofferraum transportiert werden.

Öffnungszeiten

Auch wenn die Öffnungszeiten vom Gesetzgeber recht liberal gestaltet sind, haben die meisten Geschäfte in den Innenstädten meist nur bis 18 Uhr geöffnet – am Donnerstag und Freitag oftmals länger. Gerade Souvenirgeschäfte haben auch abends und sonntags offen. Einkäufe im Supermärkte sind im Regelfall auch am Sonntag sowie abends möglich.

Preisniveau und Vergünstigungen

Allein durch den Flug ist Kanada kein preiswertes Reiseziel. Neben der Wahl der Unterkunft – also preiswerte Hostels oder Motels im Vergleich zu teuren Hotels oder Lodges – belasten vor allem Aktivitäten die Reisekasse. Vor allem Rundflüge, geführte Wanderungen und Ausflüge gehen ordentlich ins Geld. Wer viele Aktivitäten bucht, treibt die Reisekosten exponentiell nach oben.

Vor allem Studenten, Backpacker, Familien und Senioren sollten stets nach Preisermäßigungen fragen. Hilfreich sind auch Mitgliedskarten vom Automobilclub oder Wohnmobilverleihern.

Richtwerte für ausgewählte Ausgaben (Stand Mai 2018)	
Restaurantbesuch (pro Person):	20-40 CAD
Mietwagen (Mittelklasse, pro Tag, Vollkasko):	ab 45 EUR
Wohnmobil (mittlere Größe inkl. WC, pro Tag, Vollkasko):	ab 120 EUR
Campingplatz (kommerziell, pro Stellplatz, mit Stromanschluss):	45 CAD
Campingplatz (Nationalpark, pro Stellplatz, mit Stromanschluss):	32 CAD
Unterkunft im Hotel (pro Zimmer, Vancouver):	ab 150 CAD
Bett im Hostel (pro Bett im Schlafsaal,Vancouver):	50 CAD
Rundflug Niagara Falls (pro Person):	145 CAD
Bootsausflug Maligne Lake (pro Person):	67 CAD

Sicherheit und Kriminalität

Kanada gilt als sicheres Reiseland, das Risiko beim Reisen scheint nicht höher als in Westeuropa. Bargeld und Schmuck sollten nur begrenzt mitgenommen werden. Größtes Risiko sind Diebstähle aus Fahrzeugen, gerade aus Wohnmobilen an beliebten Nationalparks. Überfälle auf Touristen werden nur selten verzeichnet. Übergriffe und Belästigungen kommen nur selten vor.

Telefon und Internet

Telefonate mit Mobiltelefonen können aufgrund von Roaminggebühren sehr teuer werden. Wer unterwegs viel telefonieren oder surfen möchte, um beispielsweise Unterkünfte und Ausflüge zu buchen, sollte sich eine SIM-Karte eines kanadischen Anbieters besorgen. Die meisten Hotels und Campingplätze bieten WLAN, teilweise gegen Gebühr. Viele Restaurants, Cafés und Fastfood-Ketten gewähren Kunden kostenlosen Internet-Zugang für eine begrenzte Zeit. Vielen Reisenden könnte das mittlerweile recht umfangreiche Angebot an kostenlosen oder preiswerten Hotspots genügen, so dass der Kauf einer örtlichen SIM-Karte kein Muss mehr darstellt.

Unterkünfte

Qual der Wahl: Vom Schlafplatz im Mehrbettzimmer eines Hostels für einige Dollar über gemütliche Bed&Breakfast-Häuser bis hin zu luxuriösen Lodges mit Zimmerpreisen jenseits der 500-Dollar-Marke reicht das Angebot. Landesweit stehen an vielen Regionen, selbst an kleineren Orten wie in Whitehorse, Unterkünfte jeder Qualität und Preislage zur Auswahl. Eine preiswerte Alternative stellen sogenannte Cabins, quasi kleine Bungalows mit unterschiedlicher Ausstattung, auf Campingplätzen dar. Abgesehen von Budget und persönlicher Präferenz empfiehlt es sich zumindest in der Hauptsaison, die Unterkunft im Vorfeld zu reservieren. Selbst Einzelbetten in Schlafsaal können zu solch beliebten Terminen an Hotspots wie Banff ausgebucht sein.

Transport

Auch wer nicht mit Mietwagen oder Wohnmobil Kanada erkunden möchte, kann sich gut durchs Land bewegen. Zahlreiche Buslinien und Inlandsflüge machen mobil. Neben dem öffentlichen Nahverkehr in den größeren Städten erschließt ein engmaschiges Fernbus-Netz das Land. Größter Anbieter ist *Greyhound* (*www.greyhound.ca*). Neben landesweiten Anbietern existiert eine Vielzahl kleiner Unternehmen, die sich auf bestimmte Regionen konzentrieren. Eisenbahnen fahren zwischen zahlreichen Orten. Schneller kommen Reisende mit dem Flugzeug voran. *Air Canada* und *Westjet* bieten eine Vielzahl von Inlandsflügen in alle Landesteile an. Wer früh bucht, kann viel Geld sparen. Hinzu kommen zahlreiche regionale Airlines wie *CalmAir* in Manitoba.

Zeitunterschied

Der Zeitunterschied zwischen Deutschland und Kanada beträgt je nach Region zwischen 4,5 Stunden (Halifax) und 9 Stunden (Whitehorse). Die Zeitumstellung erfolgt am zweiten Sonntag im März bzw. am ersten Sonntag im November. In der Provinz Saskatchewan gibt es keine Sommerzeit.

Haftungshinweis/-ausschluss:

Alle Angaben wurden nach besten Wissen und Gewissen recherchiert. Allerdings übernehmen Redaktion und Verlag keine Gewähr bzw. Haftung bei Fehlern bzw. Änderungen. Insbesondere hinsichtlich der Einreise-/Visumbestimmungen erkunden Sie sich bitte individuell und vor der Buchung von Flügen gen Kanada. Stand der Informationen: Mai 2018.

Stichwortverzeichnis

D

E

F

G

H

I

R

S

T

Bildnachweis:
Kam Abbott cc by 2.0 S. 132 u | abdallahh cc by-sa 2.0 S. 148 | Barbara Ackermann S. 10 o, 88/89 | ActuaLitté cc by-sa 2.0 S. 399 o | Brian Adams S. 188, Brian Adams S. 192 m | Alpine Rafting/Valerie Pleym S. 34 o | Norm Andreiw cc by 2.0 S. 194 /195 | ASU Department of English cc by 2.0 S. 388 o | Asymetric: Jason van Bruggen S. 63, Dustin Parr S. 136 | Banff Lake Louise Tourism/Paul Zizka S. 359 | Barrett and MacKay S. 266, 272 o, 273 m;Nicole Bratt cc by-sa 2.0 S. 414 | Anthoni Barbe cc by-sa 3.0 S. 236 | Tobias Barth S. 10 u, 90/91 | Robert Baronet S. 234 /235 | Finn Beates S. 26/27 | Holger Bergold S. 294/295 | Taylor Burk: Cover unten | Peter Birkness cc by-sa 3.0 S. 152 | Blazingluke cc by-sa 3.0 S. 283 m | Andrew Boden cc by-sa 2.0 S. 78 | Pierre Bona cc by-sa 3.0 S, 242 m | Jack Borno cc by-sa 3.0 S. 54 o, 50, 64 o, 74 m, 80, S. 84 m | Andrew Bourke cc by-sa 3.0 S. 35 u | Brewster Travel Canada S. 161 | David Broad cc by 3.0 S. 366 | Bytownmuseum cc by-sa 4.0 S.232 m | CC0 S. 382 | cc by-sa 2.0 S. 112 u, 113 u | cc by-sa 2.5 S. 242 o | Calgary Reviews cc by 2.0 S. 153 u | Bernadette Calonego S. 294/295 | Canadian Heritage S. 361 u | Canadian Rocky Mountains Ressort S. 337 | Aaron Carlson cc by-sa 2.0 S. 129 | Celtic Colours International Festival S. 419 m | Marcin Chady cc by 2.0 S. 313 o | Chensiyuan cc by-sa 4.0 S. 351 o | Churchill wire canoe outfitters S. 202 m | Mike Colvin cc by 2.0 S. 371 u | Lee Coursey cc by-sa 2.0 S. 85 o | Cszmurlo cc by-sa 3.0 S. 153 m | CTC S. 5 u, 36/37, 42, 44 u, 60, 64 m, 138, 140, 141, 142 o, 142 m, 142 u, 146, 163 o, 163 m, 198, 224/225, 274/275, 293 m, 326, 328, 332 u, 352/353, 354, 356, 358, 360 u, 378/379, 410/411 | Robert Cutts cc by 2.0 S. 243 o | Daderot S. 153 o | Ralph Daily cc by 2.0 S. 389 o | Alan Daly cc by 2.0 S. 400/401 | Atman Dave cc by-sa 3.0 S. 54 m | Anthony DeLorenzo cc by-sa 3.0 S. 82 | Destination BC: Ryan Creary S. 112 m, Dave Heath S. 106, Randy Lincks S. 111, Megan McKellan S. 108, Kari Medig S. 112 o, Albert Normandin S. 113 o, Andrew Strain S. 110,S. 113 m | Destination Canada S. 280 | Dhodges cc by-sa 3.0 S. 418 o | Discover Charlottetown S. 281 | Dlanglois cc by-sa 2.0 S. 418 u | Christian Dose S. 4 u, 11 o, 56/57, 58, 73, 92/93, 114/115, 118, 120, 121, 123 o, 123 u, 124/125, 126, 128, 154/155, 174 /175, 176, 178, 180, 182 o, 182 m, 184/185, 190, 204/205, 206, 214/215, 216, 221, 223 o, 226, 228, 230, 232 o, 233 m, 244/245, 246, 248, 252 o, 254/255, 258, 260, 262 m, 268, 272 u, 273 u, 276, 278, 284/285, 288, 344, 348, 362/362, 364, 368, 369, 370 o, 370 m, 370 u, 371 o, 371 m, Rückseite | Quinn Doubrowski cc by-sa 2.0 S. 322 o | Lady Dragonfly cc by 2.0 S. 384 | Driftwood PP S. 351 m | Kyla Duhamei cc by 2.0 S. 321 | Sergiu Dumitriu cc by-sa 3.0 S. 233 o | Jörg Ehrlich S. 11 u | Edmonton Tourism S. 143 o, 143 m | David W Enstrom cc by-sa 4.0 S. 84 o, 85 m | Farewell Harbour Lodge: S. 40, Brook Speed Cover oben m | Fbaudoux.ir cc by-sa 3.0 S. 310 | Figa cc by 3.0 S. 262 u | Christophe Finot cc by-sa 2.5 S. 250 | Float House Inn S. 341 u | Eric Fortin cc by-sa 3.0 S. 322 m | Murray Foubister cc by-sa 2.0 S. 65 o, 318 | Alex Fradkin S. 271, 334/335 | Fralambert cc by-sa 4.0 S. 242 u | Jean Gagnon cc by-sa 3.0 S. 251, 253 m, 263 o, 418 m | Wolf Gang cc by-sa 2.0 S. 399 u | Garrett cc by 2.0 S. 387 | Gary cc by-sa 3.0 S. 48 | Evelyn Giggles cc by 2.0 S. 389 u | Brandon Godfrey cc by-sa 2.0 S. 130 | D. Gordon E. Robertson cc by-sa 3.0 S. 273 o | Goodfreephotos S. 54 u, 55 u, 62, 313 u | Go Western Newfoundland/Aiden Mahoney S. 44 m | Government of Yukon: S. 182 u, 183 o, 183 m, S. 331, Derek Crowe S. 330 | Goyumcha cc by-sa 2.0 S. 388 m | Peter Graham cc by-sa 2.0 S. 123 m | Great Bear Nature Tours S. 44 o | Danielle Griscti cc by-sa 2.0 S. 122 u | Grouse Mountain S. 324/325 | Martin Gutsch S.12 o | Msoccer29 cc by-sa 2.5 S. 55 o | Matt Hage S. 186 | Paul Hami cc by-sa 2.0 S. 292 m | Hands-Live cc by 2.0 S. 350 o | Blaine Harrington III S. 193 m | Frank Hartung S. 12 u | Ruth Hartnup cc by-sa 2.0 S. 313 m | Ole Helmhausen S. 298/299 | Heritage Park Historical Village S. 149 | Historic Reesor Ranch S. 203 o | Dan Huntington cc by-sa 2.0 S. 133 o | Hodnett Canoe cc by-sa 4.0 S. 202 u | Holger Howind S.13 o | Paul Hurteau/Claude Parent S. 238 | Ice-Babe cc by-sa 3.0 S. 122 o | Ikiwaner cc by-sa 3.0 S. 350 m | jeffreyw cc by 2.0 S. 323 m | Jkbrooks85 cc by-sa 2.0 S. 311 | Janus Bahs Jacquet cc by-sa 2.0 S. 218 | Dennis Jarvis cc by-sa 2.0 S. 66/67, 292 u, 293 u, 339 | John (JOH_7977) cc by-sa 2.0 S. 223 u | Johnanom cc by-sa 4.0 S. 292 o | Jok2000 cc by-sa 3.0 S. 75 u | Adam Jones cc by-sa 3.0 S. 33, Adam Jones cc by-sa 3.0 S. 68, Joseph cc by-sa 2.0 S. 332 o | CJuneau cc by 2.0 S. 314/315 | JZ85 cc by-sa 3.0 S. 22 /23 | Keefer4 cc by-

sa 2.5 S. 133 m | Karl-Hans Kern S. 372/373 | Patty O'Hearn Kickham S. 213 o | Timo Kohlenberg S. 13 u | Kotsy cc by-sa 3.0 S. 417 | Zeljko Kozomara cc by-sa 4.0 S. 46/47, 76/77 | Martin Kraft cc by-sa 2.0 S. 162 u | Stefan Krasowski cc by-sa 2.0 S. 282 o | Khutzeymateen Wilderness Lodge S. 340 o | Takahiro Kyono cc by 2.0 S. 394 | karlee ladyk cc by-sa 3.0 S. 55 m | Brian Lang cc by-sa 2.0 S. 83 | François Laflamme cc by-sa 3.0 S. 252 m | Laslovarga cc by-sa 4.0 S. 222 o | Frederic Lavoie S. 361 m | learningis1st cc by-sa 4.0 S. 84 u | Thilo Lenz S. 374 | Leoboudr cc by-sa3.0 S. 322 u | Karl-Heinz Limberg S. 14 o | Olga Lipovtseva cc by-sa 4.0 S. 162 o | Kerstin Lötzerich-Bernhard S.14 u | Roy Luck cc by 2.0 S. 131 | Marco Maas cc by 2.0 S. 396 | Main Rouiller cc by sa 2.0 S 72 | Mack Male cc by-sa 2.0 S. 386 | Man Alive! Cc by 2.0 S. 398 u | Mariluna cc by-sa 3.0 S. 389 m | Eric Marshall cc by 3.0 S. 361 o | Chris McLennan S. 191, 192 o, S. 193 o | McKay Savage cc by-sa 2.0 S. 34 u | Nina Meuter S. 15 o | Jörg Michel S. 37/377 | Mount Engadine Lodge S. 341 o | Mountain Madness Tours S. 20 | Mario Müller cc by-sa 2.0 S. 45 o | Max Münch S. 156, 203 u | Craig Nagy cc by-sa 2.0 S. 223 m | Natulive Canada cc by-sa 4.0 S. 65 u, Natulive Canada cc by-sa 4.0 S. 306 | Newfoundland & Labrador Tourism: S. 4 o, S. 35 o, S. 272 m, S. 340 u | Thomas Nerstheimer S. 87 | Kelly Nigro cc by 2.0 S. 388 u | Nova Scotia Tourism: S. 290, 293 o, Wally Hayes S. 312 u, Scott Munn S. 291 | Nunavut Tourism/Hans Pfaff S. 172 o, NWT Tourism: Bergeron S. 171, Bill Braden S. 168, 172 u, 416, George Fischer S. 170, Hans Pfaff S. 166, Gerold Sigl S. 164/165, Kristin Wahl S. 173 o | One Ocean Exhibition: Tony Beck S. 45 u | Wolfgang Opel S. 420/421 | Ottawa Tourism: S. 231, 375, Cover oben rechts, National Capital Commission S. 232 u | Owen cc by-sa 3.0 S. 320 | P199 cc by-sa 3.0 S. 253 u | Patty Pallin S. 342/343 | Reinhard Pantke S. 192 u, 193 u | Parks Canada: S. 349, 350 u, Ryan Bray S. 5 o, 300/301, Scott Munn S. 346, Ben Morin S. 351 u | William Patino S. 28 | Public Domain S. 53, 64 u, 104/105, 160,163 u, 172 m, 262 o, S. 283 o, 316 | André Quenneville S. 241 | Qyd cc by-sa 3.0 S. 312 o | Michel Rathwell cc by 2.0 S. 380/381 | Eva Rinaldi cc by-sa 2.0 S. 398 o | rokker cc by-sa 3.0 S. 74 u | Remote Passages Marine Excursions S. 43 | Remundo cc by-sa 2.0 S. 222 u | Stefan Ritt cc by-sa 3.0 S. 419 u | Alain Rouiller cc by-sa 4.0 S. 261 | Royalbroil cc by-sa 3.0 S. 143 u | Santryl cc by-sa 3.0 S 70 | Rainer Schoof S. 422/423 | Sean Scott S. 200 | Sergei 50f7 cc by-sa 2.0 S. 360 m | Skeezix1000 cc by-sa 3.0 S. 233 u, 282 u | Gage Skidmore cc by-sa 2.0 S. 399 m | SK Touristik S. 86/87 | Ben Sparkes cc by-sa 3.0 S. 397 | Sebastian Spasic S. 19 | Spirit Bear Lodge S. 336 | David Stanley cc by-sa 2.0 S. 132 m, 133 u | Rick Stapleton S. 32 | Arthur Staszewski cc by-sa 2.0 S. 211 | Strathcona S. 132 o | Storem cc by-sa 2.0 S. 263 u | Sylvainbrousseau cc by-sa 3.0 S. 253 o | SYSS Mouse cc by-sa 3.0 S. 52 | S.yume cc by 2.0 S. 390/391 | Tangerinehistry cc by-sa 3.0 S. 282 m | Tannie22 cc by-sa 4.0 S. 158 | Teachandlearn cc by-sa 2.0 S. 74 o | Terror Dwarf cc by-sa 3.0 S. 45 m | Thank you for visiting my page cc by 2.0 S. 152 u | The original Hakandahlstrom at Euploaded cc by-sa 3.0 S. 398 m | Torngat Mountains National Park (Base Camp) S. 270 | Tourism Jasper S. 30, 308, 332 m | Tourism New Brunswick S. 283 u, 304/305 | Tourism Ontario: S. 210, S. 212 o, Bergeron S. 213 u, Briand S. 212 u, Ethan Meleg S. 212 m, Speed S. 213 m, Rob Surper S. 208 | Tourism Québec S. 243 m | Tourism Saskatchewan: Chris Hendrichson S. 201, Greg Huszar Photography S. 18, 202 o, Cover oben links, Hans Pfaff S. 203 m | Tourism Vancouver S. 116 | Tourism Victoria/Alexia Foster S. 38 | Tourism Winnipeg: Dan Harper S. 196 | Travel Alberta: S. 144/145,150, 162 m, S. 338, George Simhoni S. 134/135 | Travel Manitoba S. 333 u | Traveller100 cc by-sa 3.0 S. 152 m | Vanack cc by-sa 2.5 S. 360 o | Guilhem Vellut cc by 2.0 S. 122 m, 256 | Ansgar Walk cc by-sa 2.5 S. 65 m, 173 u, 323 u, Ansgar Walk cc by-sa 3.0 S. 341 m | Martin Walter S. 424/425 | Mark Watmough cc by 2.0 S. 220 | Tony Webster cc by-sa 2.0 S. 34 m, 85 u, 286, 323 o | Wickaninnish Inn S. 340 m | Dr Wilson cc by-sa 3.0 S. 75 o | Win Sport Canada S. 333 o, 333 m | Heiko Wittenborn S. 240, 243 u | Wknight94 cc by-sa 3.0 S. 312 m | Andrea Wright cc by 2.0 S. 263 m | WT Shared at wts wikivoyaged cc by-sa 1.0 S. 222 m | Xicotencatl cc by-sa 4.0 S. 75 m | Yetiwriter cc by-sa 3.0 S. 35 m | Yuichi Takasaka S. 173 m | Yukon Government: F Mueller S. 181, Derek Crowe Photos S. 183 u | 0x010C cc by-sa 4.0 S. 252 u | 2017 Banff Centre Mountain Film and Book Festibal/Rita Taylor S. 419 o | 2017 Canada Summer Games cc by 2.0 S. 392

DANKSAGUNG

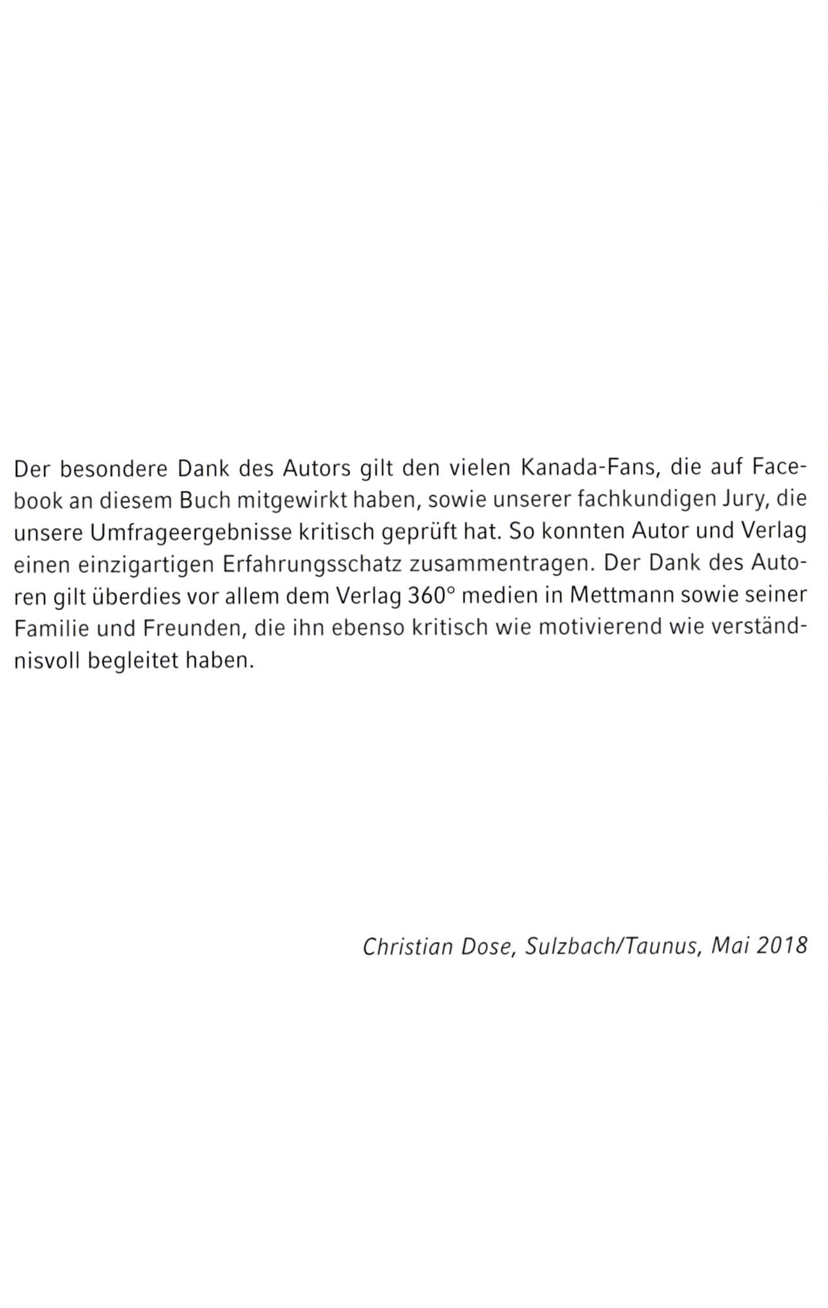

Der besondere Dank des Autors gilt den vielen Kanada-Fans, die auf Facebook an diesem Buch mitgewirkt haben, sowie unserer fachkundigen Jury, die unsere Umfrageergebnisse kritisch geprüft hat. So konnten Autor und Verlag einen einzigartigen Erfahrungsschatz zusammentragen. Der Dank des Autoren gilt überdies vor allem dem Verlag 360° medien in Mettmann sowie seiner Familie und Freunden, die ihn ebenso kritisch wie motivierend wie verständnisvoll begleitet haben.

Christian Dose, Sulzbach/Taunus, Mai 2018

Notizen